Ivan Tselichtchev

China versus Ocidente
O deslocamento do poder global no século XXI

DVS EDITORA

Ivan Tselichtchev

Apresentação de **Yang Yongxin**
Introdução de **Frank-Jürgen Richter**

China versus Ocidente
O deslocamento do poder global no século XXI

São Paulo, 2015
www.dvseditora.com.br

CHINA versus OCIDENTE
O Deslocamento do Poder Global no Século XXI
Copyright © 2015 DVS Editora Ltda

CHINA VERSUS THE WEST
The Global Power Shift of the 21st Century
Copyright © 2012 John Wiley & Sons Singapore Pte. Ltd.

All Rights Reserved. Authorized translation from the English language edition published by John Wiley & Sons Singapore Pte. Ltd.

Nenhuma parte deste livro poderá ser reproduzida, armazenada em sistema de recuperação, ou transmitida por qualquer meio, seja na forma eletrônica, mecânica, fotocopiada, gravada ou qualquer outra, sem a autorização por escrito da editora.

Tradução: Sieben Gruppe
Capa: Spazio Publicidade e Propaganda / Grasiela Gonzaga
Diagramação: Konsept Design e Projetos

Dados Internacionais de Catalogação na Publicação (CIP)
(Câmara Brasileira do Livro, SP, Brasil)

Tselichtchev, Ivan
  China versus ocidente : o deslocamento do poder global no Século XXI / Ivan Tselichtchev ; [traduzido por Sieben Gruppe]. -- 1. ed. -- São Paulo : DVS Editora, 2015.

  Título original: China vs the west.
  Bibliografia
  ISBN 978-85-8289-078-3

  1. China - Civilização 2. China - Comércio 3. China - Condições econômicas 4. China - Desenvolvimento econômico - Século 21 5. Oriente e Ocidente 6. Relações intergeracionais I. Título.

14-11098   CDD-330.951

Índices para catálogo sistemático:
  1. China : Economia   330.951

Para Maxim e Olga

Sumário

Apresentação	xiii
Prefácio	xvii
Agradecimentos	xxi
Introdução	xxv

Parte Um – A China como principal potência produtiva, exportadora e financeira do mundo: até que ponto, até aonde e por quê?   **1**

Capítulo 1	PIB: o duopólio entre os Estados Unidos da América e a China	3
	Notas do Autor	7
Capítulo 2	Produção industrial: a China já é a nação número um neste setor	9
	Notas do autor	10
Capítulo 3	Exportação de mercadorias: China, da simples liderança ao domínio do setor	13

Sumário

Capítulo 4	**Em quais áreas a China é líder e em que outros setores ela não é**	**17**
	Setores do grupo um: a China é a principal produtora e também a principal exportadora	18
	Setores do grupo dois: a China é a principal produtora, mas não é a principal exportadora	27
	Setores do grupo três: a China não é a principal produtora nem a principal exportadora	30
	Principais fatores da liderança da China na área de produção	31
	A anatomia do excedente no comércio de mercadorias na China	32
	Setores de exportação e importação líquidas	32
	Companhias privadas domésticas se transformando em grandes criadoras de excedente	33
	Nota do autor	33
Capítulo 5	**Os fabricantes chineses *versus* os fabricantes ocidentais**	**35**
	A estrutura analítica de quatro segmentos	35
	A ofensiva global dos fabricantes chineses: quatro estágios	38
	Fabricantes ocidentais: um novo modo de pensar se faz necessário	50
	Primeira opção: permaneça em casa e diferencie o seu produto	53
	Segunda opção: mude-se para a China	55
	Os governos ocidentais precisam dar início a uma contraofensiva em termos de exportação	56
Capítulo 6	**Uma grande batalha pelo mercado chinês**	**61**
	Exportações de bens de capital para o mercado chinês: o Extremo Oriente está na liderança	62
	Exportações de bens de consumo para o mercado chinês: as oportunidades existem, mas é preciso trabalhar duro para não perdê-las	62
	A armadilha chinesa	63

Empresas domésticas chinesas mostram-se ativas no nicho de produtos mais sofisticados (de mais qualidade)   65

A concorrência com fabricantes domésticos de bens de capital está se tornando implacável   66

Capítulo 7   Mercado de serviços globais: a vantagem do Ocidente e a China ocupando a quinta posição   69

China integra a lista dos principais exportadores de serviços, mas os EUA ainda se mantêm bem à frente   70

O déficit comercial chinês   72

A China apresenta uma fraqueza estrutural na área de serviços que é bem difícil de superar   73

Os superávits dos EUA e da União Europeia (UE) no comércio de serviços com a China são mínimos   74

O momento certo para se conquistar o mercado chinês   75

Nota do autor   77

Capítulo 8   Seria a China uma nova superpotência financeira?   79

Os bens da China em territórios estrangeiros   79

Reservas cambiais superiores a US$ 3 trilhões: implicações para a China e para o Ocidente   80

A China se tornou a maior credora dos países em desenvolvimento   84

Os investimentos da China no exterior: em aceleração, mas a defasagem permanece   85

Os bens financeiros das famílias chinesas: ainda mínimos   87

Seria a China uma nova superpotência financeira? Sim e não!   89

Conclusões   90

Parte Dois – A retração econômica global e mais além disso: os modelos capitalistas do Ocidente e da China   95

Sumário

Capítulo 9	A crise global não foi realmente global	97
Capítulo 10	A crise ocidental: três fatores preponderantes	101
	O consumo insustentável e o aprofundamento das dívidas das famílias	101
	O capitalismo de risco	106
	O fracasso da regulamentação do Estado, a governança societária e a moralidade nos negócios	108
Capítulo 11	O capitalismo ocidental ainda sobrevive, mas...	113
	Acalme-se: esse não é o fim do capitalismo	113
	O aumento das dívidas públicas como o maior de todos os crocodilos	122
	O Estado previdenciário precisa sofrer mais cortes, e de maneira mais rápida	129
Capítulo 12	Seria a China estruturalmente mais forte que o Ocidente?	135
	O aprimoramento de práticas de concessão de empréstimos e a luta persistente contra o superaquecimento	136
	Aprimorando padrões regulatórios para os bancos	139
	Finanças públicas saudáveis	141
Capítulo 13	O modelo chinês de capitalismo	143
	A necessidade de uma nova estrutura conceitual	143
	O sistema chinês não é o capitalismo estatal, pois há uma grande mudança rumo à propriedade privada	144
	Criando empresas estatais voltadas para o mercado	146
	A competição feroz e a cultura da autorresponsabilidade	151
	O capitalismo chinês: definição	153
	Uma digressão acerca das fraquezas estruturais chinesas e sua evolução política	154
Capítulo 14	O reequilíbrio global não será fácil	161
	Poderá essa ideia funcionar?	162
	O consumo privado na China já está crescendo bem rápido	162

Sumário

A expansão da demanda doméstica chinesa é uma coisa; o reequilíbrio é outra bem diferente	164
O aumento demasiadamente rápido do consumo na China poderá provocar terríveis efeitos colaterais	167
Posição atual: desequilíbrio ou equilíbrio?	168
Conclusões	172

Parte Três — As disputas econômicas entre a China e o Ocidente: e o vencedor é...   **177**

Capítulo 15   A escolha da China é expandir ainda mais seu superávit comercial e manter o *yuan* enfraquecido   **179**

A lógica por trás da decisão de não valorizar o *yuan* mais rapidamente	179
A lógica por trás do incentivo à poupança e às exportações; não ao consumo	181

Capítulo 16   Meio ambiente: a China seguindo seu próprio caminho   **183**

Os diálogos sobre o clima: as dúvidas continuam a existir (se não estiverem aumentando)	184
Preocupações relativas ao impacto sobre o crescimento	186
Um ângulo mais aberto se faz necessário	188
A iniciativa da China em favor do meio ambiente	189
A cooperação entre a China e o Ocidente em prol do meio ambiente	191
A China como nova líder mundial nos empreendimentos "verdes"?	195

Capítulo 17   Uma luta por recursos naturais: a China estabelece novas regras para o jogo   **197**

Mudanças nos mercados globais	197
O modelo chinês para a busca de recursos	199
A saga africana	201
Enquanto outros países falam, a China age	202

A China se tornou uma importante fonte de
apoio ao desenvolvimento ... 203

**Capítulo 18 Inovações locais: buscando, de todas
as maneiras, o controle das tecnologias
avançadas** ... 205
O Ocidente está transformando a China em uma
nova superpotência tecnológica ... 206
Aumentam os investimentos estrangeiros em
centros de P&D e no aprimoramento da produção 207
A estratégia tecnológica da China ... 209
A execução da transferência tecnológica ... 210

**Capítulo 19 Aquisição de empresas: os chineses se mostram
mais ágeis que os ocidentais** ... 215
Assimetrias nas aquisições ... 216
O governo chinês torna as regulamentações
mais rígidas ... 217
Os governos ocidentais bloqueiam aquisições de
empresas de tecnologia e recursos naturais por
parte dos chineses ... 218
Empreendedores chineses são apoiados pelo Estado 219

**Conclusão O Ocidente precisa adotar em relação à
China uma política coesiva que ofereça
respostas não convencionais para os desafios
impostos pelo gigante asiático** ... 221

Epílogo A China, o Ocidente e o mundo ... 231

Referências bibliográficas ... 245
Sobre o autor ... 255

Apresentação

Meu bom amigo Ivan Tselichtchev é um economista internacionalmente conhecido e também um acadêmico que goza de grande respeito e ótima reputação como pesquisador, em especial nas áreas de administração e economia mundial. Sendo coautor da obra-prima *Asia's Turning Point (O Momento Decisivo para a Ásia)*, Tselichtchev vai ainda mais longe em *China versus Ocidente*, um livro que nos apresenta uma visão precisa e abrangente das sutis mudanças no equilíbrio de forças entre as economias emergentes, como a da China, e aquelas já desenvolvidas, como a do Japão, no Oriente, e também as ocidentais, como as dos Estados Unidos da América (EUA) e da Europa.

Neste novo mundo competitivo e repleto de diferentes níveis de desenvolvimento entre as nações, o crescimento econômico global é impulsionado pelos países emergentes, não pelas economias ocidentais.

Por meio da análise precisa de Tselichtchev, o leitor é capaz de visualizar as áreas nas quais a China tem se mostrado uma líder mundial; aquelas em que o gigante asiático já está alcançando os países desenvolvidos e também os setores em que o tradicional Ocidente se mantém em vantagem e provavelmente conseguirá fortalecer ainda mais tal posição. Além de articular inúmeras sugestões e ideias valiosas, o autor nos mostra de modo incisivo e brilhante como políticas governamentais inteligentes e estratégias comerciais perspicazes são absolutamente necessárias para que se consiga encarar mudanças básicas no ambiente econômico global.

Com eloquência, o autor compartilha uma série de propostas e opções exclusivas para que as comunidades empreendedoras do Ocidente saibam como lidar com o florescimento da China como líder nos setores de produção e exportação.

Este livro nos oferece uma análise única, sistemática, perspicaz e intelectualmente instigante dos vários fatores que provocaram a crise econômica global nos anos de 2008-2009, fornecendo uma reflexão profunda do impacto desse episódio sobre o equilíbrio entre a China e o Ocidente – e suas diferentes estruturas institucionais – em termos de poderio econômico. Tselichtchev nos apresenta fortes argumentos que ilustram de maneira vívida como a dimensão estrutural da crise econômica ocidental alterou dramaticamente o equilíbrio de forças a favor da China, evidenciando de modo cristalino que o gigante asiático se revelou mais forte que a maioria dos países ocidentais, tanto em caráter estrutural quanto macroeconômico. Tais informações ajudarão os leitores a repensarem a essência do modelo chinês e a defini-lo de forma distinta. Nesta obra, o autor também discorre sobre os problemas, os pontos fracos e as perspectivas nos acontecimentos políticos.

À medida que Tselichtchev compartilha com os leitores suas impressões pessoais e também suas próprias experiências – e resume as tendências e as mudanças nas economias ocidentais que foram impactadas pelas relações comerciais com a China –, ele oferece a todos uma análise bastante humana e profunda de questões bastante complexas, assim como uma boa discussão sobre o assunto. A partir de diferentes perspectivas, e concentrando-se em questões fundamentais, o autor nos oferece sugestões exclusivas e argumentos convincentes. Ele demonstra a singularidade do papel da China na história econômica global, assim como a essência de seu *status* em um sistema global multipolar em que nenhum país é capaz de **"dominar o mundo" isoladamente**. A partir de agora, uma China aberta e vigorosa está criando uma oportunidade histórica para o Ocidente.

Este é um livro absolutamente crucial para todos aqueles que desejam aprender mais sobre: 1º) os atuais acontecimentos no setor econômico;

Apresentação

2º) as estruturas econômicas da China e do Ocidente; e 3º) a economia mundial como um todo. Esta obra é fundamental para todos que buscam compreender seu próprio lugar e papel que podem desempenhar nesse mundo. Trata-se de um recurso valiosíssimo não apenas para estrategistas políticos, empreendedores, especialistas e acadêmicos do setor econômico, mas também para todas as instituições educacionais e todos os indivíduos ligados às mídias de massa.

A extensa experiência internacional de Ivan Tselichtchev, combinada com a sua grande habilidade para escrever, torna a leitura dessa obra tremendamente agradável.

Yang Yongxin
楊永新

Consultor sênior do China Chemical Energy Saving Committee

Membro do Conselho da Shanghai Economic Management Consulting Association

Diretor executivo da China Hao Hua Plastics City *Chairman* do Haobo International Logistics Management Committee, em Xangai

Prefácio

O **florescimento** da China como nova superpotência e também como indiscutível líder da economia mundial não ocidental é, sem dúvida, um dos acontecimentos mais importantes do início do século XXI. Diversos livros e vários artigos sobre o desabrochar da China já foram escritos. Os autores desses trabalhos já demonstraram de maneira clara e incisiva a impressionante escala e a inacreditável velocidade desse importante evento. Neste sentido, talvez reste bem pouco a se acrescentar.

Vale ressaltar, entretanto, que este livro não irá discorrer sobre a **ascensão** da China – aliás, sequer utilizaremos esse termo. É hora de darmos um passo adiante. A proposta desta obra é apresentar um quadro bastante atual e abrangente do equilíbrio existente entre a China e o Ocidente em termos de poderio econômico. O objetivo desse livro também é demonstrar como e porquê tal equilíbrio tem mudado com o decorrer do tempo, em especial desde o início do novo século. A ideia é, sempre que possível, discutir as direções das mudanças que são esperadas não somente para essa década, mas também para o futuro.

A China e o Ocidente são nossos principais heróis. Todavia, existem vários outros, sendo que um em especial é o conjunto de grandes mercados emergentes encabeçado pela Índia.

É importante lembrar que, neste livro, o termo **ocidental** não ostenta caráter geográfico: ele inclui todas as antigas economias industrializadas desenvolvidas, ou seja, a América do Norte, a Europa ocidental, o Japão, a Austrália e a Nova Zelândia (lembrando que as economias industrializadas mais novas são os quatro Tigres Asiáticos: Cingapura, Hong Kong, Coreia do Sul e Taiwan). Devido a limitações espaciais, a parte da análise que se refere ao Ocidente se concentrará basicamente nos seguintes países: EUA (Estados Unidos da América), Japão, Alemanha, França, Reino Unido e Itália.

Na Parte Um desta obra, exploraremos o equilíbrio de poderes existente entra o Ocidente e a China no que se refere à produção, ao comércio de mercadorias, aos serviços comerciais e às finanças. Há uma vasta torrente de informações sobre a China, segundo as quais este país estaria rapidamente ocupando posições de destaque em um número crescente de setores. Nosso objetivo é permitir que os leitores percebam claramente: 1º) em que áreas e seguimentos de produtos específicos a China de fato aumentou seu poderio de maneira significativa e já ocupa a liderança; 2º) em quais setores o gigante asiático está se aproximando do topo e 3º) em quais outros, a despeito de todo o progresso registrado por aquele país, o Ocidente ainda mantém superioridade e tem inclusive boas chances de se distanciar ainda mais.

Em caráter mais específico, examinaremos como a China amplia o escopo de sua ofensiva na exportação de mercadorias e avaliaremos as opções que restam para os fabricantes ocidentais.

De acordo com nossas avaliações, o Ocidente – tanto no que diz respeito a governos como a empresas – não está aproveitando corretamente as oportunidades de negócios que têm surgido por conta do crescimento chinês, em especial quando o assunto são as exportações de produtos e serviços para a China. Uma enorme batalha pelo mercado chinês está apenas começando, e o Ocidente precisa agir rapidamente para não ser deixado de fora dessa guerra.

A crise econômica e financeira global de 2008-2009 exerceu uma enorme influência sobre o equilíbrio de forças na economia mundial, tornando a China bem mais forte, pelo menos em termos relativos, e enfraquecendo bastante muitos países do Ocidente. Este, aliás, é o tema principal da Parte Dois deste livro. Nela argumentaremos que essa crise não foi de fato global, mas ocidental, e manifestou o **fracasso** (embora, é claro, não na extinção) do **modelo capitalista** do mundo ocidental – começando pelo norte-americano (ou anglo-saxônico). Aproveitamos ainda para definir as principais dimensões e razões de tal fracasso. Entre os motivos estão, primeiramente, a manutenção de padrões de consumo insustentáveis, e, por último, a incapacidade de conter transações financeiras potencialmente danosas. Em nossa avaliação, outro problema foi o próprio colapso moral do capitalismo ocidental.

Agora que a crise diminuiu sua intensidade, as principais economias do Ocidente estão fazendo grandes mudanças para abordar as questões que se evidenciaram com o evento. Todavia, os efeitos colaterais dessa crise infelizmente ainda assombrarão o mundo ocidental por muito tempo – a exacerbação das dívidas públicas e a degradação das condições do trabalho são alertas óbvios neste sentido. O que gostaríamos de deixar claro é que a crise de 2008-2009 resultou das **fraquezas estruturais** do capitalismo ocidental, enquanto a resiliência da China se baseou justamente em sua **força estrutural**, que agora funciona como um trampolim para futuros crescimentos.

Tal suposição naturalmente nos leva a investigar o modelo capitalista chinês e a compará-lo com o ocidental em termos mais amplos. Propomos então uma nova definição para o capitalismo chinês. Em nossa visão, ele não é o oposto do sistema ocidental. Verificamos sua evolução em um número maior de mercados, em mais competitividade e em maior liberdade para as empresas, inclusive as estatais. Em contrapartida, argumentamos que o Estado chinês não apenas apoia os empreendimentos e os setores industriais domésticos, mas exerce sobre eles os papéis de proprietário exigente e supervisor austero, o que decididamente ajuda a conter riscos financeiros.

Será que a China terá capacidade de liderar o crescimento global ao longo dessa segunda década do século XXI por meio da expansão de seu mercado interno, mantendo-se em acordo com o conceito popular de reequilíbrio global? Esta é mais uma questão complexa que precisará ser discutida em profundidade.

Na Parte Três analisam-se as cinco principais áreas em que os interesses econômicos da China e do Ocidente entram em conflito: comércio e taxa cambial do *yuan*; meio ambiente; recursos naturais; tecnologia e aquisição de empresas. Investigando e avaliando os principais acontecimentos, concluímos que na maioria dessas áreas a China está na ofensiva e, com frequência, é bem-sucedida em operar mudanças que vão de encontro às suas necessidades. Tentamos explicar as razões para isso e, ao mesmo tempo, explorar várias opções de resposta para o Ocidente.

Em resumo, neste livro buscamos diagnosticar o deslocamento do poder que tem ocorrido entre o Ocidente e a China, respondendo a quatro questões cruciais: 1º) Em que áreas? 2º) O quão rápido isso está ocorrendo e o quão intenso é esse movimento? 3º) Por quê? e 4º) O que fazer a esse respeito?

Gentilmente pedimos ao leitor que não deixe de ler o epílogo desta obra: "A China, o Ocidente e o mundo," onde discutimos o contexto global e as implicações do deslocamento de poder entre o Ocidente e a China para o mundo como um todo, e chegamos a várias conclusões importantes. Mostramos a razão pela qual, a despeito de seu surpreendente florescimento, a China não se tornará a única soberana mundial nem será estabelecida outra *Pax Sinica*.[1]

Esforçamo-nos demais para tornar este livro dinâmico e de fácil compreensão para o leitor. Para isso, selecionamos fatos e histórias realmente importantes e interessantes. Nele serão encontrados inúmeros exemplos específicos que, de acordo com nossas expectativas, tornarão mais fácil o entendimento e a percepção das realidades do Ocidente e da China. Alguns desses exemplos refletem nossas experiências pessoais. Também acrescentamos à obra um pouco do "sabor" japonês, uma vez que, além de ser o país em que vivemos por mais de vinte anos, o Japão é também um ótimo e relevante local para se pesquisar vários dos assuntos aqui discutidos.

Esperamos que *China versus Ocidente* se revele uma leitura útil e agradável para todos que queiram compreender os mais importantes acontecimentos globais de nosso tempo, incluindo homens de negócios, estrategistas políticos, acadêmicos, analistas, jornalistas, professores universitários e alunos de cursos de administração.

---

[1] – O termo em latim significa "paz chinesa". Ele representa os períodos de paz na Ásia Oriental, mantidos pela hegemonia chinesa durante as dinastias Han, Tang, Song (início), *Yuan*, Ming e Qing (início). Durante estes períodos, e por conta de sua política econômica, militar e seu poder cultural, a China conseguiu manter todas as civilizações da região sob seu controle. (N.T.)

Agradecimentos

Esta obra somente foi publicada graças à cooperação e ao apoio de vários colegas e amigos.

Frank-Jürgen Richter, presidente da Horasis[1] e anfitrião durante os encontros intitulados *Global China Business Meetings* (*Encontros Comerciais da China Global*), colaborou bastante com este trabalho ao compartilhar comigo valiosas informações de caráter intelectual e oferecer-me grande assistência em minhas pesquisas na Europa, garantindo-me a inestimável oportunidade de participar dos projetos da Horasis.

Na Ásia, sinto-me sempre feliz em trabalhar com a INSEAD, em Cingapura. Agradeço especialmente aos professores Hellmut Schutte e Michael Witt, assim como ao pessoal da Tanoto Library, pelas oportunidades que me foram concedidas.

No Japão, quero demonstrar minha especial gratidão ao presidente da Ad Post Company, o senhor Shin'ichi Suzuki, uma pessoa com enorme experiência quando o assunto é trabalhar na China. Agradeço a ele por

---

1 – Referência ao grupo Horasis, uma empresa independente fundada em 2005 e sediada em Zurique, na Suíça. Basicamente, trata-se de uma comunidade catalisadora de ideias cujo objetivo é criar um futuro mais sustentável. (N.T.)

apoiar e encorajar minhas pesquisas e meus trabalhos escritos, e também por oferecer-me inestimáveis conselhos.

Agradeço ainda a Ken'ichi Imai, membro sênior e emérito da Stanford University e professor emérito da Hitotsubashi University, que desde o início de sua carreira tem se mostrado um dos mais importantes economistas não apenas no Japão, mas também no exterior. Seus artigos e todas as discussões que mantivemos promoveram em mim um estímulo intelectual significativo.

Gostaria também de agradecer à Chuo University e, em especial, ao professor Kenji Takita, por convidar-me a participar de suas pesquisas e de conferências internacionais sobre a Ásia, o que me ajudou bastante a sedimentar o conceito desta obra.

Por compartilhar suas ideias e encorajar-me a escrever sobre a Ásia e as questões globais, quero agradecer ao meu velho amigo Hideaki Yamakawa, que atualmente é professor na Kanazawa Gakuin University.

Devo ressaltar que aprendi muito com Keisuke Uemura, presidente da ITAC Company, o braço da Nagata Seiki na área de P&D (pesquisa e desenvolvimento), uma empresa líder entre os fabricantes e desenvolvedores de novos materiais.

Agradeço a vários outros colegas e amigos japoneses das cidades de Tóquio e Niigata, entre outras, que compartilharam comigo suas visões e me encorajaram nos meus esforços e pesquisas.

Uma pessoa extremamente importante para mim, seja no Japão, na Bélgica ou em qualquer outro lugar que esteja, é Philippe Debroux, professor na Soka University e, juntamente comigo, é o coautor do livro *Asia's Turning Point (O Momento Decisivo para a Ásia)*, lançado anteriormente. Trata-se de um homem sábio, dotado de profundo conhecimento e de riquíssima experiência profissional, além de ser dono de um ótimo senso de humor. Algumas partes deste livro foram escritas sob o ímpeto de nossas vigorosas discussões.

Também quero destacar o valor de todos os contatos e debates, e de todas as discussões que mantive com acadêmicos, homens de negócios, administradores de empresas estatais, jornalistas e políticos chineses não apenas durante minhas viagens à China, mas também em meus encontros no Japão e durante os eventos *Global China Business Meetings*, e outros de cunho internacional.

Agradecimentos

Obrigado, Yang Yongxin – um dos principais administradores de Xangai, o maior centro industrial do mundo.

Obrigado também ao meu amigo Yuan Pei Zhe.

E agora, de volta à Rússia – com muito amor. Um agradecimento especial a Alexander Drozdov que, além de um ótimo jornalista, é diretor do Eltzin Fund. Ele demonstrou enorme interesse por meus planos e conceitos de pesquisa, compartilhando suas ideias e encorajando-me em minhas atividades de pesquisa internacional.

Onde quer que esteja, sempre serei um "membro do IMEMO", abreviação russa para Instituto de Economia e Relações Econômicas da Academia Russa de Ciências, onde iniciei minha carreira como pesquisador.

Sinto-me imensamente grato ao acadêmico Evgeny Primakov, primeiro-ministro da Rússia no final dos anos 1990, que desempenhou um importantíssimo papel para que eu pudesse estabelecer a direção de minhas atividades profissionais na metade da década de 1980, quando elas ainda estavam em um estágio inicial.

Obrigado também aos meus colegas e grandes amigos Alexander Dynkin, Vyacheslav Amirov e Sergey Chughrov, que é agora o editor-chefe da revista *Political Studies*, em Moscou. Quero fazer um agradecimento especial e também uma homenagem a Vladlen Martynov e Yakov Pevzner, que já não estão mais entre nós.

Aproveito para pedir desculpas a vários colegas e amigos cujos nomes não puderam ser mencionados por conta de limitações de espaço.

Por último, mas não menos importante, quero agradecer a meu filho Maxim Tselichtchev, por oferecer-me apoio na coleta de vários materiais e diversas informações técnicas.

Introdução

A **globalização** adentrou um estágio crítico, uma vez que os contínuos distúrbios econômicos fizeram com que muitos de nós reexaminássemos nossas próprias premissas. O mundo de hoje se caracteriza por uma evidente fragilidade e por um elevado grau de incerteza, ambos alimentados por choques externos e múltiplas crises que estão perigosamente ganhando força. Como pano de fundo desses desafios sem precedentes, estamos testemunhando o deslocamento dos poderes econômico e geopolítico, que deixam as mãos do mundo desenvolvido e ressurgem naquelas do mundo emergente.

Por volta do ano de 2030, a maioria das grandes economias do mundo **não será ocidental**. Além disso, mais de 50% das mil maiores corporações do planeta terão origem nos países emergentes, o que exercerá um impacto direto sobre o funcionamento da globalização. Porém, à medida que as economias emergentes reescrevem as regras da globalização, o Ocidente defende mais **protecionismo**, e o faz de maneira escancarada.

Uma das principais críticas contra a globalização, feitas por seus detratores, sempre foi de que ela não apenas estaria voltada para o Ocidente, mas absolutamente centrada nele – em outras palavras, os críticos costumavam alegar que o Ocidente não apenas era o manda-chuva e tomava todas as decisões como também recebia a maioria dos benefícios. Porém, com o tempo, conforme a globalização ganhava mais ímpeto, o processo também assumia características novas e impressionantes que se revelariam contrárias à caracterização que, até então, estava focada no Ocidente.

Os participantes não ocidentais começaram a emergir como forças vitais de energia e iniciativa na globalização; eles se tornaram seus novos motores e, agora, suas empresas estão fortalecendo suas posições globais em um ritmo sem precedentes.

A China é a líder desse mundo emergente. No ano de 2010, sua parcela na exportação global de produtos alcançou 13,7%, sendo que em 2009 esse percentual havia sido de 12,1%. É provável que essa tendência de elevação se mantenha durante essa década. Com o tempo, a China chegará a um ponto em que os custos mais elevados de mão de obra desencadearão uma queda da participação nas exportações de produtos populares, o que será compensado pelos ganhos nos seguimentos de produtos médios e mais sofisticados. Contudo, ainda não chegamos a esse ponto. Atualmente os produtos chineses já são mais sofisticados que no passado, porém, ainda predominam no país o emprego intensivo de mão de obra e a fabricação de produtos de baixa qualidade. A China se sobressai na produção de mercadorias como vestuário, têxteis, calçados e brinquedos.

Entretanto, no futuro, as exportações chinesas serão lideradas pelos fabricantes de equipamentos e, embora talvez eles não consigam penetrar totalmente nos mercados ocidentais, a concorrência nos mercados dos países mais pobres já está se intensificando. O maior choque que os fabricantes europeus e norte-americanos poderão enfrentar é a China em sua capacidade máxima de produção e exportação, algo similar ao que aconteceu há várias décadas, quando o Japão invadiu os mercados europeu e norte-americano.

A China deseja estabelecer sua imagem global como uma **potência benigna** em vários setores, todavia, o país não será percebido como uma nação madura se continuar a investir dinheiro em causas perdidas. O país asiático adquiriu títulos da dívida norte-americana, e com isso talvez tenha estimulado demasiadamente o crédito e inflamado a compra de produtos chineses pelos EUA. Parece que a dura lição foi aprendida e agora, aos olhos da China, a Europa precisa se comportar adequadamente para merecer crédito. Isso parece justo.

China versus Ocidente – o novo livro de Ivan Tselichtchev, especialista, acadêmico e escritor nas áreas de economia internacional, negócios e política – é uma obra extremamente oportuna e singular. Trata-se de algo inovador, e por várias razões.

Em **primeiro lugar**, o autor parece ter encontrado um ângulo de abordagem único e especial. Este livro nos oferece um profundo *insight* desse novo estágio da globalização – mencionado no início desse texto –, e descreve de maneira vívida suas principais características. Seus principais focos são: 1º) o equilíbrio do poder econômico entre a China, uma nova e emergente superpotência comercial, e o desenvolvido Ocidente; e 2º) o modo como esse equilíbrio está mudando. Em essência, esta é a primeira obra a nos apresentar um quadro abrangente do equilíbrio do poder econômico entre os dois lados, com base na análise de uma ampla gama de informações cuidadosamente selecionadas. O autor evita suposições simplistas sobre a ascensão da China e a derrocada do Ocidente (talvez esse assunto já esteja bastante desgastado), e procura analisar todas as questões em toda a sua complexidade, apresentando conclusões que resultam de extensas e cuidadosas pesquisas.

Começando por uma análise profunda do equilíbrio de forças em campos específicos – produção, exportação de produtos, serviços e finanças – Tselichtchev passa a investigar as impactantes mudanças na arena global, estimuladas pela crise econômica e financeira de 2008-2009. O ponto crucial por ele estabelecido é o fato de que no início da crise, e também no período subsequente ao evento, a China se mostrou estrutural e macroeconomicamente mais forte que a maioria dos países ocidentais. Isso, aliás, levou o autor a uma nova definição do modelo capitalista chinês. Por fim, Tselichtchev nos traz uma série de histórias interessantes sobre a rivalidade entre a China e o Ocidente ("batalhas econômicas") em setores específicos: comércio/moeda (câmbio); meio ambiente; recursos naturais; tecnologias e aquisição de empresas.

Em **segundo lugar**, este livro combate estereótipos e clichês, fazendo com que o leitor reconsidere muitas de suas antigas concepções. Na verdade, a China já **não** é somente uma **fábrica mundial**; o país se transformou em um verdadeiro laboratório de pesquisas e também em um líder no setor de empreendimentos "verdes". Muito se fala sobre o superaquecimento da economia chinesa e também sobre riscos de bolhas especulativas. Porém, é justamente a China que tem se mostrado mais bem-sucedida em conter a bolha que já persiste em três décadas de crescimento ininterrupto; em contrapartida, foi o próprio Ocidente que se mostrou incapaz de deter as devastadoras ondas de especulação financeira. O crescimento contínuo e de longo prazo da China é um fenômeno único na história das economias de mercado, e precisa ser avaliado e explicado da maneira correta. Existem preocupações quanto: 1ª) a ameaça de o país enfrentar inquietações oriundas da impaciência de seu povo em relação ao governo de um só partido; e 2ª) de eventuais agitações sociais por conta do aumento do abismo nos ganhos salariais. Porém, embora se mostre bastante crítico em relação a vários aspectos das políticas interna e externa da China, o autor argumenta que ainda existe bastante espaço para evolução política dentro da estrutura unipartidária, e que as diferenças salariais na China ostentam uma característica bem menos explosiva, uma vez que o padrão de vida das famílias de baixa renda também está se elevando rapidamente.

Em **terceiro lugar**, este livro contém muitas propostas e ideias valiosas tanto para estrategistas políticos como para homens de negócios. Como exemplo, o autor apresenta de modo sistemático opções estratégicas para fabricantes ocidentais diante da ofensiva chinesa nas áreas de produção/exportação, e propõe diferentes cenários para a interação entre o Ocidente e a China em questões globais de cunho ambiental. Sendo bastante imaginativo, o autor evita construir castelos de areia; ele busca soluções práticas e realistas.

Em **quarto lugar**, esta é uma obra única. Embora repleta de pesquisas acadêmicas valiosas, o conteúdo é apresentado ao leitor de uma maneira informal, utilizando uma linguagem de fácil compreensão; talvez ele possa até ser percebido como um romance que abriga seu próprio drama, além de um roteiro de tirar o fôlego. O fato é que esta obra está recheada de paixão e poder emocional, o que é praticamente inesperado em um livro sobre economia e negócios. Ele carrega em si o espírito do nosso tempo, a coragem, a complexidade, os conflitos e, às vezes, suas tragédias. Todavia, haverá momentos de relaxamento intelectual ao longo de várias passagens repletas de um humor encantador, uma vez que o livro termina com uma nota bastante otimista. Deveria existir "mais China" em nossas vidas (ocidentais), assim, cada vez mais indivíduos descobririam seus próprios "negócios da China."

Espero que você aprecie a leitura.

Frank-Jürgen Richter
Presidente da Horasis – *The Global Visions Community*
Anfitrião nos eventos:
Global China Business Meetings
Global India Business Meetings
Global Russia Business Meetings e
Global Arab Business Meetings
(www.horasis.org)

Parte Um

A CHINA COMO PRINCIPAL POTÊNCIA PRODUTIVA, EXPORTADORA E FINANCEIRA DO MUNDO: ATÉ QUE PONTO, ATÉ AONDE E POR QUÊ?

Neste início da segunda década do século XXI o quadro é o seguinte: os setores produtivos em que a China não está na liderança em termos de volume de produção se **tornaram uma exceção**. A China é líder indiscutível na exportação em massa de produtos elétricos/eletrônicos e também de produtos da indústria leve.[1] Sua presença na exportação de outras mercadorias é bem menor. E, apesar de já integrar o grupo dos importantes exportadores de serviços, ela ainda se mantém bem distante dos Estados Unidos da América (EUA) e de outras nações líderes neste setor – a **área de serviços** não é, portanto, seu **ponto forte**. O Estado chinês está emergindo como a principal potência financeira mundial (e logo a veremos ainda mais forte, à medida que sua capital, Pequim, se transformar em uma financiadora-chave para governos

---

1 – Denominação genérica das indústrias de bens de consumo (alimentos, roupas, utensílios domésticos etc.). (N.T.)

ocidentais em dificuldades financeiras), porém, pelo menos por enquanto, os investidores privados chineses ainda são relativamente fracos e os bens financeiros das famílias chinesas ainda são **escassos**.

Capítulo 1

PIB: o duopólio entre os Estados Unidos da América e a China

Há pouco mais de uma década, ou seja, em 2001, o Produto Interno Bruto (PIB) nominal da China era o sexto maior do mundo, sendo apenas um pouco maior que o da Itália. Ele englobava 12,9% do PIB dos EUA e 32,4% do PIB do Japão. Em 2010, quando a China superou o Japão para se tornar a segunda maior economia do mundo, os percentuais alcançados eram de, respectivamente, 41,2% e 107,7%. Nesta ocasião, o gigante asiático já excedia o PIB da Alemanha em 78,8%, o da Grã-Bretanha, em 2,6 vezes, o da França, em 2,3 vezes, e o da Itália, em 2,9 vezes (ver Tabela 1.1).

Dentro do mesmo período, a participação dos EUA no PIB global caiu de 32,1% para 23,1%, enquanto a da China subiu bruscamente, de 4,1% para 9,3% [dados do Fundo Monetário Internacional (FMI) 2001].

No período de 2001 a 2010, o PIB da China, em dólares correntes, aumentou quatro vezes, enquanto o dos EUA sofreu apenas um aumento de 1,4 vezes, o da França de 1,9 vezes, o da Itália de 1,8 vezes, o da Alemanha de 1,7 e o do Reino Unido (RU) de 1,5 vezes. Vale ressaltar que o aumento do PIB da Índia foi de 3,4 vezes e, na Coreia do Sul, o PIB em dólares dobrou.

Tabela 1.1 – PIB em preços correntes (em bilhões de dólares)

	2001	2010
EUA	10.286	14.527
China	1.325	5.878
Japão	4.095	5.459
Alemanha	1.892	3.286
Reino Unido (RU)	1.471	2.250
França	1.341	2.563
Itália	1.118	2.055
Índia	488	1.632
Mundo	32.008	62.911

FONTE: FMI, Base de dados do WEO (*World Economic Outlook*), setembro de 2011.

Nossa simulação simplificada demonstrou que se nesta década o crescimento do PIB nominal anual dos EUA for de 3%, em média, e o da China (em dólares correntes) ficarem 10%,[1] em 2020, o tamanho da economia chinesa alcançará três quartos (¾) da economia norte-americana (De acordo com as previsões do FMI, em 2016 o PIB da China chegará a 60% do PIB dos EUA, e representará 170% do PIB do Japão).

Parece bastante provável que no final dessa década, no que se refere ao tamanho da economia, a China e os EUA serão os dois gigantes que estarão acima de todos os demais países do globo. Além disso, também parece seguro afirmar que a China alcançará os EUA em algum momento da metade dos anos 2020. Em relação ao tamanho das economias nacionais, a economia global está rapidamente se movendo em direção a uma estrutura duopolista em que EUA e China nos farão lembrar as *Petronas Towers* em Kuala Lumpur, na Malásia, cuja altura excede em muito a de qualquer outro prédio na cidade.

Outro país observado como nova grande potência econômica, e que vem sendo comparado à China, é a Índia. Contudo, tal visão está equivocada, pelo menos por enquanto. Não há dúvida de que, entre as economias emergentes, a Índia está se tornando cada vez mais importante, entretanto, mas em comparação com a China, o país está em uma categoria bem diferente, e o impacto global de seu crescimento é bem menor.[2]

Em 2001, o PIB corrente da Índia equivalia a 36,8% do PIB chinês; em 2010, a proporção caiu para apenas 27,8%. Em outras palavras, hoje a economia da China é quase quatro vezes maior que a indiana, e a lacuna está se ampliando, pois a China está crescendo de maneira mais acelerada.

Comparações de PIB baseadas em taxas cambiais nacionais correntes talvez não consigam refletir o verdadeiro poder econômico da China em relação aos EUA (e ao Ocidente, de modo geral), pois os custos chineses são bem mais baixos. Ou seja, para um mesmo produto ou serviço na China é possível pagar menos dólares que nos EUA. Neste sentido, estimativas baseadas na paridade do poder de compra das moedas se tornam mais precisas. Calculado com base na **Paridade do Poder de Compra** (PPC),[1] em 2010, o PIB da China já representava 69,7% do PIB dos EUA e era 2,3 vezes maior que o PIB do Japão.

Já em relação ao PIB real, na China a média de crescimento para o período de 2001-2010 foi de 10,5%, em oposição aos percentuais de 1,7% dos EUA, de 1,4% do RU, 1,2% da França, 0,9% da Alemanha e 0,7% do Japão (Tabela 1.2). Na Índia a média de crescimento foi de 7,6% (grosso modo, mantendo-se uma taxa de crescimento anual de 7%, permite-se dobrar o PIB no prazo de 10 anos).

Na década de 2000, o crescimento da China (e também o da Índia, em menor escala) já apresentava uma aceleração constante, alcançando o pico no ano de 2007. A partir daí, embora tenha caído em vários pontos percentuais, o país permaneceu com um índice de crescimento confortavelmente positivo no período de 2008-2009. As principais economias

---

1 – A sigla em inglês é PPP (*Purchase Power Parity*). (N.T.)

Tabela 1.2 – Taxas de crescimento real do PIB no período de 2000-2010 (em porcentagem %)

	2001	2002	2003	2004	2005	2006	2007	2008	2009	2010
China	8,3	9,1	10,0	10,1	11,3	12,7	14,2	9,6	9,2	10,3
EUA	1,1	1,8	2,5	3,5	3,1	2,7	1,9	20,3	23,5	3,0
Japão	0,2	0,3	1,4	2,7	1,9	2,0	2,4	21,2	26,3	4,0
Alemanha	1,4	0,0	20,4	0,7	0,8	3,9	3,4	0,8	25,1	3,6
França	1,8	0,9	0,9	2,3	1,9	2,7	2,2	20,2	22,6	1,4
RU	2,5	2,1	2,8	3,0	2,2	2,8	2,7	20,1	24,9	1,4
Itália	1,8	0,5	20,0	1,5	0,7	2,0	1,5	21,3	25,2	1,3
Índia	3,9	4,6	6,9	7,5	9,0	9,5	10,0	6,2	6,8	10,1

Fonte: FMI, base de dados do WEO (*World Economic Outlook*), setembro de 2011.

ocidentais apresentaram um crescimento razoavelmente bom (entre 2% - 3% ao ano) no período de 2004-2007, mas registraram um crescimento bem pequeno no período de 2001-2003 e crescimento zero/negativo no período de 2008-2009.

Em 2010, enquanto o Ocidente adentrava uma fase de lenta recuperação, as taxas de crescimento da China e da Índia alcançavam dois dígitos. Somente a Alemanha se manteve como um motor de crescimento na Europa. Na América do Norte, na metade de 2011, a recuperação dos EUA pareceu perder seu ímpeto, enquanto no Japão, as tendências de crescimento foram minadas por eventos catastróficos – um devastador terremoto seguido de *tsunami* e um desastre nuclear (11 de março de 2011).

Comparada às economias ocidentais, a China parece estar bem melhor não somente em termos de taxa média de crescimento (isso pode ser natural uma vez que os estágios econômicos de desenvolvimento são distintos), mas também em relação à estabilidade desse crescimento. De maneira notável, desde o início do processo chinês de transição para uma economia de mercado, entre 1978-1979, e até os dias de hoje, o gigante asiático jamais enfrentou uma recessão – e há pouca razão para acreditarmos que isso venha a ocorrer na década de 2010 (retornaremos a essa questão mais adiante).

Notas do Autor

1. 10% de crescimento do PIB nominal significam cerca de 7% de crescimento do PIB real, o que permite uma taxa de inflação de 5%. Lembrando que 7% é o alvo de crescimento estabelecido pela China em seu 12º Plano de Cinco Anos (2011-2015). Porém, conforme acreditam muitos economistas (inclusive o autor deste livro), esse percentual representa apenas um uma espécie de limite mínimo – é bem mais provável que a China cresça bem mais rápido do que o que foi estabelecido. Desse modo, no que diz respeito à China, as expectativas nessa simulação parecem bastante conservadoras. Já para os EUA, um crescimento nominal de 3% significa 2,5% de crescimento real, caso a inflação se mantenha em 2% e 2,7%, se a inflação ficar em apenas 1%.

2. Entre os anos de 2001 e 2010, o PIB da Índia cresceu de 4,7% para 11.2 % em relação ao PIB norte-americano; de 11,9% para 29,9% em relação ao PIB do Japão; de 25,7% para 49,7% em relação ao da Alemanha; de 33% para 72,5% em relação ao do RU e de 36,2% para 63,7% em relação ao PIB da França. Em 2010, a economia indiana já aparecia como a décima economia mundial – lembrando que em 2001 o país ocupava a 14ª colocação. Os países superados pela Índia foram a Espanha, o Canadá, o México e a Coreia do Sul.

Capítulo 2

Produção industrial: a China já é a nação número um neste setor

Na área de produção industrial, o deslocamento do equilíbrio de poder foi drástico. Neste setor o Ocidente parece ter perdido seu **dinamismo**, e toda a energia para o crescimento se transferiu não somente para a China, mas também para outras economias emergentes.

Entre os anos de 2001 e 2009, o novo gigante econômico aumentou sua produção industrial (valor agregado em 2005 em dólares norte-americanos) em 136,8% (ou seja, 2,368 vezes), enquanto o crescimento no Ocidente se mostrou extremamente lento, ou até negativo. Em todas as principais economias europeias, a produção industrial de 2009 foi menor que a registrada em 2001. Como o ano de 2009 foi aquele em que se verificou a pior recessão do período pós-Segunda Guerra, também apresentaremos dados sobre a produção industrial dos países ocidentais entre os anos de 2001 e 2007, quando estes alcançaram picos anteriores à crise. Portanto, entre os anos de 2001 e 2009, o valor agregado no setor produtivo nos EUA aumentou 15,9% (entre 2001 e 2007, o aumento foi de 20,7%) e no Japão, 14,6 % (24,3%). Na Alemanha, o valor agregado caiu 8,8% (o aumento entre 2001-2007 foram de 15,9%); na França, 7,4% (um aumento de 6,6%); no Reino Unido (RU), 12,2% (aumento de 1,5%) e, na Itália, 18% (aumento de 2%). Na Índia, entre os anos de 2001 e 2009, o aumento foi de 97%, mas sua produção industrial representa menos de um décimo da produção da China.

Em números absolutos, no ano de 2008 a produção industrial da China (valor agregado em dólares norte-americanos correntes) excedeu a dos EUA: US$ 1,87 trilhão e US$ 1,79 trilhão, respectivamente. De acordo com os últimos dados disponíveis, em 2009 o valor agregado no setor de produção alcançou US$ 2,07 trilhões, ou 21,2% do total mundial. Os números para os EUA são US$ 1,78 trilhão e 18,4%, respectivamente. A produção industrial do Japão (US$ 1,05 trilhão) representou somente a metade da produção chinesa, e a da Alemanha (US$ 568 bilhões) significou pouco mais que um quarto da produção da China (dados fornecidos pelas Nações Unidas, 2010)[1]

Em relação aos volumes de produção, na primeira década do século XXI, a China surgiu e se consolidou como o maior – se não dominante – produtor de uma ampla variedade de mercadorias, deixando para trás todos os demais concorrentes. Em contrapartida, a gama de itens importantes cuja produção esteja nas mãos dos países do Ocidente diminuiu significativamente.

Se os atuais diferenciais nas dinâmicas de crescimento se mantiverem, já na segunda metade da década de 2010 a produção chinesa de bens manufaturados será maior que toda a produção dos EUA e Japão combinadas.

Além disso, assim como no caso do PIB, comparações baseadas nas taxas cambiais nacionais terão de ser vistas com cuidado: os resultados obtidos poderão se mostrar tendenciosos a favor do Ocidente, uma vez que os mesmos produtos são geralmente mais baratos na China que no Ocidente.

Notas do autor

1. De acordo com outras fontes, em 2009 os EUA ainda se mantinham ligeiramente à frente, mas a China o superaria em curto prazo. A Organização das Nações

Unidas (ONU) para o Desenvolvimento Industrial (UNIDO), ao apresentar informações sobre o valor agregado na área de produção em dólar norte-americano constante em 2000, coloca os EUA na primeira posição e a China na segunda: suas participações no total mundial em 2010 foram estimadas em 23,3% e 15,4%, respectivamente (UNIDO, 2011).

Capítulo 3

Exportação de mercadorias: China, da simples liderança ao domínio do setor

A China tem elevado sua participação nas exportações mundiais com uma **velocidade surpreendente**, alterando drasticamente o equilíbrio de poder comercial em um curtíssimo espaço de tempo.

Em 2008, o gigante asiático já havia alcançado a posição de **exportador número um** de produtos manufaturados, com uma participação de 12,7% no total mundial. (Os produtos manufaturados representam quase 70% do total das exportações chinesas.)

No ano seguinte – 2009 – a China se tornaria o maior exportador de mercadorias como um todo, superando a Alemanha; a participação da China no total mundial alcançaria 10%. Em 2010, não apenas o gigante asiático se distanciaria ainda mais de seus concorrentes, mas a Alemanha cederia a segunda posição para os EUA.

No período de 2001 a 2010, as exportações da China aumentaram em 5,9 vezes, em contraste com as dos EUA, que subiram apenas 1,4 vez; as da Alemanha, 2,2 vezes; do Japão, 1,9; da França, em 1,6 vez; do Reino Unido (RU), 1,5 vez e da Itália, em 1,8 vez. Já as exportações da Índia cresceram 5 vezes no mesmo período (Organização Mundial do Comércio – OMC, 2011).

Lembrando que, em 1983, as exportações da China representavam apenas 1,2% das exportações globais, contra 11,2% dos EUA, 9,2% da Alemanha (os dados para 1983 se referem somente à Alemanha Ocidental), 8% do Japão e 5,2% da França. Até 1993, a China elevou sua participação duas vezes e, nos 10 anos seguintes, em 2,4 vezes (ver Tabela 3.1).

Em outras palavras, desde o início da década de 1980 a China pelo menos dobrou sua participação nas exportações mundiais de mercadorias a cada período de dez anos. Se essa tendência se mantiver, no início da década de 2020 o país poderá responder por um quarto (¼) do total mundial, exportando entre três ou mais vezes mais o total exportado pelos EUA, pela Alemanha ou pelo Japão. Todavia, conforme a participação da China se tornar cada vez maior, será um desafio cada vez maior manter esse ritmo de crescimento; de qualquer modo, uma parcela de 20% nas

Table 3.1 Share of the World Merchandise Exports (%)

	1983	1993	2003	2010
EUA	11,2	12,6	9,8	8,4
Alemanha	9,2	10,3	10,2	8,3
França	5,2	6,0	5,3	3,8
Itália	4,0	4,6	4,1	2,9
RU	5,0	4,9	4,1	2,7
Japão	8,0	9,9	6,4	5,1
China	1,2	2,5	5,9	10,4
Índia	0,5	0,6	0,8	1,4
Mundo	100	100	100	100

Fonte: Estatísticas Comerciais Internacionais (International Trade Statistics), OMC.

exportações mundiais no início da década de 2020 ainda parece uma meta bastante exequível. E mesmo que cerca de 55% das exportações chinesas venham de subsidiárias de empresas multinacionais, como ocorre atualmente, as exportações provenientes de empresas domésticas ainda excederão de modo significativo o total exportado por qualquer país ocidental.

As informações apresentadas na Tabela 3.1 nos revelam ainda outra importante tendência, ou talvez até uma reversão de tendência.

Entre os anos de 1983 e 1993, os EUA, o Japão e as maiores potências europeias também estavam elevando suas participações nas exportações mundiais de mercadorias, entretanto, se comparados à China, em um ritmo bem mais lento. Porém, no período entre 1993 e 2003 a participação desses países caiu: para os maiores países europeus essa queda foi leve, mas, para os EUA e Japão o declínio foi acentuado, alçando cerca de 3%. (No ano de 2003 a China ainda se mantinha atrás dos líderes: os volumes de exportação do país representavam apenas 57,8% do total da Alemanha e 60,2% do total dos EUA. Contudo, o total exportado pela China já representava 92,2% das exportações do Japão.) Essa nova tendência continuou ao longo da metade e do final dos anos 2000: no período entre 2003 e 2010 a participação da China voltou a subir vertiginosamente, enquanto a de todos os principais países desenvolvidos registrava um declínio que oscilava entre 1% e 2%.

Para resumir, tendo se estabelecido como líder nas exportações mundiais, a China está agora gradualmente ascendendo à posição de total domínio nas exportações. O país não está apenas elevando o volume de suas exportações, mas significativamente aprimorando o conteúdo exportado. Em 2009, a parcela de maquinário e equipamentos de transporte subiu para 49,2% do total de exportações, contra 30,2% em 1999; enquanto isso, a parcela de itens de vestiário caiu de 15,4% para apenas 8,9%, e a de outros bens de consumo (item pessoais, para casa e outros) despencou de 21,7% para 13,7%, respectivamente (OMC, 2010).

O fato é que, enquanto a China intensifica sua ofensiva de exportações, na América do Norte e na Europa, em meio a um crescimento extremamente lento do setor produtivo, os números tanto de empresas quanto de empregados estão caindo.

De 2000 a 2007, o número de fábricas nos EUA diminuiu de 354.500 para 331.100, e o número de funcionários de 16.464 para 13.632. Em média, o índice de empregos no setor de manufatura caiu 3% ao ano. No RU a queda anual alcançou uma média de 4%, na França, de 1,8 %, no Canadá, de 1,4%, e na Alemanha, de 1% (*US Census Bureau*, 2011a).

Com certeza, a queda no número de fábricas e o declínio no número de empregados podem ser amplamente explicados não apenas pelo crescimento da produtividade, mas também pela maior demanda doméstica por serviços. Esse é o aspecto positivo dessa dinâmica. Porém, o Ocidente não deve se consolar com tal explicação, uma vez que existe também um aspecto negativo a ser considerado.

Esse lado obscuro se torna mais visível se a economia mundial for observada como uma única entidade. O problema é que empresas sediadas nos países Ocidentais estão diminuindo significativamente sua produção – ou até fechando as portas – e, com isso, ficando cada vez mais para trás em termos de participação na produção mundial – ou completamente fora dela. Por conta disso, as companhias do Ocidente também estão perdendo participação no mercado global e sendo sobrepujadas por empresas sediadas na China (incluindo as fábricas chinesas de empresas Ocidentais). Fora isso, além de perderem espaço no próprio segmento produtivo em que operam, muitas dessas companhias não demonstram a capacidade necessária para mudar para outros setores em que finalmente sejam capazes de vencer os chineses – e/ou de se manterem seguras em relação a eles.

É fato que os melhores fabricantes ocidentais estão conseguindo aumentar sua produtividade e se manter competitivos, todavia, este círculo de "jogadores" é bastante limitado.

A agonia dos fabricantes menos preparados torna ainda mais evidente a difícil situação no mercado de trabalho: as pessoas que perdem o emprego no setor produtivo, mesmo quando conseguem uma recolocação no setor de serviços se veem obrigadas a aceitar salários mais baixos, condições piores de trabalho e menor estabilidade.

Capítulo 4

Em quais áreas a China é líder e em que outros setores ela não é

A despeito de tudo o que já foi dito, não é em todos os setores que a China é líder tanto em produção quanto em exportação. Na verdade, a gama de produtos em que o país se revela um líder exportador é menos ampla que o conjunto de mercadorias em que a nação se firma como um líder produtor. Isso ocorre porque em muitos setores industriais, os aumentos na produção são absorvidos pelo próprio mercado doméstico chinês, que tem crescido de maneira rápida e constante. Além disso, o crescimento das exportações é sustentado por um crescimento dinâmico nas importações de insumos de produção: materiais intermediários e equipamentos. No que diz respeito à posição da China em relação a outros grandes produtores e exportadores, todos os setores de manufatura podem ser divididos em três grupos.

Setores do grupo um: a China é a principal produtora e também a principal exportadora

Este grupo de setores consiste de dois pilares principais. O primeiro se refere às áreas de materiais para escritório, equipamentos de telecomunicações e máquinas elétricas. O segundo abrange uma variedade de produtos da indústria leve: têxteis e vestuário, calçados, brinquedos e jogos, artigos para viagem, móveis e por aí afora.

Na década de 2000, a produção chinesa nesses setores aumentou de modo dramático, enquanto no Ocidente, e também em outras importantes nações produtoras, principalmente as asiáticas, o crescimento: 1º) ocorreu em um ritmo mais lento, 2º) ficou estagnado ou 3º) foi até mesmo negativo. Como resultado dessa dinâmica, a China se estabeleceu como produtora e exportadora **número um** nessas áreas, ficando, em geral, bem à frente dos demais concorrentes.

Materiais para escritório, equipamentos de telecomunicações e máquinas elétricas

O exemplo mais vívido pode ser observado nas áreas de materiais para escritório e equipamentos de telecomunicações. De acordo com a Classificação Unificada de Comércio Internacional (CUCI),[1] Revisão 3, das Nações Unidas, o setor consiste de dois grandes blocos. O primeiro envolve equipamentos de **Processamento Eletrônico de Dados** (PED) e equipamentos de escritório; o segundo inclui telecomunicações e aparelhos e equipamentos de gravação/reprodução de sons. Equipamentos de PED abrangem computadores, impressoras, periféricos e *software*. Já os aparelhos e equipamentos de gravação/reprodução de som incluem TVs e vários produtos de áudio e vídeo.

Os dados sobre a produção dos quatro principais itens deste setor (televisores a cores, produtos de vídeo, telefones celulares e computadores pessoais) são apresentados na Tabela 4.1. Também acrescentamos dados sobre câmeras digitais: um importante produto de características similares, embora a CUCI o inclua em um grupo diferente.

Ao longo da década anterior, a posição ocupada pela China neste setor sofreu uma mudança abrupta e crucial. No início, o país era apenas um entre

---

1 – Tradução para UN Standard International Trade Classification (SITC), Revision 3. (N.T.)

Tabela 4.1 – Volumes de produção dos cinco principais itens eletrônicos*

	TV a cores		Equipamentos de Vídeo**		Aparelhos celulares		Computadores pessoais		Câmeras digitais	
	2000	2008	2000	2008	2000	2008	2000	2008	2000	2008
Mundo	132.210	200.626	74.670	101.142	423.150	1.210.140	128.207	285.086	15.280	136.080
	(100)	(100)	(100)	(100)	(100)	(100)	(100)	(100)	(100)	(100)
China	31.990	84.944	18.250	67.560	41.000	637.610	24.669	277.185	450	85.640
	(24,2)	(42,3)	(24,4)	(66,8)	(9,7)	(52,7)	(19,2)	(97,2)	(2,9)	(62,9)
América do Norte	24.022	24.335	2.070	0	52.000	49.690	30.130	0	0	0
	(18,1)	(12,0)	(2,7)	(0,0)	(12,3)	(4,1)	(23,5)	(0)	(0)	(0)
Europa	25.270	40.822	12.650	3.020	183.400	92.640	17.180	540	0	0
	(19,3)	(20,3)	(16,9)	(3,0)	(43,3)	(7,7)	(13,4)	(0,2)	(0)	(0)
Japão	2.150	9.010	6.530	3.420	55.350	34.990	9.888	5.655	11.170	29.650
	(1,6)	(4,5)	(8,7)	(3,4)	(13,1)	(2,9)	(7,7)	(2,0)	(73,1)	(21,8)
Coreia do Sul	10.820	6.951	4.850	1.600	57.500	155.780	7.370	1.006	790	1.770
	(8,2)	(3,5)	(6,5)	(1,6)	(13,6)	(12,9)	(5,7)	(3,5)	(5,2)	(1,3)
Taiwan							32.660	700	1.900	0
							(25,5)	(0,2)	(12,4)	(0,0)
Malásia	13.510	5.554	14.990	11.662	4.800	13.550	2.260	0	500	4.780
	(9,9)	(2,8)	(20,1)	(11,0)	(1,1)	(1,1)	(1,8)	(0)	(0,6)	(3,5)
Índia					5.000	146.970***				
						(12,1)				

Volume: em mil unidades (%)
* Os dados para a Coreia do Sul, Taiwan, Malásia e Índia são somente apresentados quando a participação desses países na produção global é significativa.
** Para o ano de 2000: Aparelho para gravação e exibição de fitas de vídeo, aparelhos de DVD e gravadores de DVD; para 2008: aparelhos de DVD, gravadores de DVD, BD players e BD recorders.
*** 2005.
Fonte: Sekai Kokisei Zue, 2010-2011.

vários grandes produtores; no final, a China tornou-se uma **líder indiscutível**, sendo que no caso dos computadores pessoais, o país transformou-se em uma potência produtora dominante. Além disso, em 2008 a nação era responsável por 34,7% de toda a produção global de TVs de tela plana.

A Índia rapidamente expandiu sua produção de aparelhos de telefonia móvel, contudo, sua participação na confecção dos outros quatro produtos do grupo permaneceu insignificante.

As parcelas da América do Norte e Europa na produção de todos os cinco itens caiu vertiginosamente, chegando ao ponto de os EUA interromperem a fabricação de produtos de vídeo, computadores pessoais e câmeras digitais, enquanto a Europa, deixava de produzir câmeras digitais e reduzia a produção de PCs, atingindo um nível quase insignificante de fabricação desse item.

As participações do Japão e da Coreia do Sul também foram claramente baixas. O Taiwan e a Malásia encerraram sua fabricação de computadores pessoais. Além disso, a Malásia perdeu completamente sua posição como uma das principais plataformas de fabricação de aparelhos de TV coloridos (embora tenha visivelmente aprimorado seu papel como fabricante de câmeras digitais).

Porém, enquanto reduziam o volume de fabricação dos produtos finais, os países da Ásia Oriental aumentavam de maneira drástica a produção de suas peças, de seus componentes e de outros materiais usados nesses produtos. A maior parte desses elementos eram então exportados para a China, onde os produtos finais eram montados. Esta foi uma das principais razões pelas quais a Ásia Oriental preservou o dinamismo do seu setor de manufatura. Na América do Norte e na Europa essa mudança estrutural alcançou uma escala bem mais reduzida.

Não é necessário dizer que a vertiginosa subida da China até a primeira posição (tanto como fabricante como exportadora) foi amplamente o resultado das atividades produtivas de empresas multinacionais. Porém, neste aspecto, foram também as multinacionais asiáticas, não as ocidentais, que lideraram o processo.

Os dados sobre exportações são apresentados na Tabela 4.2. No final da década anterior (2000), a China já comandava 34% das exportações mundiais de PED e equipamentos de escritório, e quase 30% das exportações de equipamentos de telecomunicações (incluindo aparelhos e equipamentos de reprodução e gravação de som). Vale ressaltar que suas parcelas de participação têm crescido em um ritmo constante e extremamente veloz.

Tabela 4.2 – Participação (%) de exportações mundiais por produto/país

	PED e equipamentos de escritório		Equipamentos de telecomunicações*	
	2000	2009	2000	2009
Mundo	100	100	100	100
China	5,0	34,0	6,8	29,4
EUA	15,5	8,6	11,4	7,0
UE-27	30,4	28,0	38,3	29,7
Japão	9,5	4,0	10,6	4,5
Coreia do Sul	5,3	2,4	5,5	7,7

* Inclui aparelhos e equipamentos de gravação e reprodução de som.
Fonte: Estatísticas Comerciais Internacionais (International Trade Statistics), OMC.

Em contrapartida, as parcelas dos EUA em ambos os grupos de produtos caíram para pouco mais que a metade dos números anteriormente apresentados, enquanto as do Japão para menos da metade. A queda das participações da UE-27 foi insignificante, uma vez que ela incluiu o comércio livre de tarifas dentro da própria União Europeia (UE), responsável pela maioria dos totais exportados de seus membros. Ainda assim, em 2009 a China exportou mais PED e equipamentos de escritório que todos os 27 membros da UE juntos, e efetivamente, a mesma quantidade de equipamentos de telecomunicações.

Por fim, a Coreia do Sul, a maior economia recém-desenvolvida, e conhecida por seu forte posicionamento em ambos os setores, também perdeu mais da metade de sua participação no mercado global de PED e equipamentos de escritório. Além disso, o país aumentou sua parcela no mercado de equipamentos de telecomunicações em apenas 2,2%, enquanto a China elevou sua participação em 22,8%. Sendo assim, em 2009, comparada à China, a Coreia do Sul se revelou um exportador de outra categoria de peso, embora em 2000 os níveis de participação de ambos os países fossem bem próximos.

Tais mudanças no equilíbrio de poderes na área de exportações são de caráter tectônico, pois, no período de apenas uma década, elas levaram a China a uma **posição dominante nos mercados globais**.

Em outro importante acontecimento, juntamente com o setor de equipamentos de escritório e telecomunicações, a China se estabeleceu como líder na produção e exportação de máquinas elétricas (incluindo aparelhos elétricos de uso doméstico). As exportações de máquinas elétricas do país alcançaram US$ 108 bilhões em 2008 e US$ 92 bilhões em 2009, ou seja, mais que dobro das exportações dos EUA, que foram, respectivamente, de US$ 53 bilhões e US$ 45 bilhões. Em outras palavras, hoje a China exporta um volume maior de máquinas elétricas que os EUA e o Japão juntos.

Já as exportações de máquinas elétricas realizadas pelos membros da UE para outros países não membros da UE foram de US$ 93 bilhões e US$ 76 bilhões, respectivamente (OMC, 2010).

Produtos têxteis e de vestuário

O segundo pilar, que abrange produtos da indústria leve, é composto de vários setores distintos. Como exemplos representativos iremos nos concentrar nas áreas de produtos têxteis e de vestuário.

Na produção de têxteis, a China foi o único país a impulsionar o crescimento global na década anterior (2000). Entre os períodos de 1998-1999 e 2007-2008, ela foi responsável por 86% do aumento total do uso do algodão na fabricação de produtos têxteis em todo o mundo.

Em 2009, sua produção de **fibras** e **filamentos têxteis**[2] alcançou 39,7 milhões de toneladas, ou seja, cerca de 70% do total global. A Índia ficou em segundo lugar com 5,7 milhões de toneladas e 9% de participação, respectivamente. Outros produtores ficaram muito atrás. O volume de produção nos EUA foi de 1,9 milhão de toneladas; o de Taiwan foi de 1,5 milhão de toneladas; da Coreia do Sul, 1,1 milhão de toneladas; e o do resto do mundo foi de 11,9 milhões de toneladas (Oerlikon, 2010).

Os dados sobre a produção de fibras artificiais são apresentados na Tabela 4.3. No período de 2000 a 2009, a produção têxtil caiu em todos os princi-

---

2 – A diferença entre fibras e filamentos esta relacionada à ordem de grandeza do comprimento e às diferentes composições. (N.T.)

pais países, exceto na China, onde ela aumentou drasticamente, e na Índia, onde o incremento também foi substancial.

Tabela 4.3 – Produção de fibras artificiais por país

	2000	2009
Mundo	31,1 (100)	44,1 (100)
China	6,7 (21,5)	26,3 (59,6)
Índia	1,9 (6,1)	2,8 (6,3)
EUA	4,2 (13,5)	2,3 (5,2)
Taiwan	3,2 (10,2)	2,1 (4,8)
Coreia do Sul	2,8 (9,0)	1,4 (3,2)
Indonésia	1,4 (4,5)	1,1 (2,5)
Japão	1,5 (4,8)	0,8 (1,8)

Volume: milhões de toneladas (%).
FONTE: Oerlikon. Fiber Year 2009/2010.

No setor de vestuário, a produção chinesa atingiu em 2009 um número considerado astronômico: **25,4 bilhões de peças** (ResearchInChina, 2010).

Este aumento espetacular não apenas no volume, mas também na participação global nas exportações, levou a China a ocupar a posição de líder exportador nesta área. Entre os anos de 2000 e 2009, a exportação de roupas triplicou no país, e a de produtos têxteis cresceu 3,7 vezes. A Índia aumentou suas exportações em 2,2 vezes e 63,5%, respectivamente. Na exportação de produtos têxteis, a UE atingiu um pequeno aumento no volume, mas sua participação nas exportações mundiais caiu. Os volumes de todos os outros grandes exportadores também caíram (ver Tabela 4.4).

No setor de vestuário, a UE aumentou seu volume de exportação de modo substancial. Isso levou a um pequeno crescimento em sua participação no total mundial. Porém, atualmente, mesmo que considerarmos o comércio interno da UE, as exportações de roupas de todos os 27 países membros ficariam abaixo das chinesas (ver Tabela 4.5).

Além disso, a década de 2000 foi marcada por um sensível aumento nas exportações de roupas por parte de Bangladesh e Turquia, mas, comparados à China, estes países permanecem em um patamar inferior. As exportações dos EUA, da Coreia do Sul e do México caíram.

Tabela 4.4 – Maiores exportadores de produtos têxteis*

	2000	2009
Mundo	157.400 (100)	211.054 (100)
China	16.135 (10,3)	59.281 (28,1)
India	5.570 (3,5)	9.105 (4,3)
UE	56.737 (36,0)	62.223 (29,5)
UE (somente países não membros)	15.567 (9,9)	18.810 (8,9)
EUA	10.952 (7,0)	9.931 (4,7)
Coreia do Sul	12.710 (8,1)	9.155 (4,3)
Taiwan	11.891 (7,6)	9.931 (4,7)

Valor: US$ milhões (%).
* Exportações de vestuário não incluídas.
FONTE: Estatísticas Comerciais Internacionais (International Trade Statistics), OMC.

Tabela 4.5 – Maiores exportadores de vestuário

	2000	2009
Mundo	197.570 (100)	315.622 (100)
China	36.071 (18,3)	107.261 (34,0)
Índia	5.260 (2,7)	11.454 (3,6)
UE	56.240 (28,5)	96.797 (30,7)
UE (somente países não membros)	12.954 (6,6)	21.682 (6,9)
EUA	8.629 (4,4)	4.186 (1,3)
Indonésia	4.734 (2,4)	5.915 (1,9)
Coreia do Sul	5.027 (2,5)	1.396 (0,4)
México	8.631 (4,4)	4,165 (1,3)
Bangladesh	5.067 (2,6)	10.726 (3,4)
Turquia	6.533 (3,3)	11.555 (3,7)

Valor: US$ milhões (%)
FONTE: Estatísticas Comerciais Internacionais (International Trade Statistics), OMC.

Companhias estrangeiras, empresas domésticas privadas e empresas estatais como exportadoras.

De modo geral, as exportações chinesas, em especial no setor de máquinas, são lideradas por empresas filiais de companhias estrangeiras. No ano de 2010, essas empresas eram responsáveis por 54,6% do total de exportações, o que representa uma queda em relação aos 58,8% de 2005. (*21 Seiki Chugoku Soken,* 2006, 2011), mas, ao mesmo tempo, um aumento em relação aos 52% de 2002 (Koopman, Wang e Wei, 2009). Entre os anos de 2002 e 2006, a participação das empresas totalmente estrangeiras aumentou de 29,4% para 39,3%, enquanto a participação das *joint-ventures* caiu de 22,6% para 16,6% (Koopman, Wang e Wei, 2009).

De acordo com G. Redding e M. Witt, a partir do final da década anterior (2000), das dez principais empresas sediadas na China que exportavam produtos de alta tecnologia, 9 pertenciam a estrangeiros: 4 eram taiwanesas e 5 eram norte-americanas. As empresas de propriedade taiwanesa lideravam em termos de valores exportados, sendo responsáveis por mais de 50% do total do grupo (Redding and Witt, 2009).

Entre os exportadores domésticos, as empresas privadas[1] têm obtido resultados bem melhores que as **empresas estatais** (*state-owned enterprises – SOEs*), cujo papel na ofensiva de exportações chinesas é bastante modesto. No período de 2002 a 2010, a parcela das empresas estatais no total de exportações caiu de 37,9% para 14,9%, enquanto as empresas privadas aumentaram sua participação de maneira excepcional, partindo de apenas 4,3% para 27,3% (Koopman, Wang e Wei, 2009; 21 Seiki Chugoku Soken 2011).

As filiais das companhias estrangeiras estão mais engajadas no beneficiamento das exportações [72% de suas exportações e 46,9% do total das exportações da China a partir de 2010 (21 Seiki Chugoki Soken, 2011); ambas as parcelas estão em declínio], o que significa que o produto é projetado no exterior e a maior parte do material utilizado em sua produção – materiais, partes, componentes etc. – é importada, enquanto o valor agregado pelo beneficiamento ou pela montagem dentro da China é relativamente pequeno. Até recentemente, as filiais chinesas de empresas estrangeiras se concentravam amplamente em operações simples que exigiam intensa mão de obra para dar conta dos estágios finais da cadeia tecnológica, enquanto as fases mais sofisticadas dessa mesma cadeia permaneciam fora do país. Além disso, as empresas estrangeiras com frequência terceirizam fases específicas do processo produtivo utilizando-se de fabricantes chineses.

Empresas nacionais (domésticas), em especial no setor privado, se envolvem mais com exportações ordinárias (comuns), em que a maior parte do valor do produto exportado é criada dentro do próprio país. Em 2010, o beneficiamento era responsável por 9,8% do total das exportações em empresas privadas, e por 27,2% nas empresas estatais (21 Seiki Chugoku Soken, 2011).

Um novo papel: a China como líder na produção e na exportação de partes e componentes

Estima-se que a parcela do valor agregado estrangeiro nas exportações comuns (ordinárias) fique entre 5% e 11%, e nas exportações de beneficiamento entre 74% e 82%. Os computadores, equipamentos de telecomunicação e dispositivos eletrônicos exportados contêm cerca de 80% de conteúdo estrangeiro (Koopman, Wang e Wei, 2009). Portanto, ainda seria seguro dizer que, de modo geral, quanto mais sofisticado é o produto em termos tecnológicos, menor a parcela da China no agregamento de valor.

Porém, isso já não retrata a verdade, já que uma nova realidade está se formando diante de nossos olhos. De maneira gradual e constante, a China tem aumentado o nível de valor agregado em seu território, desenvolvendo a indústria a montante e abrigando um número crescente de estágios do processo produtivo. Fabricantes estrangeiros de partes, materiais e outros componentes estão contribuindo muito para essas mudanças, expandindo de modo significativo a gama de suas atividades dentro do gigante asiático. O fato é que a China já se tornou líder na produção e exportação não apenas de produtos finais, mas também de partes e componentes, e está rapidamente fortalecendo sua posição nesse segmento fundamental (embora, é claro, suas importações sejam ainda maiores que as exportações).

Por exemplo, no período de 2000 a 2009, a produção chinesa de circuitos integrados (CIs) aumentou de 5.880 milhões de unidades para 41.440 milhões de unidades (21 Seiki Chugoku Soken, 2010; Institute of Chinese Affairs, 2011). No ano de 2000, as exportações chinesas de CIs e componentes eletrônicos não passavam de US$ 5.352 milhões, comparados aos US$ 62.824 milhões dos EUA, US$ 42.454 milhões do Japão, US$ 24.688 milhões da Coreia do Sul, e US$ 21.767 milhões de Taiwan. Em 2009, esse quadro se alterou completamente. A China aumentou suas exportações em quase oito vezes, ficando em segundo lugar, logo depois de Taiwan (US$ 40.328 milhões e US$ 43.629 milhões, respectivamente), superando os EUA (US$ 37.726 milhões), o Japão (US$ 36.563 milhões) e a Coreia do Sul (US$ 26.995 milhões) (OMC, 2010).

Setores do grupo dois: a China é a principal produtora, mas não é a principal exportadora

O segundo grupo consiste de um conjunto de importantes indústrias de produtos materiais, equipamentos de transportes, máquinas não elétricas (gerais) e vários outros. Exemplos representativos incluem metais não ferrosos, como o cobre e o alumínio, cimento, borracha sintética, máquinas operatrizes, veículos automotores e autopeças, instrumentos de precisão, produtos farmacêuticos etc. Atualmente, o setor de aço também faz parte desse grupo.

Nesses setores, a China rapidamente alcançou a posição de maior produtor mundial, porém, o país não se transformou em líder nas exportações. A produção está voltada em sua maioria para o mercado doméstico, e, considerando que a demanda interna tem expandido rapidamente, ainda há espaço para crescimento nesse mesmo sentido.

De modo geral, nesses setores a China é uma grande importadora líquida. Embora nos mercados globais os manufaturadores chineses possam exercer uma pressão competitiva crescente não apenas sobre seus concorrentes ocidentais, mas também sobre outros estrangeiros, estes últimos têm uma grande possibilidade de capturar o mercado chinês em rápido crescimento.

Máquinas operatrizes e veículos automotores

Para a economia chinesa, 2009 foi um ano de máquinas operatrizes e veículos automotores: a China se tornou o **maior mercado mundial para ambos**. Usaremos os dois como exemplos representativos.

Em ambos os casos, a despeito da liderança na produção, a posição da China enquanto exportadora permanece modesta.

A exportação global de máquinas operatrizes é dominada por empresas alemãs e japonesas. Além disso, o total de importações desses equipamentos pela China é mais que três vezes superior ao total de exportações, uma vez que a demanda doméstica excede significativamente a produção interna (Tabela 4.6).

Quanto aos veículos automotores (Tabela 4.7), no ano de 2000 a China produziu somente cerca de 2 milhões de unidades, incluindo 605.000 veículos de passeio, mas não exportou nada. Sua produção ficou bem atrás em relação à do Japão, dos EUA e da Alemanha. No ano de 2009, a China já produzia 13.791 milhares de unidades (incluindo 10.384.000 veículos de passeio), ou seja, 4,7 vezes mais que no ano de 2000 e cerca de duas vezes a produção do segundo maior produtor, o Japão. Em 2010, o volume de produção alcançaria 18 milhões, ou 23,4% do total mundial (Cheng, 2011).

Porém, as exportações de veículos automotores pela China, que começou em 2003, ainda permanecem discretas: somente 681.000 unidades em 2008 e 540.000 unidades em 2010 (Institute of Chinese Affairs, 2011). Os maiores exportadores são o Japão, os EUA, a Alemanha, a França e a Coreia do Sul. Com poucas exceções (principalmente a Honda), as subsidiárias estrangeiras que operam na China não são tão ativas em caráter global, e concentram-se na produção para o mercado interno.

As exportações chinesas de todos os produtos automotivos em 2009 (cerca de US$ 20 bilhões) ficaram pouco abaixo da metade das norte-americanas (US$ 45 bilhões), representaram cerca de um quarto das efetuadas pelos 27 membros da UE (considerando somente as exportações

Tabela 4.6 – Produção, exportação/importação e uso doméstico de máquinas operatrizes (2009)

	Produção	Exportação	Importação	Uso doméstico
China	15.000	1.400	5.800	19.400
Alemanha	10.249	7.203	2.225	5.451
Japão	7.095	4.219	443	3.319
EUA	5.239	3.316	818	2.741
Itália	2.324	1.215	2.260	3.370
Suíça	2.118	1.824	571	866
Espanha	1.060	800	299	560
Taiwan	2.419	1.936	363	847
Coreia do Sul	2.665	1.212	1.133	2.586

US$ milhões.
Fonte: Sekai Kokusei Dzue, 2009/2010.

Tabela 4.7 – Produção e exportação de veículos automotores

	2000		2009–2008	
	Produção	Exportação	Produção	Exportação
China	2.069 (605)	0	13.791 (10.384)	681
Japão	10.141 (8.359)	4.455	7.935 (6.862)	5.915
EUA	12.800 (5.542)	1.477	5.709 (2.246)	1.966
Alemanha	5.527 (5.132)	3.723	5.210 (4.965)	4.501
Espanha	3.033 (2.366)	1.317	2.170 (1.813)	2.181
França	3.348 (2.880)	3.619	5,709 (2.246)	4.322
Coreia do Sul	3.115 (2.602)	1.676	3.513 (3.158)	2.684
RU	1.814 (1.641)	1.159	1.090 (999)	1.254
Índia	801 (518)	44	2.633 (2.166)	526

Em milhares de unidades; em parêntesis: produção de veículos de passeio.
FONTE: Sekai Kokusei Dzue, 2010/2011.

para fora da comunidade: US$ 78 bilhões), e significaram menos de um quinto das japonesas (US$ 103 bilhões) (OMC, 2010).

A aquisição da Volvo pela Geely, em 2009, demonstrou que os fabricantes chineses de automóveis já estão dando os primeiros passos no sentido de estabelecer uma posição global, mas o caminho a seguir ainda é longo.

Indústria do aço

Na segunda metade da década de 2000, a **indústria do aço** se juntou ao **grupo um**, conforme a China se tornou o líder mundial tanto na produção quanto na exportação do produto.

Em 2000, o país produziu 128,5 milhões de toneladas métricas de aço bruto, ou 15,1% do total mundial, mas é seguido de perto pelo Japão (106,4 milhões de toneladas) e, mais de longe, pela Rússia (59,1 milhões de toneladas) e outros. Em 2010, a produção chinesa subiu para 626,7 milhões de toneladas, ou 44,4% do total global. (Associação Mundial do Aço, 2010; International Steel Statistics Bureau, 2011). Mais uma vez o Japão ficou em segundo lugar com, respectivamente, 109,6 milhões de toneladas e 7,8%, contudo, a diferença entre os dois países aumentou drasticamente.

Também na segunda metade dos anos 2000, a China assumiu a posição de maior exportadora de aço. Em termos de valores, em 2008 as exportações de aço alcançaram US$ 71 bilhões, ou 27,1% do total mundial, contra, respectivamente, US$ 44,1 bilhões e 7,5% das exportações do Japão (OMC, 2010).

Todavia, em 2009 as exportações da China caíram abruptamente para apenas US$ 24 bilhões. O país passou a ocupar a quarta posição nas exportações e se tornou uma importadora líquida de aço, como já ocorria no início da década.

A China também cedeu sua posição de líder exportadora de produtos em aço semiacabados ou acabados, com as exportações caindo para menos da metade do total do ano anterior (de US$ 56.304 milhões para apenas US$ 23.639 milhões). A despeito da redução na demanda global, o declínio nas exportações de outros países foi bem menor. As exportações do Japão caíram de US$ 36.923 milhões para US$ 33.306 milhões, e as da Rússia, de US$ 28.429 milhões para US$ 27.587 milhões (OMC, 2010).

Em 2010, as exportações de aço voltaram a subir, impulsionadas pela recuperação da economia global. Porém, a China não retornou à posição de liderança, alcançando apenas a segunda posição. O país exportou 38,8 milhões de toneladas de aço bruto, em comparação com as 42,4 milhões de toneladas exportadas pelo Japão (International Steel Statistics Bureau, 2011). Lembrando que a maior parte do incremento na produção é absorvida pelo mercado interno chinês. A indústria do aço permanece atualmente no grupo dois.

Setores do grupo três: a China não é a principal produtora nem a principal exportadora

Esse grupo é composto por um número bastante reduzido de setores – a maioria deles na área de produção material. A China não está entre os maiores exportadores e, pelo menos por enquanto, permanece ainda distante, ou um pouco atrás, dos demais produtores em termos de volumes (sendo o principal deles os EUA). Os melhores exemplos são os produtos químicos **derivados do petróleo** e o **plástico**.

Por exemplo, a partir de 2008, a China produziu 10.240 mil toneladas de etileno (apenas 9,2% do total mundial), contra 23.554 mil toneladas produzidas pelos EUA. A produção de propileno alcançou, respectivamente, 9.520 mil toneladas (13,5%) e 14.995 mil toneladas; a de benzeno chegou a 4.066 mil toneladas (12,5%) e 6.561 mil toneladas, e assim por diante.

O volume total da produção chinesa dos quatro tipos de plásticos mais importantes (polietileno, polipropileno, poliestireno e resina termoplástica) foi de 26.920 mil toneladas (16,8% do total mundial), em contraste com a produção norte-americana de 29.935 mil toneladas.

Também em comparação com os EUA, a China produziu bem menos polpa: respectivamente 51.479 mil toneladas e 21.477 mil toneladas, em 2008, e um pouco menos de papel: 79.952 mil toneladas e 79.800 mil toneladas (Yano Tsuneta Kinenkai, 2011).

Principais fatores da liderança da China na área de produção

De modo geral, atualmente a China é líder tanto na produção quanto na exportação de uma ampla gama de produtos finais (variedade esta que continua se ampliando), em especial de produtos elétricos/eletrônicos e itens de consumo da indústria leve. O país também se transformou em um dos principais produtores e exportadores de componentes eletrônicos.

Em contrapartida, sua posição como exportador de produtos materiais é consideravelmente fraca, embora, com frequência, o país lidere em termos de volume de produção. Em um grande número de setores de produtos materiais, em especial na indústria química, a China aparece bem distante do principal produtor: os EUA.

Além disso, pelo menos por enquanto, a China não estabeleceu uma presença forte nos mercados globais de máquinas, a não ser nos produtos elétricos/eletrônicos. Sua produção cresce rapidamente, todavia, os produtores estão voltados primariamente para o mercado interno. Os países ocidentais (assim como, frequentemente, economias recém-desenvolvidas como a da Coreia do Sul e de Taiwan) ostentam uma posição bem mais sólida como exportadores de veículos automotores e de outros produtos automotivos, e também dos principais artigos de maquinário "não elétrico", como máquinas operatrizes.

Esses países também lideram nas exportações de instrumentos científicos e de controle, e nos produtos farmacêuticos.

A anatomia do excedente no comércio de mercadorias na China

A China exporta bem mais do que importa!!!

Porém, notadamente, a gama de seus principais criadores de excedente – tanto entre setores como empresas – é limitada: trata-se, em primeiro lugar, das indústrias do grupo e das empresas domésticas privadas, que rapidamente fortalecem suas posições globais e, com frequência, pressionam os manufaturadores sediados no Ocidente.

O excedente de produção da China também demonstra uma tendência geográfica: ele é gerado, acima de tudo, pelo comércio do país com o Ocidente, o que, aliás, se transformou em um fator irritante nas relações entre o gigante asiático e os EUA e as nações europeias. Todavia, nas relações comerciais com praticamente todos os maiores países e territórios da Ásia Oriental, e também com muitas outras nações emergentes e em desenvolvimento, a China registra déficits permanentes. Este importante fato é com frequência esquecido. Em 2009, a China apresentou superávits de US$ 157,7 bilhões no comércio de mercadorias com a América do Norte, e de US$ 112,3 bilhões com a Europa, mas, no mesmo período, o país registrou déficits comerciais de US$ 65 bilhões com a Ásia e de US$ 17,3 bilhões com a América do Sul e a América Central (OMC, 2010).

Setores de exportação e importação líquidas

O superávit comercial chinês (US$ 195,1 bilhões em 2009) é, em sua maioria, gerado pelos setores do **grupo um**: produtos da indústria leve, incluindo têxteis, vestuário, itens de uso pessoal e doméstico e outros produtos manufaturados (um excedente combinado de US$ 299,5 bilhões); equipamentos de escritório e telecomunicações (superávit de US$ 132,4 bilhões); e máquinas elétricas (US$ 31,3 bilhões).

Setores que pertencem aos grupos dois e três são geralmente importadores líquidos. Exemplos representativos incluem produtos químicos, máquinas operatrizes, semicondutores, instrumentos científicos e de controle etc. O comércio de produtos automotivos também apresenta déficit, embora pequeno.

Além disso, a dramática expansão da produção e da exportação de produtos finais pela China é, com frequência acompanhada por um aumento quase igualmente drástico da importação de insumos básicos e indispensáveis à produção. Por exemplo, a importação líquida de ICs (*integrated circuits*, ou seja, circuitos integrados) e componentes eletrônicos alcançou US$ 104,6 bilhões em 2008 e US$ 95,6 bilhões em 2009 (OMC, 2010).

Contudo, de modo geral, no comercio de produtos intermediários a China deixou para trás um déficit de US$ 3,4 bilhões em 2001 para um impressionante superávit de US$ 106,3 bilhões em 2008. Em 2009, o país registrou um déficit de US$ 3,5 bilhões. Já o superávit nas exportações de partes e componentes subiu de US$ 3,5 bilhões em 2001 para US$ 21,7 bilhões em 2009 (RIETI, 2010).

Companhias privadas domésticas se transformando em grandes criadoras de excedente

As empresas estatais chinesas se tornaram grandes importadoras líquidas. Em 2010, o déficit nas importações de US$ 153,2 bilhões em relação às importações. Em contrapartida, incluindo todas as empresas do país, as companhias privadas domésticas foram as que geraram o maior superávit comercial já registrado: US$ 233,5 bilhões *versus* US$ 88,3 bilhões alcançados pelas filiais de empresas estrangeiras, embora o volume de exportações somasse apenas 56,6% das últimas (21 Seiki Chugoku Soken, 2011). Como já mencionado, a razão principal para isso é o fato de as filiais de empresas estrangeiras estarem amplamente focadas nas exportações de beneficiamento.

Quanto maior o volume de exportações desse tipo, maiores as importações de insumos estrangeiros necessários para sustentar o crescimento. Em consequência disso, nações e empresas que exportam esses insumos contam com uma ótima oportunidade. O ponto crucial é saber que regiões, empresas e países serão bem-sucedidos em explorar o dinâmico mercado chinês.

Nota do autor

1. Todas as empresas domésticas chinesas, exceto as estatais (SOEs) e as sociedades em nome coletivo, foram consideradas como privadas.

Capítulo 5

Os fabricantes chineses *versus* os fabricantes ocidentais

As empresas chinesas têm fortalecido sua posição global em vários estágios produtivos. Para identificarmos a lógica por trás dessa mudança, dividimos todos os produtos manufaturados em quatro seguimentos, de acordo com três critérios preestabelecidos.

A estrutura analítica de quatro segmentos

O **primeiro critério** aplicado é o nível de tecnologias utilizado e a intensidade tecnológica da produção. Para simplificar, os produtos serão divididos em duas categorias: os de **baixa tecnologia** e os de **alta tecnologia**. Na verdade, ambos os conceitos são bastante flexíveis tanto na literatura quanto nas fontes estatísticas, e variam dependendo do autor e da própria fonte de informações. Sendo assim, partiremos da premissa de que os produtos de alta tecnologia são aqueles que exigem técnicas de fabricação modernas e complexas, além de habilidades especiais por parte da maioria das pessoas envolvidas no processo de manufatura, o que, por sua vez, somente poderá ser obtido por meio de **educação especial** e/ou treinamento profissional contínuo. Em contrapartida, a produção de itens de baixa tecnologia exige técnicas de fabricação mais simples que podem ser dominadas em períodos mais curtos e sem uma sólida base de conhecimentos especiais.

É claro que tais definições estão bem longe da perfeição — aliás, explicações perfeitas para os termos **alta tecnologia** e **baixa tecnologia**, assim como para as expressões *low-end* (produtos populares e baratos) e *high-end* (produtos sofisticados e caros), praticamente inexistem. Em regra, alguns setores — produtos eletrônicos, máquinas/equipamentos de alta precisão e/ou produtos farmacêuticos — são definidos como de alta tecnologia, enquanto outros — produtos têxteis e/ou químicos — não são. Todavia, tal divisão não nos permite compreender claramente as diferenças entre os produtos propriamente ditos e os processos tecnológicos utilizados dentro de cada setor específico — por exemplo, na comparação entre um televisor equipado com **tubo Braun**[1] e uma TV de plasma, veremos que as tecnologias necessárias para produzir o primeiro já não são muito sofisticadas; já ao compararmos produtos químicos **tradicionais** e **finos**,[2] perceberemos que a fabricação desses últimos se utiliza, de fato, de **altíssima tecnologia**.

O segundo critério é a classificação do produto, que pode ser dividido em duas classes distintas: os *low-end* e os *high-end* [Mais recentemente temos encontrado na literatura o conceito de produtos *mid-range* (médios em termos de sofisticação e preço), porém, com o intuito de simplificar nosso modelo conceitual, incluiremos esses últimos no seguimento dos produtos *low-end*]. O termo *low-end* significa que o produto foi criado para atender às necessidades básicas do cliente; ele não traz em

---

1 - Referência a um tipo de televisor antigo que contém tubo de raios catódicos, um mecanismo inventado pelo físico alemão Karl Ferdinand Braun. (N.T.)

2 - Referência à química fina, uma atividade voltada para a síntese e produção industrial de produtos químicos de altíssimo valor agregado, e em pequenas quantidades. Os chamados produtos químicos finos são substâncias puras e simples produzidas comercialmente por meio de reações químicas em com aplicações altamente especializadas. (N.T.)

si nem luxo nem sofisticação. Por exemplo: os alimentos são feitos para satisfazer a fome do ser humano; as roupas são usadas para cobrir o corpo das pessoas; os carros, para permitir que indivíduos se movam de um lugar para o outro; e os aparelhos telefônicos existem para que as pessoas façam e recebam chamadas. Os compradores desses itens esperam que eles cumpram adequadamente suas funções básicas e não têm outras grandes exigências em relação a eles. Já um produto *high-end* é adquirido para que o comprador desfrute de toda a sua sofisticação e de todo o seu luxo. Neste caso, o cliente atenta para o "sabor delicioso" de um prato, uma roupa "na moda", um objeto "com *design* bonito e moderno," um produto "de grande qualidade" ou um acessório "confortável". No caso de bens de capital, como equipamentos, a existência de diferenciais como "função de controle numérico" e/ou a garantia de "capacidade de processamento de alta precisão" podem ser fundamentais.

Por fim, o **terceiro critério** utilizado é o papel exercido pelo **nome** ou pela **marca** de um fabricante específico na aquisição de um determinado bem. Existem no mercado produtos de fabricação em massa e produtos diferenciados. Quando uma pessoa adquire algo do primeiro grupo, ela não se preocupa muito em saber quem o confeccionou. O item só precisa ser aceitável em termos de qualidade e preço. Em contrapartida, quando o indivíduo compra um produto do segundo grupo, ele já tem em mente um fabricante específico ou uma marca que estejam associados a ideias como: **alta qualidade**, **confiabilidade**, *design* **diferenciado**, **características únicas** e **imagem** criada por meio de publicidade e/ou outros canais de *marketing*.

Usando este critério, definimos quatro segmentos produtos:

1. De **baixa tecnologia** – baratos e com pouca sofisticação – de fabricação em massa.
2. De **alta tecnologia** – baratos e com pouca sofisticação – de fabricação em massa.
3. Produtos **diferenciados** baratos e com pouca sofisticação (de baixa ou alta tecnologia).
4. Produtos **caros** e **sofisticados** (de baixa ou alta tecnologia).

Neste caso, partimos do pressuposto de que todos os produtos caros e sofisticados são diferenciados. Além disso, para reduzir o número de segmentos e manter nossa análise simplificada, optamos por incluir tanto os itens de baixa quanto os de alta tecnologia no terceiro e quarto segmentos, o que não nos impedirá de apresentar as tendências verificadas.

A ofensiva global dos fabricantes chineses: quatro estágios

Os fabricantes chineses estão bem estabelecidos como líderes no primeiro segmento do mercado global. Agora, como próximo passo, eles já estão expandindo – e de maneira rápida – sua presença no segundo segmento e, inclusive, se tornando reconhecidos no terceiro. Por fim, os chineses também estão se aproximando do quarto segmento, ou seja, o de produtos *high-end*, sendo que alguns fabricantes do país já se transformaram em importantes fornecedores para esse mercado. Mesmo assim, de modo geral, a presença da China no terceiro e quarto segmentos ainda é relativamente fraca.

Primeiro estágio: produtos de baixa tecnologia, baratos e com pouca sofisticação, de fabricação em massa

Este **primeiro estágio** teve início no final dos anos 1970 e no início dos anos 1980, com o lançamento de políticas de abertura e de reformas. Os fabricantes chineses estabeleceram um domínio na produção e na exportação de uma grande variedade de produtos baratos, pouco sofisticados, de baixa tecnologia e fabricação em massa, derrotando fabricantes de itens similares no Ocidente. Enormes quantidades de camisetas, tênis, isqueiros, brinquedos, utensílios de cozinha, e de vários outros itens baratos de fabricação chinesa inundaram e conquistaram os mercados mundiais.

Neste semento, em que o **preço** faz toda a **diferença**, os fabricantes ocidentais estão realmente fadados a perder espaço. Atualmente, a despeito de o aumento de seus custos internos – incluindo o de mão de obra – ter se tornado um tema corrente em todo o globo, o domínio da China continua neste setor.

Muito se fala sobre: 1º) a erosão das vantagens oferecidas pelo país em termos de custos e 2º) a transferência da produção em massa de itens menos sofisticados para outros países do segundo escalão, como Vietnã, Bangladesh, Sri Lanka, Camboja e/ou Laos. De acordo com essa linha de pensamento, a única opção para a China é aprimorar suas indústrias e produzir mais itens de alto valor agregado. Todavia, este conceito parece estar totalmente equivocado. A China é um país único, diferente de qualquer outra nação, e, portanto, jamais trocará os produtos de baixo valor agregado por outros de maior valor – na verdade ela se concentrará em **ambos**. Em outras palavras, enquanto mantém o domínio no segmento de produtos de baixa tecnologia e menor preço e sofisticação, o país já está se movendo cada vez mais para cima na cadeia de valores – e esse processo continuará se mantendo ao longo de muitas décadas. Os padrões de crescimento do gigante asiático vão além do famoso paradigma dos **gansos voadores**,³ em seu senso mais convencional.

A habilidade da China em preservar seu domínio no segmento de produtos mais baratos e de baixa tecnologia pode ser facilmente explicada. Em primeiro lugar, seus custos, inclusive os de mão de obra, são ainda muito baixos que os da concorrência. Na verdade, eles se mantêm incomparáveis àqueles do Ocidente e, desse modo, não deixam de ser atraentes nem para os empreendimentos nem para os consumidores ocidentais. Outra razão para essa supremacia é o fato de que nenhum país do segundo escalão é capaz de se comparar à China em termos de tamanho. Consequentemente, nenhuma nação consegue superá-la como maior plataforma produtiva para a fabricação de itens simples e baratos, mesmo que seus próprios custos sejam inferiores.

É bem verdade que cada vez mais as empresas ocidentais e asiáticas têm reclamado do aumento dos custos na China, incluindo o de mão de obra. Ademais, a mídia de massa se mostra sempre voluntariosa em manter essa discussão acalorada. Porém, se lermos e/ou escutarmos atentamente o que as pessoas estão escrevendo e/ou dizendo, palavra por palavra, perceberemos claramente o porquê de tudo isso. Na realidade, esses indivíduos estão preocupados com o fato de os custos na China estarem mais elevados que em anos anteriores e também em relação ao que era esperado. Todavia, essas mesmas pessoas que criticam continuam a expandir seus investimentos diretos na China, e em uma escala bem maior que em qualquer nação do

---

3 - Referência ao modelo de divisão internacional do trabalho para o Extremo Oriente, que se baseia na teoria das vantagens comparativas (Akamatsu, 1962). O paradigma postula que as nações asiáticas alcançariam o Ocidente. A lógica por trás dessa crença é de que a produção de *commodities* seria transferida dos países mais avançados para os menos avançados. Desse modo, as nações subdesenvolvidas ficariam alinhadas sucessivamente atrás das nações industriais avançadas, de acordo com seus diferentes estágios de crescimento, seguindo um padrão análogo ao do voo dos gansos selvagens. (Fonte: http://periodicos.uesb.br/index.php/politeia/article/viewFile/185/206) (N.T.)

segundo escalão. Sendo assim, mais que qualquer falatório, as ações desses indivíduos têm sido a maior prova de que os custos reais do gigante asiático continuam competitivos.

De acordo com um estudo realizado pelo Boston Consulting Group, a média salarial chinesa no setor de manufatura, ajustada à produtividade, subiu de 36% da praticada nos EUA no ano de 2000 para 48% em 2010 (Powell, 2011), o que significa que as vantagens em termos de custos são ainda bastante significativas.

Além disso, é preciso ter em mente que, em função das enormes diferenças existentes entre regiões, os indicadores de custos médios nacionais podem se revelar enganosos. Embora as taxas de crescimento salarial estejam elevadas em toda a China (cerca de 10% ao ano), os custos de mão de obra (entre outros) estão começando a significar mais principalmente nas províncias costeiras e economicamente mais avançadas da região leste do país (Contudo, até mesmo nesses locais, com exceção de Xangai e Pequim, esses custos ainda representam apenas uma pequena fração dos observados no Ocidente). Em contrapartida, no centro do país, na região nordeste e também nas províncias ocidentais, com apenas algumas exceções, os custos permanecem competitivos mesmo para os padrões do mundo em desenvolvimento.

Em 2009, o salário médio mensal dos funcionários em todas as regiões da China ficou em US$ 393. Em Xangai essa média era de US$ 712 e, em Pequim, de US$ 704. Nas províncias centrais e da região oeste, a média ficava entre US$ 320 a US$ 360; por exemplo, US$ 320 em Hubei (central) e em Yunnan (oeste), US$ 350 em Anhui (central) e US$ 360 em Shaanxi (oeste) (os cálculos do autor tiveram como base o relatório do National Bureau of Statistics, 2010a). O salário médio mensal dos empregados nos EUA, em 2008, era de US$ 3.800 (U.S. Census Bureau, 2011a).

Na China, a média de salário pago por hora no setor de manufatura é ainda de US$ 3,10 – em comparação aos US$ 22,30 pagos por hora trabalhada nos EUA –, embora nas províncias do leste essa média seja até 50% mais elevada (Powell, 2011).

Desse maneira, o padrão de crescimento da China não se encaixa no paradigma convencional dos gansos voadores. De fato, o gigante asiático está inaugurando seu próprio modelo: enquanto as províncias costeiras do leste, pressionadas pela elevação de custos, estão escalando a cadeia de valores, as províncias localizadas na hinterlândia ainda têm espaço para um crescimento rápido, produzindo produtos simples e explorando as vantagens dos baixos custos (o que não significa, porém, que esses últimos não possam simultaneamente se aprimorar e atender a outros setores mais elevados – aliás, eles não somente são capazes de fazê-lo, como já o estão fazendo). Ademais, grandes cidades do leste chinês já estão se tornando plataformas nas áreas de serviços, logística, educação e P&D (pesquisa e desenvolvimento), e, desse modo, sustentando o crescimento industrial no interior do país.

De modo notável, as províncias do interior estão se tornando os principais motores de crescimento da China. Pelo menos desde 2008, o centro e o oeste do país têm crescido mais rápido que as regiões costeiras do leste. Por exemplo, em 2009, enquanto a economia nacional chinesa cresceu 9,2%, as taxas de crescimento nas províncias centrais de Anhui (com população de 61 milhões de habitantes), Hubei (57 milhões) e Henan (94 milhões) alcançaram, respectivamente, 12,9%, 13,2% e 10,6%. Porém, o maior crescimento foi registrado na região da Mongólia Interior, e chegou a 19%. O fato de esse crescimento ter deixado de se concentrar nas províncias costeiras e ter alcançado a hinterlândia tem ganhado força adicional com projetos de desenvolvimento patrocinados pelo Estado, tanto na região central como, especialmente, nas áreas mais a oeste. Esses lugares foram os maiores beneficiários do famoso pacote de estímulos de 4 trilhões de *yuans* (US$ 586 bilhões), divulgado pelo governo chinês em 2008. Além disso, essas áreas têm se tornado cada vez mais importantes como alvos de investimento, tanto para empresas nacionais chinesas como para as estrangeiras.

Essas províncias estão em uma ótima posição para expandir a produção em massa de itens mais baratos e de baixa tecnologia, tanto para o mercado doméstico quanto para o externo. Atualmente, seus esforços estão mais orientados para o atendimento ao mercado interno, contudo, é pouco provável que eventuais boas oportunidades de exportação sejam desconsideradas.

Em relação ao tamanho dos países do segundo escalão, e também ao tamanho de suas economias, muitos desses locais somente podem ser comparados a províncias chinesas, não ao país como um todo.

Não há dúvida de que, com o passar do tempo, esses lugares acentuarão seus papéis no cenário internacional como fabricantes e exportadores e, com isso, atrairão um número maior de empresas multinacionais que prefiram optar pela estratégia **China + Um**[4] (ou + dois, ou + três) para expandirem e diversificarem a distribuição de suas atividades produtivas. Às vezes essas multinacionais até preferem realocar suas produções em outros países, retirando-as da Chia. Isso pode causar grandes repercussões em setores específicos. Por exemplo, em 2005, depois que os EUA impuseram tarifas sobre os móveis de madeira para dormitórios fabricados na China, muitos dos fabricantes taiwaneses, e de outros países, decidiram deixar o gigante asiático e se mudar para o Vietnã, até porque, nesse novo país eles não teriam de pagar US$ 170 mensais pela mão de obra chinesa, apenas US$ 80 por mês para cada trabalhador local (lembrando que nos EUA o valor pago por hora é de US$ 12). Com isso, na segunda metade da década (2000) o Vietnã superou a China como líder na exportação desse item específico para os EUA (Higgins, 2011).

Com o papel cada vez mais importante desempenhado pelos países do segundo escalão, e também com as transferências de empresas para esses novos locais, a produção de artigos específicos parece surpreendente e acaba, com frequência, atraindo atenção pública. Porém, isso não significa que a China como um todo esteja sendo desafiada como líder mundial em plataformas de manufatura de produtos simples e de baixo custo. Os diferenciais de tamanho em relação aos potenciais desafiantes são demasiadamente grandes.

Talvez o único país do segundo escalão com potencial para desafiar a China em termos de escala produtiva seja a Índia, contudo, esta nação tem ainda um longo caminho a percorrer. Sua fabricação de **produtos de baixo custo** voltada para o mercado externo é **relativamente baixa**; de modo geral, e como já mencionado anteriormente, a atual produção indiana representa não mais que um décimo da chinesa.

Portanto, considerando a inexistência de concorrentes mais desafiadores, no segmento de produtos simples, baratos, de baixa tecnologia e

---

4 - Em vez de confiar somente na China como única cabeça de ponte na Ásia, as multinacionais também operam em outros países, como Vietnã, Indonésia, Tailândia e Índia. Além de manter os custos baixos, essa nova abordagem permite que as companhias diversifiquem riscos e explorem boas oportunidades em mercados em crescimento. (N.T.)

consumo em massa, a China se mantém na liderança isolada, o que não significa que o país conserve seus preços e custos produtivos tão baixos quanto no passado – ocorre justamente o contrário. O fato é que, sendo um país monopolista, a China ainda tem espaço para elevar os preços de seus produtos e, desse modo, cobrir seus crescentes custos de produção – pelo menos até certo ponto.

No início da segunda década do século XXI, os consumidores em todo o mundo ainda se mostram bastante ativos na aquisição de produtos simples e de fabricação em massa que ostentam as famosas etiquetas *made in China*, embora atualmente essas pessoas tenham de desembolsar mais do que antes. Neste segmento, esta continua sendo uma forte tendência. Todo o resto é secundário.

Segundo estágio: produtos de alta tecnologia, baratos e com pouca sofisticação, de fabricação em massa

Neste **segundo estágio**, que teve início nos anos de 1990, se manteve na década de 2000 e ainda está se preservando ao longo da década de 2010, as empresas chinesas estão se mobilizando rapidamente no sentido de capturar os mercados globais de produtos baratos e pouco sofisticados, de fabricação em massa, mas, ao mesmo tempo, de alta tecnologia, alavancando não apenas sua crescente capacidade tecnológica, como também suas vantagens em termos dos próprios custos de produção. Exemplos bastante significativos incluem aparelhos de TV, equipamentos AV (audiovisual), telefones celulares, computadores pessoais e, mais recentemente, **baterias solares**.

Ao adentrar este setor, os fabricantes chineses exercem uma pressão competitiva sobre empresas ocidentais que estão voltadas para nichos de mercado mais sofisticados. Para isso, os chineses disponibilizam versões similares, porém, simplificadas, dos produtos ocidentais, e por um preço mais acessível. Três avanços revolucionários especialmente importantes refletem essa nova tendência.

Para começar, a China se transformou na principal fabricante mundial de **painéis solares**. Atualmente, das dez principais companhias fabricantes desse produto em todo o globo, cinco são chinesas. Até 2010, os preços dos painéis solares produzidos por **empresas chinesas** já haviam caído em cerca de 50%. Essa drástica redução nos preços impulsionou para baixo os custos da própria energia solar e promoveu a paridade tarifária (*parity level*) no setor, ou seja, a igualdade entre os preços das energias renovável e convencional. Isso, por sua vez, permitiu que a China alcançasse uma posição de **liderança na revolução energética global**.

No período entre 2005 e 2010, os fabricantes chineses conquistaram 43% do mercado global de painéis fotovoltaicos. Em um projeto de US$ 10 milhões, o segundo maior fabricante do país, a Yingli Green Energy, forneceu 7.600 painéis solares para a Rutgers University, de Nova Jersey, colaborando assim para o maior experimento com energia solar já ocorrido em uma universidade norte-americana (Biggs, 2010).

Em segundo lugar, a disseminação dos automóveis elétricos garantiu um grande impulso para o crescimento do setor de baterias de lítio-ion na China. Em entrevistas recentes, vários profissionais de nível gerencial de companhias japonesas que operam nesse mesmo setor reconheceram que, tanto em termos quantitativos como qualitativos, o progresso da China nesta área parece estar ocorrendo de maneira bem mais rápida que o esperado. Em 2007, de acordo com a Xinhua,[5] a produção de baterias lítio-ion no país (1,4 bilhão de embalagens) representou mais de 1/3 do total mundial. Os principais fabricantes, a BYD e a BAK Battery, ambas sediadas em Shenzhen, estão conseguindo melhorar significativamente a segurança e a confiabilidade desse produto. A Tianjin Lishen Battery, a sexta maior fabricante mundial, se tornou parceira/fornecedora dos principais fabricantes mundiais de produtos eletrônicos, a Samsung e a Motorola. Paralelamente, vários de seus fabricantes menores estão expandindo seu fornecimento de baterias de baixa capacidade para aparelhos celulares e MP3 *players* (*Beijing Review*, 2009).

Outro componente que reforça a liderança da China neste setor é o fato de o país possuir a **terceira maior reserva mundial de lítio**, perdendo apenas para o Chile e a Argentina.

Em terceiro lugar, a China está rapidamente intensificando sua presença no mercado mundial no setor de equipamentos elétricos, em especial no mundo emergente. Seus principais fabricantes, a Shanghai Electric e a Harbin Power Equipment, estão competindo diretamente com a General Electric e outros gigantes ocidentais. Um dos principais eventos nesta área

---

5 - Referência à agência de notícias oficial do governo da República Popular da China, cujo nome, em tradução livre, é "A Nova China". (N.T.)

foi a assinatura de um contrato de US$ 10 bilhões entre a Shanghai Electric e a Reliance Power, da Índia, que rege o fornecimento de geradores a carvão produzidos pela primeira – trata-se provavelmente do maior contrato já assinado nesta área em todo o mundo.

Terceiro estágio: produtos diferenciados baratos e com pouca sofisticação

Nesse **terceiro estágio**, os chineses estão começando a buscar uma diferenciação para seus produtos: tanto os de baixa como os de alta tecnologia. Os meios mais populares para atingir tal objetivo são: 1º) adquirindo marcas internacionalmente conhecidas de empresas ocidentais; 2º) comprando especificamente seus departamentos de produtos; 3º) assinando acordos/parcerias (*tie-up arrangement*) com essas empresas; ou 4º) comprando a empresa propriamente dita (o que, aliás, tem se tornado cada vez mais comum). Essas iniciativas ganharam força na década de 2000. Vejamos alguns exemplos:

Em 2004, a Lenovo se tornou famosa ao adquirir o setor de computadores pessoais da IBM. Além de tornar seu próprio nome conhecido em todo o mundo, a companhia conseguiu de modo eficiente associar a marca Lenovo a interessantes conceitos: custo-qualidade (*mix*); dinamismo, espírito empreendedor; agressividade (positiva) de uma empresa nova no mercado, rápido aprendizado, desejo de inovação, abertura e prontidão para integrar diferentes culturas empresariais.

Depois de investir mais de US$ 500 milhões, o segundo maior fabricante de TVs do país, a TCL, firmou uma *joint venture* com a gigante francesa no setor de eletrônicos, a Thomson, tornando-se inclusive o acionista majoritário. A Thomson, por sua vez, também possui a RCA, uma marca norte-americana mundialmente famosa. Essa parceria abriu caminho para que a TCL produzisse equipamentos com ambas as marcas; o acordo também permitiu que a empresa chinesa promovesse seus próprios produtos, embora isso ocorresse principalmente nos países de terceiro mundo. Então, por meio de sua subsidiária, a TCL também adquiriu o setor de equipamentos celulares da Alcatel.

A Pearl River Piano, que controla 60% do mercado chinês de pianos, adquiriu um pequeno fabricante britânico que costumava exportar esse tipo de instrumento musical sob a marca alemã Ritmuller (Williamson, 2004).

Porém, adquirir uma marca não é um processo fácil, tampouco necessariamente um jogo bem-sucedido. Aliás, os custos são bem elevados – em especial pelo fato de os chineses geralmente terem como objetivo empresas famosas, porém fragilizadas e/ou divisões de produtos que estejam apresentando desempenho ruim, e cujos proprietários ocidentais estejam ávidos para negociar. Sendo assim, por via de regra os compradores chineses precisam investir grandes somas sem ter qualquer garantia de que a companhia ou a divisão recém-adquiridas irão se recuperar.

Os arriscados empreendimentos da TCL têm mantido a empresa no vermelho desde o início. Outro caso problemático é o da Lenovo, cujas margens de lucro são extremamente baixas; além disso, a companhia é constantemente pressionada por empresas como a Dell, a HP e a Acer. Em 2006, devido ao seu fraco desempenho, a Bolsa de Valores de Hong Kong a removeu da lista das principais empresas incluídas em seu índice.[6]

Em contrapartida, pouco a pouco, de maneira lenta, mas segura, um grupo de empresas locais está gradualmente conseguindo estabelecer suas próprias marcas no ambiente internacional, sem, contudo, embarcar em caríssimas aquisições.

A Li Ning, uma empresa de roupas esportivas, é um ótimo exemplo. Ela está desafiando a Nike e a Adidas tanto em termos de *design* quanto de seleção de produtos. Em janeiro de 2010, a companhia chinesa abriu sua primeira loja de varejo em Portland, no Oregon (EUA). Além disso, ela já iniciou suas operações de *design* em um endereço próximo à sede da Nike, em Beaverton, também no Oregon, inclusive contratando funcionários norte-americanos (Rein, 2010).

A Tsingtao Brewery se tornou um nome popular em muitos países. A empresa representa um dos símbolos do sabor chinês no quesito cervejas.

Outros exemplos de marcas chinesas cada vez mais reconhecidas no exterior incluem a Midea, fabricante de equipamentos de ar condicionado; a ZTE, fabricante de aparelhos de telecomunicações, as montadoras Chery e Geely, a empresa de tecnologia limpa, LDK Solar, entre outras.

No Ocidente, costuma-se dizer que, com algumas exceções, as empresas chinesas não dispõem de boa capacitação na área de construção de marcas, o que, às vezes, é inclusive considerado como uma prova clara de que a **China não é uma superpotência econômica**.

Todavia, tal argumento não é convincente. É bem verdade que o progresso

---

6 - Hang Seng Index. (N.T.)

da China neste campo tem sido bem mais lento que o de outros países. Porém, além das evidências de sucesso já demonstradas, é preciso levar em consideração que a maioria das companhias chinesas que tem trabalhado no sentido de diferenciar seus produtos também tem buscado e encontrado seu próprio modo de estabelecer suas marcas. Isso inclui várias etapas interessantes. Em primeiro lugar, essas companhias não começam pela América do Norte, pela Europa ou pelo Japão, mas a partir da própria China: o mercado mais familiar e em mais rápida expansão do mundo. Daí elas seguem rumo aos países em desenvolvimento, aproveitando-se do dinamismo desses mercados e também da fraca competitividade apresentada por esses construtores de marca, em termos comparativos. Aliás, nos países de terceiro mundo os chineses também conseguem capitalizar sobre seus custos ainda relativamente baixos nas áreas de produção e vendas. Finalmente, depois de ganhar habilidades e experiência na área de construção de marca, algumas empresas chinesas seguem para os EUA, a Europa e o Japão, assim como para outros países desenvolvidos.

Entrevistas conduzidas pelo China Market Research Group com várias centenas de executivos de nível sênior de empresas fabricantes de bens de consumo chinesas, demonstraram que mais de 50% dos participantes esperavam entrar nos EUA em um período de 5 anos. Porém, segundo eles, isso somente ocorreria depois que eles atingissem seu próprio mercado interno e regiões como a África e o Oriente Médio (Rein, 2010). Se essas companhias conseguirem colocar seus planos em prática, as marcas chinesas e ocidentais realmente começarão a competir dentro do território norte-americano a partir da segunda metade da década de 2010.

O quarto estágio se aproxima: os fabricantes estrangeiros estão no limiar do segmento de produtos high-end.

O estágio de **número quatro** está prestes a iniciar. Algumas empresas chinesas estão começando a se voltar para o segmento de produtos mais caros e sofisticados.

É alta a probabilidade de que no final dessa década (2010) as pessoas em todo o mundo passem a conhecer bem um grupo de pelo menos doze fabricantes chineses de vários setores: equipamentos elétricos e não elétricos, aparelhos eletrônicos, vestuário, entre outros. Todos eles disponibilizarão marcas internacionalmente reconhecidas e respeitadas, tanto por sua qualidade quanto pela originalidade de seus sofisticados produtos. Vale ressaltar que até mesmo no campo dos produtos caros e sofisticados a China ainda será capaz de explorar as vantagens de seus baixos custos de produção.

O surgimento e a expansão desse grupo de empresas serão certamente estimulados por várias forças propulsoras.

Para começar, o dinheiro chinês não fica parado. Muitas empresas chinesas ganharam muito comercializando mercadorias simples e baratas, e estão agora investindo pesado não somente no aprimoramento desses produtos, mas também em inovações tecnológicas. Com grande frequência, essas empresas recebem significativo apoio financeiro do governo.

Em segundo lugar, com dinheiro farto nas mãos, esses empreendimentos estão começando a atrair os melhores talentos de todo o mundo: *designers*, pesquisadores, engenheiros e gerentes. Essa tendência certamente ganhará força.

Ao mesmo tempo, o acervo de profissionais chineses altamente capacitados e prontos para assumir funções na manufatura de produtos caros e sofisticados também está se ampliando bastante – tanto por conta de aprimoramentos no próprio sistema educacional do país quanto pelo aumento no número de chineses que decidem retornar para casa depois de estudarem e/ou trabalharem no Ocidente.

Em terceiro lugar, para agilizar a elevação do nível de seus produtos, as empresas chinesas têm se utilizado de seu poderio financeiro para adquirir partes, componentes, máquinas e equipamentos produzidos pelas melhores empresas do mundo.

O setor de máquinas operatrizes nos oferece um ótimo exemplo do quanto a China está voltada para a fabricação de produtos *high-end*.

Como já mencionado, em 2009 a China se tornou a maior fabricante mundial de máquinas operatrizes. Contudo, até recentemente, as máquinas produzidas no país eram simples e baratas, enquanto o segmento de equipamentos caros e sofisticados era dominado por fabricantes alemães, japoneses, italianos, suíços e outros representantes de países industrialmente desenvolvidos. Possuindo uma clara vantagem em termos tecnológicos, esses países cobravam preços elevados para seus produtos.

Porém, desde a metade da primeira década de 2000 a situação começou a mudar. Em 2004, um dos principais fabricantes chineses, o Shenyang Machine Tool Group (SMTCL), adquiriu a empresa alemã Schiess AG, que anunciara falência no início daquele mesmo ano. Dentro de pouco tempo, os *designers* e engenheiros europeus nitidamente aprimoraram os produtos SMTCL. A empresa rapidamente aumentou o número de partes e componentes japoneses utilizados em seus produtos. A partir daí, a companhia começou a estabelecer sua imagem como um fabricante de máquinas de precisão avançadas, orientado para o mercado global. Ao mesmo tempo, todos trabalharam duro no sentido de acabar com a profunda desconfiança dos usuários em relação à qualidade dos produtos "*made in China*". Atualmente, a empresa fornece centros de usinagem CNC modelo *flat-bed*[7] e outros produtos para clientes nos EUA, no Canadá, no RU, na Itália, na Espanha, na Índia, na África do Sul e em vários outros países.

Porém, os dois exemplos mais famosos de empresas chinesas que estão adentrando o segmento de produtos caros e sofisticados são a Huawei e a Haier.

A Huawei, a segunda maior fornecedora mundial de equipamentos de rede e telecomunicações, depois da Ericsson, atende a 31 dos 50 maiores operadores de telecomunicações em todo o planeta (Griffin, 2007). A empresa foi escolhida pela British Telecom como seu fornecedor favorito durante a implementação de sua estratégia para o 21 CN,[8] em 2005; a organização chinesa também recebeu o prêmio Vodaphone Award[9] por seu excelente desempenho no ano de 2007. Por meio de uma *joint-venture*, a Huawei associou-se à empresa britânica Global Marine Systems, fornecendo equipamentos de rede para submarinos (Wang, 2008). Além disso, a companhia também assinou um acordo com a terceira maior operadora de telefonia fixa da Alemanha, a Versatel, para construir uma rede de comunicação com fibra óptica, baseada em IP[10] (Internet Protocol) (China Daily, 2006).

---

7 - A sigla CNC se refere ao termo Controle Numérico Computadorizado; a expressão inglesa *flat-bed*, cuja tradução livre é "cama-plana", distingue um tipo de máquina em que o processo de usinagem é horizontal. (N.T.)

8 - Referência ao programa The 21st Century Network, um projeto de transformação (voz e dados) implantado pela empresa britânica. (N.T.)

9 - Referência ao prêmio concedido pela Vodafone, uma empresa multinacional de telecomunicação móvel sediada no Reino Unido. O prêmio Vodafone é oferecido para companhias que se destacam em suas inovações na área de telecomunicações. (N.T.)

10 - Protocolo da Internet: padrão que ajusta a conexão dos computadores nas redes que compõem a Internet. (N.T.)

O último grande feito da empresa foi o desenvolvimento de um aparelho de telefonia celular de nível médio, o *smartphone* Android 2.2 (dotado de processador Qualcomm MSM72330800 MHz; tela 480 x 800 com capacitor 3.8"TFT; câmera de 5 Mp; 720p reprodução/gravação). Inicialmente o aparelho visava o segmento médio do mercado, porém, a partir do início do ano de 2011, ele passou a ser comparado de modo favorável com telefones caros e sofisticados, o que representou um desafio para seus fabricantes a um preço bastante competitivo de US$ 250 a US$ 300. Logo em seguida, a empresa anunciou o lançamento do X6, um modelo com processador de 1 Ghz e tela de 4,1" (Atkinson, 2011; Westaway, 2011).

A Haier se tornou uma fabricante mundialmente famosa de uma grande variedade de eletrodomésticos – de equipamentos de ar condicionado a TVs. Ela é dona da maior fatia do mercado em produtos de linha branca. Em 2010, A Euromonitor International a classificou em primeiro lugar em três categorias: refrigeradores/*freezers*, refrigeradores para bebidas (vinho) e máquinas de lavar de uso doméstico (Jones, 2010). Tendo desenvolvido uma boa variedade de produtos originais, a empresa está competindo de maneira bem-sucedida nos segmentos de produtos médios e sofisticados nos EUA, na Europa e em vários países em desenvolvimento. Seus produtos representam estilo, modernidade, funcionalidade, confiabilidade e enfatizam o uso das mais novas tecnologias – tudo isso combinado a preços acessíveis. O anúncio da Haier atrai a atenção de todos que passam pelo cruzamento Ginza-4, em Tóquio – no centro da região mais luxuosa da cidade.

Fabricantes ocidentais: um novo modo de pensar se faz necessário

Uma lembrança de um passado bem recente. Há alguns anos, em meio aos calorosos debates sobre o desvalorizado *yuan* e a manipulação da moeda pela China, um dos maiores canais de TV norte-americanos entrevistou o gerente-proprietário de uma empresa fabricante de meias. Na época, ele reclamava de maneira incisiva que seria impossível manter a empresa se o *yuan* não se valorizasse e as meias chinesas continuassem a ser comercializadas nos EUA pelo preço de 65 centavos de dólar o par. Eu podia compreender os sentimentos daquele profissional, porém, quanto mais o escutava, mais sentia que ele não estava no caminho certo: talvez a valorização do *yuan* pudesse ajudar a diminuir o sofrimento daquele homem por algum tempo, mas, infelizmente, não seria a solução para os seus problemas.

De acordo com várias estimativas, o *Yuan* está atualmente desvalorizado entre 40% e 60%. Porém, mesmo que um milagre ocorresse e sua taxa cambial subisse imediatamente 60%, os diferenciais de custo entre a China e os EUA ainda permaneceriam significativos, já que a média salarial de um trabalhador chinês no setor de manufatura chega a menos de 1/7 do valor pago ao colega norte-americano (e o setor de fabricação de meias não é uma exceção). É a mentalidade que precisa mudar. Chegou a hora de os fabricantes de meias comuns nos EUA perceberem que eles já não estão em posição de competir com seus concorrentes chineses – seja no mercado interno ou externo. Além disso, não vale a pena – nem seria útil – forçar os consumidores norte-americanos a pagarem mais por suas meias nacionais de uso cotidiano – até porque, para muitos deles, a competição global exerce fortes pressões descendentes sobre os salários.

Outro exemplo do passado recente. Na metade da primeira década de 2000, os fabricantes norte-americanos de móveis para dormitórios criaram o American Furniture Manufacturers Committee for Legal Trade (Comitê Norte-americano de Fabricantes de Móveis para o Comércio Legal) e começaram a pressionar o governo para que este oferecesse aos fabricantes nacionais proteção em relação às exportações chinesas. Eles insistiam que as práticas chinesas ameaçavam "o estilo de vida, a cultura e a competitividade dos EUA em todo o mundo". Bastante desconcertante, eu diria. Afinal, essas palavras tão fortes e passionais obviamente contradiziam a dura realidade, ou seja, a tentativa dos fabricantes norte-americanos de barganhar proteção para o mercado interno. Os fabricantes chineses pagaram à vista seus concorrentes norte-americanos que tiveram o direito de pedir ao ministro do comércio dos EUA que reavaliasse as tarifas de importação. Referências a valores e culturas são raramente relevantes. De certo modo, elas apenas nos fazem lembrar o mundo descrito na obra de Mario Puzo, o *Poderoso Chefão*.

Retornando agora aos quatro segmentos, podemos concluir que, em termos econômicos, não existe mais lógica na fabricação de produtos do primeiro segmento – e, cada vez mais, também do segundo – por empresas norte-americanas e por outras sediadas no mundo ocidental. **Esta é a**

regra de ouro para a economia globalizada. De certo modo, essas nações do primeiro mundo já não têm mais o direito de fabricá-los (é claro que não se trata aqui de um direito legal, mas daquele oriundo do bom senso econômico; talvez isso diga respeito até mesmo a um direito moral, se considerarmos que os fabricantes devem servir à sociedade – ou não?), pois os chineses e outros fabricantes do Terceiro Mundo são capazes de propiciar os mesmos valores aos consumidores por preços bem mais baixos (aliás, isso se aplicaria – vale a pena repetir – mesmo se o *yuan* dobrasse de valor). Sendo assim, os governos ocidentais não têm o "direito" de proteger seus fabricantes utilizando-se de tarifas mais elevadas ou de outras práticas protecionistas, pois isso acabaria prejudicando a absoluta maioria das próprias famílias ocidentais.

Se todos "jogarem" pelas regras de uma economia globalizada, a única solução genuína para os fabricantes ocidentais seria migrar para o terceiro e o quarto segmentos: em outras palavras, buscar a diferenciação de seus produtos. Tentar **competir em preço** com produtos feitos na China é **simplesmente absurdo**. No mundo atual, definir se uma empresa ocidental tem a capacidade e/ou o "direito" de continuar funcionando depende da habilidade dessa companhia em fabricar produtos diferenciados – preferencialmente aqueles que tenham grande demanda internacional por conta de o mercado doméstico ser muito pequeno.

Se um fabricante quiser continuar a produzir meias nos EUA ele poderá: 1º) apostar no uso de personagens interessantes; 2º) imaginar um *design* peculiar que seja atraente para grupos específicos de consumidores; ou 3º) investir em características especiais como alta durabilidade, capacidade de absorção de suor, ou qualquer outra coisa desse tipo. É, portanto, aconselhável que esse fabricante abandone a produção de meias comuns e parta para a fabricação de meias mais caras e de alta qualidade, que possam ser comercializadas como um item da moda. Também é fundamental que esse empreendedor faça o máximo para estabelecer sua marca no mercado. Se, por outro lado, o fabricante quiser produzir móveis de quarto, ele terá de desenvolver uma marca bastante atraente não só em seu próprio país como também em todo o mundo, capaz de competir internacionalmente com os fabricantes italianos, franceses, espanhóis e suecos. Sem isso, ele estará fadado ao fracasso e, neste caso, a valorização do *yuan* não fará qualquer diferença.

O florescimento da China como grande concorrente no mercado mundial não apenas estabelece uma profunda polarização no setor manufatureiro mundial, mas também faz surgir três grupos de **vencedores** – os **favorecidos** – e um grupo de **fracassados** – os **prejudicados**. Entre os vencedores estão: 1º) as empresas chinesas; 2º) as multinacionais ocidentais que usam a China como plataforma de produção; e 3º) as empresas ocidentais não multinacionais que fabricam produtos diferenciados, em especial os mais caros e sofisticados e, com isso, aumentam suas exportações para mercados em rápida expansão na China e em outros países em desenvolvimento. O grupo perdedor engloba inúmeras companhias não multinacionais e praticamente indistintas do Ocidente, que fabricam produtos em massa, que, em geral (mas nem sempre) são de porte pequeno e médio. As questões fundamentais são: 1ª) como esse último grupo poderá encarar os desafios a sua frente e 2ª) que política poderia ajudar seus integrantes a alcançarem o sucesso.

Vejamos a seguir as opções que restam para esse último grupo.

Primeira opção: permaneça em casa e diferencie o seu produto

A primeira opção é partir para a **diferenciação** do seu produto, e de modo radical: em outras palavras, abandonar o primeiro e o segundo segmentos e partir para o terceiro ou (o que seria ainda melhor) para o quarto segmento, estabelecendo uma posição no mercado como fabricante de um produto sofisticado e de alta qualidade. Se a sua empresa está voltada para o mercado interno, o desenvolvimento de mercados externos é indispensável para a expansão do número de clientes.

Todavia, é bem mais fácil **dizê-lo** que **fazê-lo**. Muitos empreendimentos do Ocidente estão simplesmente despreparados para dar esse passo, seja em termos psicológicos – falta neles o desejo profundo e a persistência necessária para atingir tal objetivo – ou organizacionais: principalmente pela falta de recursos humanos capacitados, tanto no nível gerencial quanto na linha de produção. É fato: o Ocidente desenvolvido precisa dar um passo gigantesco em termos de **capacitação humana**, e treinar indivíduos que sejam capazes de transformar as empresas e os setores em que trabalham.

Abandonar a fabricação de produtos em massa e migrar para a produção de itens diferenciados, em especial no caso de produtos *high-end*, é, geralmente, complicado e arriscado. Será preciso identificar ou recriar seu grupo de clientes, tornando-se atraente para eles e fazendo com que todos apreciem o nome de sua marca. Será necessário convencer essas pessoas a pagarem mais do que faziam por cada unidade de produto vendido. O número de compradores em seu próprio país será inevitavelmente menor, portanto, será preciso expandir seus negócios e criar uma base de clientes no exterior, o que inclui os remotos países do Terceiro Mundo, cujos mercados são mais dinâmicos. É bem provável que você tenha de se esforçar tremendamente e bancar os custos intrínsecos à introdução de tecnologias mais avançadas e equipamentos modernos, à contratação de mão de obra mais qualificada e ao desenvolvimento de vários canais de promoção para os seus produtos, entre outras medidas – e tudo isso terá de ser feito enquanto você permanece em um terreno desconhecido, ou seja, sem saber como o seu cliente irá reagir a essa nova proposta. Por fim, em geral, os nichos de produtos *high-end* já estão ocupados por marcas famosas, o que tornará sua missão ainda mais desafiadora.

Tudo indica que somente uma pequena quantidade de empresas ocidentais será capaz de encarar o processo de diferenciação de produtos, em especial no caso da migração direta para o quarto segmento. Aquelas que **não conseguirem acessar** esse limitado espaço de mercado serão esmagadas ou, na melhor das hipóteses, terão de lutar muito para sobreviver.

Esse processo já começou!

Um pequeno grupo de empresas ocidentais bem-sucedidas já está diferenciando seus produtos e estabelecendo fortes posições globais – de maneira mais notável (mas não somente) no segmento de produtos *high-end*; enquanto isso, a maioria das companhias voltadas para o mercado interno, em especial as de pequeno e médio porte, está sendo aniquilada ou tentando desesperadamente se manter viva. O fato é que o número total de fabricantes está caindo.

Vejamos, por exemplo, o Japão, que é famoso por sua forte base manufatureira. Por um lado, um grupo de companhias pequenas e/ou de médio porte voltadas para o mercado interno está conseguindo capturar e até mesmo monopolizar importantes nichos do mercado global. Isso se deve à sua fenomenal capacidade tecnológica, ao seu excelente e vigoroso controle de qualidade, à inovação dinâmica e a um trabalho persistente de desenvolvimento de mercado em várias partes do mundo. A Nippon Ceramic é a líder mundial na fabricação de sensores infravermelhos para sistemas de segurança. A Teibo produz cerca de 50% de todas as canetas com ponta de fibra em todo o mundo, sendo que o produto é elogiado pela NASA por permitir que os astronautas escrevam no espaço. A Nakashima Propeller controla a maior parte do mercado global de parafusos de tamanhos especiais para navios; a JAMCO domina o mercado de lavatórios para aviões de passageiros. Em contrapartida, o número total de empresas manufatureiras está caindo, incluindo o de companhias que pertencem a famosos conglomerados, como o Ota Ward, em Tóquio ou o Higashi-Osaka (leste de Osaka), na província de Osaka. Tradicionalmente, esse tipo de *holding* gerava enorme sinergia a partir das interações regulares e do *networking* existente entre as empresas que compunham o grupo, e contribuíam muito para a competitividade do país no setor de manufatura. Porém, cerca de 40% das organizações que formavam esses conglomerados foram fechadas ao longo de um período de vinte anos, até 2006 (Maruyama, 2010).

Muitos fabricantes estão frustrados. Por exemplo, os fabricantes japoneses de moldes para fabricação de produtos (protótipos para a produção de objetos) que eram líderes mundiais há 10 ou apenas 5 anos, enfrentam hoje uma forte competição por parte de rivais chineses e coreanos do sul – uma concorrência que parece **bem difícil**, senão **impossível**, de **superar**. Na vida real, cada vez um número maior de pequenos empreendedores (e seus funcionários) se vê obrigado a dar um passo atrás e aceitar empregos com baixos salários no setor de serviços, ou até mesmo a optar para ocupações tradicionais como a **pesca** para **ganhar** a vida.

Segunda opção: mude-se para a China

A segunda opção para os fabricantes ocidentais é transferir sua produção para a China e para outros países de mercados emergentes e, com isso, cortar custos e aumentar sua competitividade em termos de preço. Em outras palavras, a ideia é transformar-se em uma **empresa multinacional**. Cada vez um número maior de empresas – não somente de grande porte, mas também de porte pequeno e médio – está adotando esse caminho. O número de companhias multinacionais pequenas e médias na América, na Europa e no Japão tem aumentado em um ritmo extraordinário – em especial por conta do desafio chinês.

O surgimento de **robustas "micromultinacionais"** é uma importante tendência global. De acordo com as Nações Unidas, no ano de 1990 o total de companhias multinacionais era de cerca de 30 mil. Na metade da década de 2000 esse número já havia dobrado, enquanto o tamanho médio dessas empresas havia caído (Copeland, 2006). A maioria das organizações multinacionais dos dias de hoje não são gigantes, mas empresas de tamanho pequeno e médio – e, cada vez mais, essas fabricantes "micromultinacionais" retiram suas produções de países industrialmente desenvolvidos e as transferem para a China e/ou para outros países emergentes, em busca de redução nos custos.

Porém, para os países de origem, se não houver a expansão de novas atividades manufatureiras em uma escala comparável, esse processo de **"multinacionalização"** representará uma ameaça de esvaziamento do setor industrial doméstico e também a perda de um número significativo de empregos (apesar de a abertura de empresas no exterior significar algumas novas vagas dentro do país, em especial nos escritórios que terão de coordenar, apoiar e monitorar as atividades internacionais).

Vale ressaltar que, como o passar do tempo, os interesses das multinacionais e de seus países de origem tornaram-se cada vez mais díspares. No passado, costumava-se dizer que tudo o que era bom para a General Motors (GM) era bom para os EUA. Atualmente, essa máxima já não se aplica: e não somente em relação à GM, mas a qualquer companhia – o país é uma entidade, a empresa é outra completamente distinta. O desempenho do setor de manufatura de cada nação – e de sua economia como um todo –, assim como o bem-estar de seus cidadãos, depende cada vez mais da capacidade desse país de atrair fábricas e outros tipos de empresa de todo o mundo para dentro de seus limites territoriais – a China é um dos exemplos mais vívidos nesse sentido.

Os governos ocidentais precisam dar início a uma contraofensiva em termos de exportação

Ambas as opções descritas anteriormente poderão funcionar bem para empresas ocidentais específicas, todavia, elas representam grandes problemas para as economias do Ocidente como um todo, uma vez que estreitam a base manufatureira doméstica dessas nações e, ao mesmo tempo, pioram o quadro empregatício. Não há soluções fáceis no horizonte, porém, essas questões precisam e devem ser abordadas de modo mais ativo em um nível político nacional.

O que pode ser feito?

Em **primeiro lugar**, é fundamental que o Ocidente aceite o fato de que tentar manter vivas suas empresas doentes simplesmente pressionando a China a valorizar o *yuan* não promoverá soluções genuínas. (Isso não que dizer que o Ocidente não deva continuar exercendo pressões pela valorização – tal atitude é importante, mas por outras razões; voltaremos a esse assunto mais adiante). Por outro lado, a implementação de medidas protecionistas – a imposição de tarifas punitivas de importação, por exemplo – é uma opção ainda pior. Além de não fazerem absolutamente nada para proteger o setor interno, elas criam grandes riscos, como guerras comerciais e prejuízo aos clientes, e ainda enviam aos fabricantes domésticos um sinal equivocado. Afinal, hoje é, sem dúvida, mais eficiente produzir em massa na China que no Ocidente.

Duas estratégias intimamente interligadas são vitais para enfrentar os desafios criados pela ofensiva chinesa de exportações.

Primeiramente, os governos ocidentais precisam se esforçar mais para encorajar a **diferenciação** e o **aprimoramento dos produtos de fabricação interna** (ou seja, é fundamental que eles ajudem suas empresas a saírem dos segmentos um e dois e a adentrarem os de número três e quatro) e, desse modo, expandir o conjunto de fabricantes domésticos, em especial os de pequeno e médio porte, dando-lhes uma alta competitividade, não relacionada a preços. A principal tarefa é promover as exportações desses produtos modernizados e diferenciados, em especial para a China e para outros países emergentes.

Se não houver uma política que promova a exportação, limitações de mercado poderão enfraquecer drasticamente a motivação das empresas em diferenciar e atualizar seus produtos. O resultado dessa inércia poderá erodir a base tecnológica que o Ocidente já estabeleceu e ameaçar seu domínio sobre as tecnologias básicas de manufatura.

Veja uma citação feita por Haruhisa Gai, presidente da empresa Tsubamex, uma bem conhecida fabricante japonesa de moldes-matrizes e a primeira empresa do setor a introduzir um sistema CAD-CAM[11] para agilizar o desenvolvimento de produtos e aprimorar sua qualidade. O tópico em discussão era a globalização e os desafios representados por empresas chinesas e oriundas de outros países emergentes:

"Se deixarmos os custos de lado, só existem atualmente dois países capazes de fazer qualquer tipo de protótipo: o Japão e os EUA. Nem mesmo a Alemanha tem condições de produzir certos modelos customizados. O nível tecnológico desse setor no Japão é elevadíssimo, porém, nos dias de hoje, não temos novos trabalhos – os fabricantes não estão introduzindo novas máquinas. Por conseguinte, se não existem novas máquinas, nenhuma nova tecnologia nascerá. Isso é um enorme problema. (...) Uma das maiores dificuldades que enfrentamos é o fato de que mesmo se conseguirmos novos pedidos, não temos certeza de que seremos pagos na data correta – em especial por empresas do exterior. É muito complicado receber o dinheiro que nos é devido. Seria ótimo se isso pudesse ser feito pelo Estado. (...) Contamos muito com nossas ligações no exterior, mas existem muitos obstáculos a serem superados (Chiiki Kasseika Jyanaru, 2011)."

O fragmento aqui apresentado articula de maneira brilhante o problema e expressa as preocupações da comunidade empresarial japonesa.

Para encarar o desafio chinês, os governos ocidentais precisam orquestrar uma contraofensiva de exportações para a China em larga escala. De maneira mais direta, eles têm de estabelecer uma ampla política de promoção às exportações, que seja centrada nas empresas domésticas de pequeno e médio portes – as mais capazes de diferenciar seus produtos e escalar a cadeia de valores. Esse pacote promocional poderia incluir uma maior e mais efetiva assistência nas seguintes áreas: 1º) pesquisa mercadológica e promoção de vendas; 2º) estabelecimento de canais internacionais de distribuição; 3º) agendamento de feiras comerciais e outros eventos similares; e por aí em diante. Além disso, é importante que as empresas: 1º)

---

11 - A sigla CAD (do inglês *Computer Aided Design*) significa projeto assistido por computador; a sigla CAM (do inglês *Computer Aided Manufacturing*) significa fabricação assistida por computador.
O sistema CAD-CAM corresponde, portanto, à integração dessas duas tecnologias em um sistema único e completo que permite, por exemplo, projetar um componente qualquer na tela de um computador e transmitir a informação por meio de *interfaces* de comunicação para um sistema de fabricação, onde o produto é automaticamente fabricado. (N.T.)

publiquem e distribuam catálogos atraentes de seus produtos, escritos em chinês; 2º) organizem encontros e seminários para profissionais do setor de distribuição de mercadorias na China; e 3º) façam campanhas publicitárias. É fundamental que não se tenha medo de alocar recursos para tais propósitos, e que todo o possível seja feito no sentido de forçar a China não apenas a reduzir suas tarifas, mas também a derrubar outras barreiras à importação, de cunho não tarifário.

Porém, há muito mais que pode ser feito em um nível de administração local: 1º) estabelecer e expandir relações entre províncias e entre cidades (quantas cidades norte-americanas e europeias mantêm relações comerciais com cidades chinesas irmãs? Não são muitas.); 2º) organizar vários eventos públicos e permitir que os chineses conheçam a qualidade e a atratividade de suas mercadorias – eles certamente se interessarão; 3º) abrir escritórios de representação – e não apenas em Pequim e/ou Xangai, mas também em outras cidades chinesas, que atuem efetivamente como agentes de exportação para os fabricantes nacionais e as associações chinesas.

Por último, estudar a viabilidade de acordos comerciais entre EUA-China e UE-China também seria uma ótima ideia. Será que os líderes norte-americanos e europeus não conseguem demonstrar vigor e coragem suficientes para dar início a essas iniciativas estratégicas? (O Japão e a Coreia do Sul já estão trabalhando ao lado da China no sentido de estabelecer um Tratado de Livre Comércio trilateral, e o processo parece estar ganhando força). Talvez não seja tão simples quanto os intermináveis debates sobre manipulação da taxa cambial, mas sempre vale à pena tentar.

A gama de opções é ampla. Contudo, sem esse tipo de iniciativa, o déficit ocidental em seu comércio com a China continuará a aumentar, e cada vez mais os fabricantes do Ocidente se verão **forçados a encerrar suas atividades**!?!?

Capítulo 6

Uma grande batalha pelo mercado chinês

Uma grande batalha pelo mercado chinês está começando.

Em 2009, a China se tornou não apenas o **maior exportador do planeta**, mas também o segundo **maior importador de produtos**. O mercado chinês é o receptor número um para quantidades cada vez maiores de bens de capital e bens de consumo. Por exemplo, sua parcela do mercado mundial de fibras ópticas alcançou 50% e de máquinas operatrizes, 30% (Shintaku, 2010). Em 2009, sua participação nas importações mundiais de circuitos integrados (CIs) e componentes eletrônicos chegou a 33% (OMC, 2010). O país já é o maior mercado para automóveis e itens de vestuário de marca, e está prestes a se tornar o importador número um de produtos de luxo. E essa lista continua.

Porém, embora a competição por esse mercado esteja se tornado cada vez mais feroz, parece que, cada vez mais, as empresas ocidentais estão perdendo posições nessa briga.

Exportações de bens de capital para o mercado chinês: o Extremo Oriente está na liderança

No setor de bens de capital, os maiores exportadores para a China não são empresas norte-americanos nem europeias, mas os seus concorrentes da Ásia Oriental, em especial, o Japão, a Coreia do Sul e Taiwan. No período de 2000 a 2008, as exportações de bens de capital do Extremo Oriente (Japão, Coreia do Sul, Taiwan e Estados que compõem a ASEAN – Associação das Nações do Sudeste da Ásia[1]) para a China aumentaram 6,2 vezes e alcançaram US$ 88.277 milhões, em comparação às 2,3 vezes e US$ 16.990 milhões para os EUA e às 4 vezes e US$ 39.015 milhões para a UE-15.[2]

Na exportação de partes e componentes o abismo é ainda maior. No mesmo período mencionado, a Ásia Oriental aumentou suas exportações em 5,9 vezes, para US$ 157.792 milhões de dólares; os EUA em 3,7 vezes, para US$ 16.881 milhões de dólares e a UE-15 em 3,2 vezes, para US$ 32.049 milhões (RIETI, 2010). Somente o Japão exportou para a China mais partes e componentes que todos os membros do UE-15 e mais de duas vezes o total exportando pelos EUA. (As exportações da Ásia Oriental incluem aquelas de subsidiárias locais de empresas multinacionais norte-americanas e europeias, porém, o maior volume diz respeito a empresas da própria região).

De modo não surpreendente, enquanto aproveita enormes superávits em seu comércio com a América e a Europa, a China encara déficits comerciais com praticamente todos os maiores países e territórios da Ásia Oriental, sustentando o crescimento dessas nações ao colocar-se como maior criadora de mercado.

Exportações de bens de consumo para o mercado chinês: as oportunidades existem, mas é preciso trabalhar duro para não perdê-las

A China está se estabelecendo rapidamente como o maior mercado mundial para um número crescente de bens de consumo, desde automóveis até

---

1 - ASEAN é a sigla em inglês para Association of Southeast Asian Nations. Trata-se de uma associação cujo objetivo é incentivar a colaboração econômica e cultural entre seus membros. (N.T.)

2 - Referência ao número de membros da União Europeia (UE) antes da entrada de outros dez países candidatos em maio de 2004. (N.T.)

cosméticos. De acordo com o RIETI,[3] em 2007, suas importações de bens de consumo foram de US$ 33 bilhões – um valor ainda pequeno se comparado aos US$ 550 bilhões dos EUA, os US$ 210 bilhões da Alemanha ou os US$ 120 bilhões do Japão. Contudo, o ritmo da expansão chinesa é impressionante: em 2007 as importações do gigante do oriente representaram 3,6 vezes o total registrado em 2000. A China tem importado cada vez mais produtos alimentícios, automóveis, computadores, utilidades domésticas, artigos esportivos e vários outros itens.

Novas oportunidades de exportação para empresas do Ocidente se abrem à medida que a renda das famílias chinesas aumenta e a classe média desse país se expande – o povo chinês está não apenas **ávido para elevar seu padrão de vida**, mas entusiasmado em poder imitar o estilo ocidental de consumo; todos estão bastante desejosos em adquirir produtos feitos pelo Ocidente e ter a oportunidade de experimentá-los.

A China já é o maior importador de inúmeros produtos de marca fabricados no mundo ocidental. Todavia, o segredo para revigorar o setor manufatureiro do Ocidente como um todo está na habilidade por parte de um número maior de fabricantes de bens de consumo – e não apenas de um pequeno círculo de marcas mundialmente famosas – em se estabelecer dentro do mercado chinês. Refiro-me especialmente às empresas de pequeno e médio portes. Embora essas companhias não disponham de marcas necessariamente tão famosas e caras quanto Armani, Versace ou Gucci, elas trazem em suas etiquetas o nome de seus países de origem (***made in France***, ***made in Italy*** ou ***made in Spain***), que poderão funcionar como substitutos valiosos. Enquanto isso, os valores cobrados serão bem inferiores aos praticados pelas grandes marcas.

A armadilha chinesa

Porém, é preciso tomar muito cuidado com o que chamamos de **"armadilha chinesa"**.

Em média, os preços na China são bem mais baixos que os cobrados no Ocidente. Com frequência existem dois mercados bem distintos

---

3 - Sigla para Research Institute of Economy, Trade and Industry. Trata-se de um grupo de especialistas estabelecido em 2001, cuja missão é conduzir pesquisas teóricas e empíricas, maximizar sinergias entre indivíduos que fazem políticas e fazer propostas com base nas evidências derivadas das pesquisas. (N.T.)

e separados para um mesmo tipo de produto. O mercado principal, que apresenta preços chineses, é dominado por empresas nacionais. O outro, de menor escala, é destinado aos produtos ocidentais (incluindo aqueles produzidos por subsidiárias de empresas do Ocidente em território chinês), e ostenta os preços de venda ocidentais.

A maioria das famílias chinesas que pertencem à classe média – pelos padrões do país – não ganham salários de classe média – pelos padrões ocidentais. Sendo assim, o poder de compra desses indivíduos é insuficiente para adquirir regularmente produtos do Ocidente a preços do Ocidente.

A renda anual de uma família chinesa da classe média varia, dependendo da fonte. O total estabelecido é geralmente de US$ 3.000. Em uma pesquisa recente (cujos resultados foram anunciados em 2006), a McKinsey[4] definiu a classe média chinesa como aquela em que as famílias ganham entre 25.000 a 100.000 *yuans* por ano (*yuan* real 2000, 1 *yuan* = 12 centavos de dólar), ou seja, entre US$ 3.000 a US$ 12.000 anuais. Em 2005, a participação da classe média chinesas no total de famílias urbanas foi de 22%, mas espera-se que em 2015 esse número chegue a 70,9% e, em 2025, a 79,2%.

A McKinsey também apresentou dados sobre as famílias que formam a massa afluente no país, um grupo cuja renda anual é superior a 100.000 *yuans*, chegando até a 200.000 *yuans*, ou seja, de US$ 12.000 a US$ 24.000 anuais (Farrell, 2006). Espera-se que essa porção do total de famílias urbanas aumente de 0,5% em 2005 para 5,6% em 2015 e 7,7% em 2025. Todavia, somente as rendas que estão muito próximas do limite superior para as famílias chinesas abastadas – US$ 24.000 anuais (US$ 2 dólares ao mês) – são de algum modo comparáveis à renda média obtida por um trabalhador em um país desenvolvido. Consequentemente, para os exportadores ocidentais, até mesmo este último grupo está fora de alcance enquanto compradores regulares de produtos.

Tudo seria bem diferente se a taxa cambial do *yuan* fosse mais elevada. O *yuan* fraco é uma ferramenta utilizada pelo governo chinês não apenas para encorajar as exportações, mas também – e talvez até principalmente – para **coibir as importações**. E este é justamente o motivo principal pelo qual o Ocidente deve continuar pressionando Pequim a acelerar o processo de valorização de sua moeda.

---

4 - Famosa empresa de consultoria norte-americana. (N.T.)

As famílias chinesas que pertencem à classe média e até mesmo que compõem a massa afluente do país elevaram seus padrões de vida até o nível atual principalmente adquirindo produtos feitos na China e a preços domésticos. Os fabricantes domésticos, não estrangeiros, são os maiores beneficiários da expansão da classe média chinesa.

Somente famílias chinesas bem ricas (que aparecem no modelo da McKinsey com uma renda anual superior a 200.000 *yuans*, ou US$ 24.000) – que pelos padrões ocidentais pertenceriam em sua maioria à classe média – possuem poder de compra suficiente para adquirir produtos feitos no Ocidente de maneira habitual.

Esse grupo é pequeno – no final de 2008, eram apenas 1,6 milhão de famílias –, mas está em franca expansão: sua taxa de crescimento é de cerca de 16% ao ano. Por volta de 2015, espera-se que o grupo seja composto de 4 milhões de famílias (McKinsey, 2009a).

É óbvio que tal expansão está ampliando as oportunidades para fabricantes/exportadores ocidentais, contudo, as limitações nos parâmetros são significativas.

Empresas domésticas chinesas mostram-se ativas no nicho de produtos mais sofisticados (de mais qualidade)

E nessa luta pelos mais abastados, que inclui o segmento de produtos *high-end*, a competição com empresas nacionais tende a ser bastante acirrada. Talvez a crença de que as empresas chinesas estejam comandando o segmento *low-end,* enquanto o setor manufatureiro ocidental controla de maneira confortável o *high-end* ainda se mantenha para o mercado global, mas já não se sustenta dentro do próprio mercado chinês.

As empresas chinesas estão trabalhando ativamente no sentido de atualizar e aprimorar seus produtos, e também de estabelecer suas marcas. Nesse momento, suas atividades nessa área se restringem basicamente aos consumidores internos. Dentro desse mercado, os chineses possuem importantes vantagens sobre seus concorrentes ocidentais: proximidade, ausência de barreiras culturais ou linguísticas, maior conhecimento das preferências do consumidor local – isso sem mencionar o fato de que, ao aprimorar seus produtos e construir suas marcas, esses fabricantes ainda contam com vantagens substanciais em termos de custos. Diferentemente do que ocorre no exterior, dentro do país suas marcas são tão ou mais conhecidas quanto aquelas fabricadas por concorrentes ocidentais. Tudo isso coloca os chineses em uma ótima posição em termos de expansão.

Observemos o mercado de móveis como um exemplo representativo.

Por um lado, as empresas ocidentais estão claramente aumentando sua presença em território chinês. Grandes marcas como G. Versace, ColomboMobili, Fendi ou Rubelli já se firmaram ali. A maior fabricante norte-americana de móveis, a Haworth, também já iniciou sua produção em Xangai, assim como os três maiores fabricantes de sofás da Itália (DHMQ, 2010). A marca Fine Furniture Design, dos EUA, também inaugurou sua loja-matriz em Pequim, sendo seguida pela marca italiana Savio Firmino.

Em contrapartida, os fabricantes nacionais estão se mobilizando rapidamente no sentido de se estabelecer como líderes e claros concorrentes no nicho de produtos caros e sofisticados. A Yun Dian Furniture, com sede em Xangai, oferece móveis no estilo tradicional chinês, que frequentemente apresentam um toque ocidental. A empresa encontrou ainda um outro modo de diferenciá-los: todas as peças são feitas em mogno. A Foshan Jihao Furniture, localizada na cidade de Lojiang, a 40 km de Guangzhou, estabeleceu uma ótima reputação como fabricante de sofás e possuir marcas como Menoir, Kouma, Kamina e Sofia. Bem conhecida na China, a empresa também já desenvolveu marcas independentes na Coreia do Sul, na Espanha, na Austrália e na Polônia (Menoir Casa, 2011). O fabricante FuYi Furniture, cuja sede fica em Dongguan, abriu uma loja especial em Pequim com 1.500 metros quadrados. Ali são expostas e comercializadas marcas chinesas com estilos variados, que incluem desde móveis clássicos até os mais casuais e modernos: um total de 16 séries de produtos novos e elegantes.

A concorrência com fabricantes domésticos de bens de capital está se tornando implacável

No setor de bens de capital, a competição não é menos feroz.

Por exemplo, no período de 5 anos até 2006, a fatia que cabia às empresas chinesas dentro do bilionário mercado de equipamentos elétricos

(US$ 60 bilhões) – que inclui equipamentos de automação e geração de energia – aumentou de 55% para 65%. As vendas feitas por essas companhias estão crescendo duas vezes mais rápido que o mercado doméstico de equipamentos elétricos de modo geral. Atualmente os chineses se mostram particularmente fortes no segmento de médio desempenho. Novos concorrentes nacionais poderosos estão surgindo, como a Chint, fabricante de aparelhos eletrônicos de baixa voltagem, e a Shanghai Electric, fabricante de equipamentos de geração de energia (McKinsey, 2006). Com o passar do tempo, essas empresas estão buscando cada vez mais o nicho dos produtos *high-end*. **Como deveriam reagir as companhias ocidentais?**

Jack Perkowski, um empreendedor norte-americano que recentemente abriu o JFP Holdings, um banco mercantil para a China, e também o autor do livro *Domando o Dragão*[5] nos oferece um exemplo bastante interessante. Um de seus clientes norte-americanos fabrica testadores elétricos nos EUA capazes de testar até 9 itens, e então os vende para a China. Seus concorrentes são a GE e outras marcas mundialmente famosas. Cerca de 15 fabricantes chineses produzem produtos similares mais baratos e menos sofisticados, que conseguem testar apenas dois ou três itens. O mercado chinês para o produto de menor capacidade é maior que para o primeiro. Dentro de alguns anos já se espera que as empresas chinesas estejam fabricando os testadores de maior capacidade.

A pergunta é: **o que o fabricante norte-americano poderá fazer?** J. Perkowski sugere que ele comece imediatamente a fabricar testadores capazes de verificar dois ou três itens simultaneamente e que para isso ele contrate trabalhadores e gerentes chineses – em outras palavras, ele sugere que o fabricante se torne um concorrente chinês completo (Harris, 2010). Essa é a opção dois que já discutimos anteriormente. Definitivamente, em um nível empresarial, tal estratégia tem sua lógica. Por exemplo, a DMG da Alemanha, a maior fabricante mundial de máquinas operatrizes, está fazendo exatamente o que J. Perkowski recomenda: a empresa começou a desenvolver modelos de baixo custo direcionados aos clientes chineses, e a produzi-los localmente (Shintaku, 2010).

---

5 - Editora Landscape, 2009. Título original *Managing the Dragon*. (N.T.)

Todavia, é preciso ressaltar que, ao mesmo tempo em que reforçam a base de produção na China, tais medidas contribuem para enfraquecer as bases norte-americanas, europeias e japonesas, acelerando o deslocamento de poder produtivo (lembre-se da citação de H. Gai).

No futuro, as empresas chinesas serão plenamente capazes de fabricar diversos produtos sofisticados que já estão no mercado nos dias de hoje, e estes serão mais baratos que os produzidos no Ocidente. Se o mundo ocidental quiser preservar sua base de produção, ele terá de capacitar suas empresas domésticas – não estabelecidas na China – para que estas consigam diferenciar seus produtos, aprimorar as tecnologias utilizadas e elevar o grau de sofisticação. Os governos precisam promover de maneira agressiva as exportações desses produtos para a China e também para outros mercados emergentes. Além disso, é fundamental prestar muita atenção ao desenvolvimento de produtos direcionados especificamente aos clientes chineses.

Sendo assim, talvez o problema levantado por J. Perkowski tenha mais uma solução: saia na frente, desenvolva testadores ainda mais eficientes, produza-os em casa, e trabalhe duro no sentido de criar um mercado para eles na China, ou, se isso não for possível, utilize suas habilidades tecnológicas para desenvolver, produzir e exportar itens caros e sofisticados similares.

A competição no mercado chinês será dura, **mas a disputa valerá a pena**. O Ocidente precisa aumentar o número de fabricantes domésticos que se revelem fortes combatentes.

Capítulo 7

Mercado de serviços globais: a vantagem do Ocidente e a China ocupando a quinta posição

O sensacional desempenho da China como superpotência manufatureira acabou ofuscando sua rápida ascensão no mercado global de serviços comerciais. Entretanto, o Ocidente ainda mantém uma significativa vantagem no **setor de serviços** – posição esta que poderá ser inclusive **mais explorada**. Na verdade, o mundo ocidental encontra-se em uma ótima posição para capturar não apenas o mercado chinês, mas os de vários outros grandes países em desenvolvimento, que também se expandem com grande rapidez, todavia, neste momento, sua exportação de serviços para essas nações é surpreendentemente baixa.

China integra a lista dos principais exportadores de serviços, mas os EUA ainda se mantêm bem à frente

Entre os anos de 2000 e 2009, a China saltou da 11ª para a 5ª posição entre os maiores exportadores de serviços do mundo, superando vários países europeus e também o Japão, e aumentando sua participação nas exportações de serviços globais de 2% para quase 4% (Tabela 7.1).

Nesse mesmo período, suas exportações de serviços cresceram 4,3 vezes, em comparação com o crescimento mundial, que foi de 2,3 vezes; da Alemanha, de 2,8 vezes; da Espanha, de 2,3 vezes; da Holanda e da Coreia do Sul, de 1,9 vezes; do Japão e da Itália, de 1,8 vezes; e dos EUA e da França, de 1,7 vezes.

A Índia, cujas exportações no setor de serviços cresceram 5,5 vezes, foi o competidor mais rápido. Sua parcela na exportação de serviços globais subiu de 1,1% para 2,6%. Ainda assim, a visão convencional de que enquanto a China se torna mais forte no setor manufatureiro a Índia está se distanciando no setor de serviços, **está incorreta**. As exportações da Índia no setor de serviços não representam mais que 58% das chinesas.

A partir de 2009, as exportações da China na área de serviços significaram somente 27,1% das efetuadas pelos EUA, e pouco mais de 50% daquelas realizadas pelo RU e pela Alemanha. Se as mesmas dinâmicas do período 2000-2009 se preservarem no período 2010-2018, no final desse tempo a China irá se tornar o **segundo maior exportador de serviços** depois dos EUA – seu volume de exportações alcançará pouco menos que 70% do norte-americano.

Entre os anos de 2000 e 2009, a China registrou a mais rápida taxa de crescimento anual na exportação de **serviços de transporte**: 23%, seguida de perto pela Índia, com 21%. As exportações dos EUA cresceram 4% ao ano, enquanto a dos 27 membros da UE, subiram 9%. Em 2009, as exportações chinesas neste setor alcançaram U$ 23,6 bilhões de dólares (3,4% do total mundial) e as indianas, US$ 10,8 bilhões de dólares (1,5%). As exportações dos EUA foram de US$ 71,8 bilhões (10,2 %), e aquelas dos 27 membros da UE para países não membros, registraram US$ 153,2 bilhões (21,9 %).

Até 2009, quando o total de exportações da China no setor de **serviços de viagem** alcançou US$ 39,7 bilhões, o índice de crescimento anual do país foi de 10% (4,6% do total mundial), contra US$ 10,6 bilhões da

Mercado de serviços globais

Tabela 7.1 – Exportações de serviços comerciais por país (US$ milhões)

País	2000	2009
EUA	278,089	473,899
RU	118,567	233,316
Alemanha	79,659	226,638
França	82,115	142,487
China	30,146	128,600
Japão	69,430	125,858
Espanha	52,112	122,126
Itália	59,898	101,237
Índia	16,031	87,434
Mundo	1,483,900	3,350,200

FONTE: Estatísticas Comerciais Internacionais (International Trade Statistics), OMC.

Índia, ou 13% (1,2 % do total global). O crescimento nas exportações da UE neste setor foi de 8%, enquanto o dos EUA registrou 2%. Em 2009, as exportações norte-americanas alcançaram US$ 120,3 bilhões, ou 13.8% do total mundial, e a nos Estados membros da UE chegaram a US$ 95,4 bilhões e 10,9%, respectivamente.

Portanto, até nos serviços de transportes e, em especial, no de viagens, setores em que a China alcançou seus melhores desempenhos, o país ainda está bem distante das potências ocidentais. Na verdade, o Ocidente ainda continua a comandar os mercados globais. O crescimento da Índia na exportação desses serviços foi impressionante, mas, em termos absolutos, os números continuam pouco representativos.

Nos setores de **serviços financeiros** e **de telecomunicações**, a presença global da China é praticamente invisível: o país não figura entre os 15 maiores exportadores (neste caso e nos seguintes, a UE é considerada como um único exportador). A Índia, que aparece na 7ª posição, foi responsável por 1,9% das exportações globais de serviços de telecomunicações. Sua parcela no mercado de serviços financeiros foi de 1,4%. Aliás, neste último setor, o país está prestes a alcançar o Japão (1,9% do mercado global), embora permaneça bem longe dos EUA (21,1%) e da UE (25,6%).

O único setor em que os países ocidentais não aparecem na liderança é o de **serviços de computação** e **de informação**. Neste campo, a Índia se estabeleceu como líder isolado. Em 2008, suas exportações nessa área alcançaram US$ 36.041 milhões e representaram 19,4 % do total mundial, o que significa cerca de 3 vezes o total das exportações dos EUA no setor (US$ 12.599 milhões e 6,8%, respectivamente). O total de exportações da UE foi de US$ 42.400 milhões (22,8 %). A China foi a quinta maior exportadora, com U$ 6.252 milhões e 3,4%, respectivamente.

O déficit comercial chinês

No setor de serviços comerciais, a Índia mantém um pequeno superávit (Tabelas 7.1 e 7.2).

O **comércio** de serviços é um setor **deficitário** na China. Além disso, ao contrário do que ocorre no comércio de mercadorias, as importações do país na área de serviços estão crescendo ainda mais rápido que as exportações. Em 2009, a China era o 4º maior importador de serviços do mundo, quase alcançando o RU, que ocupava a 3ª posição. O gigante asiá-

Tabela 7.2 – Importação de serviços comerciais por país (US$ milhões)

País	2000	2009
EUA	207.880	330.590
Alemanha	135.812	253.110
RU	96.893	160.873
China	35.858	158.200
Japão	105.230	146.903
França	64.400	126.425
Itália	54.632	114.581
Irlanda		103.449
Índia		78.774
Mundo	1.460.500	81.352

Fonte: Estatísticas Comerciais Internacionais (International Trade Statistics), OMC.

tico também se tornou o maior importador líquido de serviços, superando a Alemanha e o Japão. Em 2009, as importações líquidas da China no setor de serviços alcançaram US$ 29.600 milhões (de um total de US$ 5.712 milhões em 2000); as importações da Alemanha nesta área ficaram em US$ 26.472 milhões e as do Japão, em US$ 21.047 milhões.

Em contrapartida, os EUA e o RU notadamente fortaleceram suas posições como principais **nações superavitárias no setor de serviços**. Entre 2000 e 2009, os EUA dobraram seu superávit, passando de US$ 70.209 milhões para US$ 143.309 milhões; enquanto isso, o RU expandiu seu superávit em 3,5 vezes, indo de US$ 21.674 milhões para US$ 72.443 milhões. A França e a Espanha também mantiveram superávits permanentes e significativos.

De modo geral, no que diz respeito às balanças comerciais, o quadro no setor de serviços é praticamente o oposto daquele no setor de mercadorias. Na área de serviços, o Ocidente ostenta uma significativa vantagem competitiva em comparação com a China, e está em uma ótima posição para estabelecer uma presença ainda mais ampla no mercado chinês.

A China apresenta uma fraqueza estrutural na área de serviços que é bem difícil de superar

A fragilidade chinesa no setor de serviços é de caráter estrutural, e possui raízes **históricas** e **culturais** – em especial o legado das várias décadas de **socialismo ao estilo soviético**.

A mentalidade das empresas de serviços chinesas, assim como de seus funcionários, ainda não acompanha o conceito básico do setor de serviços (e até mesmo se contrapõe a ele), que parte da premissa de que o fornecedor deve tratar o consumidor como **"um rei"**, sendo extremamente educado, atencioso e reativo, e fazendo tudo o que estiver ao seu alcance para atender às necessidades e exigências de seus clientes. Embora as exportações de serviços estejam crescendo na China, a falta de tradição nesta área, o baixo nível de comprometimento dos funcionários, o fraco gerenciamento e a escassez de pessoal experiente e bem treinado – em especial de especialistas altamente qualificados capazes de oferecer serviços profissionais mais sofisticados – tornam o quadro geral do setor de serviços bastante sombrio no país. Não seria exagerado mencionar que nem os consumidores domésticos nem os internacionais estão exatamente satisfeitos com o nível "médio" dos serviços prestados pelos chineses em várias áreas: serviços aeroportuário, ferroviário ou de bufê; hotéis e agências de viagem; instalações voltadas para a recreação, e por aí afora. Conforme a demanda dos clientes internos por uma grande variedade de bons serviços cresce na China, fornecedores norte-americanos, europeus e japoneses têm uma ótima oportunidade de explorar sua vantagem competitiva nesse setor, estabelecendo posições mais fortalecidas no mercado chinês.

Contudo, deparamos com uma grande surpresa aqui. Por conta do que foi exposto anteriormente, talvez o leitor imagine que os EUA e a Europa estejam registrando superávits substanciais no comércio de serviços com a China – possivelmente nos mesmos níveis de seus déficits no setor de produtos –, mas isso não ocorre.

Os superávits dos EUA e da UE no comércio de serviços com a China são mínimos

De acordo com uma fonte estatística chinesa, em 2008, o total das exportações de serviços realizadas pelos 27 membros da UE para a China foi de US$ 23.560 milhões, enquanto as importações registraram US$ 21.340 milhões. As exportações oriundas dos EUA foram de US$ 23.520 milhões, enquanto as importações chegaram a US$ 22.790 milhões. Verifica-se, portanto, praticamente um equilíbrio no comércio de serviços entre a China e o Ocidente (National Bureau of Statistics, 2010).

Os números fornecidos pelos EUA e pela UE são um pouco diferentes. As exportações de serviços entre a UE e a China para o mesmo ano foram estimadas em US$ 29.303 milhões e as importações registraram US$ 21.977 milhões. Em relação ao comércio entre os EUA e a China, os números foram US$ 15.645 milhões e US$ 9.825 milhões, respectivamente. Sendo assim, também de acordo com as informações obtidas no Ocidente, os superávits se revelaram irrisórios: em torno de U$ 7 bilhões para a UE e de U$ 4 bilhões para os EUA (Lembrando que, no mesmo ano, o déficit da UE no comércio de mercadorias com a China foi de US$ 219 bilhões, e dos EUA, de UR 227 bilhões).

A participação da China no total de exportações de serviços pelos EUA foi de apenas 3 %. Isso indica que o superávit norte-americano nesse setor foi gerado principalmente pelo comércio com a UE, o Canadá, o Japão e o México. A parcela da China nas exportações da UE para Estados não membros foi ainda menor: 1,6%.

O déficit chinês ocorreu principalmente em seu comércio com o Japão, a Coreia do Sul e outros países asiáticos.

A conclusão preliminar a que chegamos é bem simples: as exportações de serviços dos EUA e da Europa para a China são muito pequenas, portanto, há bastante espaço para expansão. Enquanto líderes na exportação de serviços, seria insensato da parte dos norte-americanos e também dos europeus não aproveitar esta verdadeira oportunidade de ouro que se apresenta.

Aliás, o mesmo se aplica ao comércio de serviços mantido pelos EUA e pela Europa com a Índia. A UE exporta para a Índia 0,7%, enquanto os EUA exportam 2%.

O momento certo para se conquistar o mercado chinês

Enquanto itens passíveis de comercialização, os serviços não são, de modo algum, menos importantes que os produtos. Na verdade, em termos relativos, os primeiros estão se tornando cada vez mais importantes à medida que o comércio global de serviços tem crescido em um ritmo mais acelerado que o de produtos: as taxas médias de crescimento anual no período de 2000-2009 foram, respectivamente, 9% e 8%. Em 2009, as **exportações mundiais de produtos** somaram US$ 12.490 bilhões, enquanto as **exportações globais de serviços** alcançaram US$ 3.350 bilhões (OMC, 2010).

Essa ênfase maior na intensificação da vantagem competitiva ocidental neste setor (serviços) não significa de modo algum que os EUA e a Europa estejam aceitando tacitamente o papel de "suplente" de serviços para a China. Pelo contrário, isso poderia ajudá-los a aumentar sua liderança no setor de crescimento mais rápido na economia global, uma vez que ambos possuem o maior potencial para expansão de demanda futura. Para os EUA e a Europa, e talvez até para o Japão, está mais do que na hora de utilizarem suas vantagens competitivas no sentido de conquistar o mercado de serviços chinês, ainda bastante **subdesenvolvido**.

Neste sentido, uma combinação de três fatores tem trabalhado a favor dos fornecedores de serviços do Ocidente. Em primeiro lugar, na China de hoje, o nível de desenvolvimento e penetração da maioria dos serviços é **baixo**. Em segundo lugar, o grau de consciência dos chineses em relação à existência e à importância de vários tipos de serviços está **crescendo**. Em terceiro, ao contrário do que acontece na manufatura, as empresas chinesas no setor de serviços são relativamente **fracas**.

Examinemos o setor de seguros como um exemplo representativo.

Em 2009, a penetração do seguro de vida (rendimento total decorrente de prêmio como percentual do PIB) na China ficou em 3,4%, contra a média mundial de 7% (Xia, 2011); já a penetração dos seguros não vida,[1] em 2008, ficou em 0,8% (Insurance Review, 2009), em comparação, por exemplo, à média considerada pela OECD, de 3.6 % (OECD, 2011).

Uma vez que as instituições privadas e públicas domésticas não garantem um nível suficiente de proteção contra acidentes, doenças, invalidez e morte, tampouco contra riscos associados ao desemprego ou aposentadoria, as famílias chinesas se voltam para os depósitos bancários de baixa remuneração com o intuito de garantir acesso ao dinheiro em situações de emergência. Cerca de 72% de todos os bens financeiros pessoais são mantidos em moeda ou em depósitos remunerados (McKinsey, 2009b). Por outro lado, conforme o tempo passa e os consumidores se tornam mais bem informados, um número crescente de indivíduos percebe as vantagens de estar protegido por uma apólice de seguros, em especial pelo fato de que seguros de longo prazo são capazes de ajudar essas pessoas a enfrentar os riscos mencionados anteriormente de uma maneira bem mais eficiente, liberando fundos significativos para atividades de consumo.

O governo chinês está gradualmente buscando a retirada do controle estatal e, ao mesmo tempo, aprimorando o marco regulatório da nação. Medidas estão sendo tomadas para promover os serviços de seguro em todo o interior do país. As taxas de crescimento no setor são extremamente elevadas, até mesmo para os padrões chineses. Por exemplo, entre

---

1 - Os seguros de vida incluem as apólices contra risco de morte e acidentes pessoais bem como os planos de previdência privada aberta. Os seguros elementares são os que têm por finalidade a garantia de perdas, danos ou responsabilidades sobre objetos ou pessoas, excluídos desta classificação os seguros do ramo vida. No Brasil, o Decreto 60.589, de 23 de outubro de 1967 classificou separadamente o seguro saúde, mas, no exterior, costuma-se incluí-lo com os seguros elementares, formando o chamado ramo "não vida". (Fonte: http://www.tudosobreseguros.org.br/sws/portal/pagina.php?l=379) (N.T.)

os anos de 2005 e 2008, estima-se que o setor securitário tenha crescido quase 35% anualmente (McKinsey, 2009b). Previsões indicam que entre 2011 e 2014, o crescimento anual de todos os prêmios será de aproximadamente 24% (Market Research, 2011).

Ainda assim, o total do patrimônio chinês no setor de seguros, em meados de 2010, era de 4,57 trilhões de *yuans,* ou US$ 672 bilhões (*China Daily*, 2010), o que pode ser comparado ao patrimônio de uma única companhia de seguros do Ocidente, como a alemã, Allianz, a italiana Generali Group, ou a japonesa Nippon Life Insurance (cada qual com cerca de US$ 600 bilhões). As companhias seguradoras chinesas ainda são demasiadamente pequenas para alcançar a crescente demanda interna.[1]

Portanto, para os exportadores de serviços este é o momento certo de começar a se mobilizar. Já para os governos ocidentais, é hora de pressionar Pequim para que o país abra seu mercado de serviços. **Não deixe essa oportunidade passar**.

Nota do autor

1. Na Índia, a situação é bastante similar. A penetração dos seguros de vida em 2009 era de 4,2% e dos seguros não vida era de 0,6%. O crescimento médio do setor de seguro de vida (prêmios de primeiro ano) entre os períodos fiscais de 2002-2003 e 2009-2010 alcançou uma média de 23%. No setor não vida, o crescimento anual entre os períodos fiscais de 2007-2208 e 2009-2010 chegou a 10,3% (Insurance Regulatory and Development Authority, 2011). Cerca de 70% da população não está coberta por qualquer tipo de seguro (Insurance Review, 2009). O patrimônio total da estatal Life Insurance Corporation of India, a empresa dominante no setor e também a maior investidora do país, é de US$ 170 bilhões (GovtVacancies, 2010).

Capítulo 8

Seria a China uma nova superpotência financeira?

A força crescente da China nos setores de produção e exportação contribui para aumentar também seu poderio financeiro. Isso é natural. Porém, comparado ao seu fantástico florescimento como nação líder nas áreas manufatureira e comercial, o processo de ascensão à posição de grande potência financeira tem sido mais complicado e fragmentário.

Os bens da China em territórios estrangeiros

A China possui atualmente as maiores reservas cambiais do mundo. O montante é cerca de três vezes o do Japão, que vem em segundo lugar. O gigante asiático também está se transformando rapidamente no principal credor internacional. Em contraposição, o papel da China como investidor de portfólio e direto, ainda é consideravelmente mais discreto que o dos EUA, da maioria dos países europeus e do Japão.

Por enquanto, o crescimento do respaldo financeiro da China está, acima de tudo, relacionado de maneira direta com o aumento inaudito do poder financeiro do Estado chinês.

No final de 2010, estimava-se que o total bruto dos ativos financeiros da China no exterior fosse de US$ 4,126 bilhões. A maior fatia desse montante, ou seja, US$ 2.914,2 bilhões, 71%, era contabilizada como reservas cambiais estrangeiras; outros 7%, ou US$ 310,8 bilhões, se referiam ao surpreendente saldo nos Investimentos Estrangeiros Diretos (IED[1]) em outros países; US$ 257,1 bilhões, ou 6%, eram investimentos em portfólio (carteiras de títulos), e os demais US$ 643,9 bilhões, 16%, apareciam como outros investimentos estrangeiros: principalmente empréstimos financeiros e comerciais, e depósitos (Searchina, 2011).

Por conta de suas reservas internacionais excepcionalmente elevadas, no fim de 2010, o total líquido de ativos estrangeiros da China (a diferença entre o total bruto de ativos e o total bruto de obrigações) se tornou o segundo maior no mundo, depois do Japão: US$ 1.791 bilhões de dólares (dados da Searchina, 2011) e US$ 3.085 bilhões (dados do Ministério das Finanças do Japão, 2011), respectivamente. Apenas para efeito de comparação, na mesma época, o total líquido de ativos estrangeiros da Alemanha era de aproximadamente US$ 1.049 bilhões (Bundesbank, 2011), enquanto o dos EUA era negativo, ou seja, – US$ 2.865,8 bilhões, uma vez que suas obrigações financeiras (dívidas) superavam o volume de ativos (Bureau of Economic Analysis, 2011b). Portanto, tecnicamente, a China é nos dias de hoje o **segundo maior credor líquido do mundo**.

Em contrapartida, os ativos estrangeiros brutos do gigante asiático são bem menores que os dos EUA: US$ 4.126 bilhões e US$ 18.379 bilhões, respectivamente. Os ativos chineses também são consideravelmente menores que os do Japão (cerca de US$ 6,9 trilhões) e da Alemanha (aproximadamente US$ 7,2 trilhões).

Reservas cambiais superiores a US$ 3 trilhões: implicações para a China e para o Ocidente

Em março de 2011, as reservas cambiais estrangeiras da China excederam a marca de US$ 3 trilhões.

---

1 - A sigla em inglês é FDI (*Foreign Direct Investment*). (N.T.)

Esse gigantesco montante advém do *status* da balança de pagamentos do país. Mantendo um enorme superávit no comércio exterior e, consequentemente, um excedente na balança de transações correntes, a China também apresenta um superávit confortável e, em geral, bastante substancial em suas contas capital e financeira, uma vez que os estrangeiros investem muito mais na China que os chineses no exterior (na maioria dos países, o saldo de conta corrente e o saldo das contas capital e financeira ostentam sinais opostos, o que significa que o superávit no saldo de transações correntes é, de certo modo, compensado pelo déficit na conta capital, ou vice-versa).

O crescimento sem precedentes das reservas estrangeiras chinesas apresenta duas implicações principais para o Ocidente e também para o restante do mundo.

A mais importante é a posição de Pequim como maior credor estrangeiro do governo norte-americano. A China detém cerca de 14% dos títulos do Tesouro dos EUA. Independentemente do que se pense a respeito disso, tal situação dá ao governo chinês condições de garantir seus interesses em várias questões econômicas, políticas e até de segurança. Atualmente, o papel da China como credor também está se tornando cada vez mais visível no continente europeu. De fato, essa presença tende a se tornar ainda mais forte à medida que os problemas relacionados às dívidas públicas de um número cada vez maior de países membros da UE se tornarem críticos.

A segunda implicação desse crescimento diz respeito à capacidade da China para realizar aquisições de empresas/ativos estrangeiros e outros investimentos estratégicos no exterior, adotando uma postura do tipo **"comprar, independentemente do preço"**. Em outras palavras, os chineses estão adquirindo todos os ativos estrangeiros que consideram importantes, mesmo quando os preços cobrados por eles alcançam níveis proibitivos para investidores privados ocidentais. Embora os governos ocidentais possam bloquear transações dessa natureza sem seus próprios países e, como frequência o façam, não há muito que consigam fazer para impedir que a China utilize suas reservas estrangeiras como um mecanismo para impulsionar seu poder político e econômico no Terceiro Mundo. Essa questão será explorada em mais detalhes no decorrer do texto.

Por outro lado, esse aumento nas reservas estrangeiras também está impondo desafios para a própria China. O atual presidente do Banco Central (BC) chinês, Zhou Xiaochuan, já tem alertado para o fato de que as reservas estrangeiras do país excederam níveis razoáveis e, portanto, está se tornando cada vez mais difícil administrá-las (Schneider, 2011).

Em 2006, a China Investment Corporation (CIC) foi criada para gerenciar uma pequena porção do total: US$ 200 bilhões. Atualmente, a corporação é o maior Fundo Soberano (de riquezas) do planeta.

Todavia, comenta-se com frequência que, de modo geral, as reservas chinesas poderiam ser administradas de maneira bem mais eficiente e, inclusive, alcançar retornos mais elevados. Por exemplo, os ganhos com os títulos do tesouro norte-americano são muitos baixos e alguns outros investimentos, como os realizados no Merrill Lynch, acabaram gerando perdas substanciais.

Outro aspecto negativo do crescimento exagerado das reservas estrangeiras é o fato de este vir acompanhado por um aumento nas pressões inflacionárias. A razão para isso é simples: as moedas estrangeiras acumuladas no Banco Central chinês são trocadas pela moeda nacional e, em seguida, o montante é injetado na economia do país, o que amplifica as tendências inflacionárias e eleva os riscos para o surgimento de uma bolha especulativa. (Lembrando que essas pressões inflacionárias também estão se intensificando de maneira significativa por conta do aumento global nos preços dos alimentos, dos combustíveis e dos recursos minerais, e ainda como um legado do pacote de estímulo econômico de 4 trilhões de *yuans*, em 2008). Portanto, o aumento das reservas estrangeiras pode gerar uma reação em cadeia: o crescimento das injeções de liquidez na economia, o aumento da inflação, o arrocho nas políticas monetárias e também a queda nas taxas de crescimento econômico.

Para "**esterilizar**" os dólares, o Banco Central (BC) força os principais bancos do país a movimentarem suas reservas estrangeiras em troca dos títulos remunerados do BC. A escala dessa "esterilização" pode exceder o montante de US$ 12 bilhões por semana. Isso ajuda a conter tendências inflacionárias, mas, ao mesmo tempo, bloqueia o uso do capital, uma vez que esse dinheiro não pode ser emprestado nem investido (Schneider, 2011).

Para resolver o problema da injeção de liquidez excessiva, a China precisa aumentar o escoamento de capital (veja na sequência). Em outras palavras, os chineses precisam investir ainda mais no exterior. O país também poderia abrir novas oportunidades de negócios para empresas nacionais, instituições financeiras e investidores individuais.

Seria a China uma nova superpotência financeira? 83

O governo chinês introduziu algumas medidas políticas que apoiam os investimentos externos, porém, elas ainda são muito frágeis e fragmentárias, enquanto as restrições permanecem muito fortes. Além disso, argumenta-se que não é **interessante** para a China, um país em desenvolvimento, exportar muito capital.

Porém, pela nossa óptica, considerando o tamanho gigantesco de suas reservas cambiais, esse não é necessariamente o caso da China. Todavia, não se pode negar que a principal questão neste caso é saber se essas reservas podem ou não ser utilizadas de uma maneira mais ativa e eficiente no desenvolvimento do próprio país.

Embora algumas tentativas neste sentido já tenham sido feitas a situação ainda permanece nebulosa. Por exemplo, o ministro das Finanças chinês comprou US$ 106 bilhões em moedas estrangeiras do BC e utilizou o montante para recapitalizar os **quatro grandes**[2] bancos do país e também o Development Bank of China. O processo, entretanto, acabou se transformando apenas em um desvio contábil, uma vez que, posteriormente, o BC recomprou as moedas estrangeiras envolvidas na transação (Truman, 2010).

Em outra ocorrência, com o intuito de impulsionar setores altamente tecnológicos a CIC anunciou planos de investir as moedas estrangeiras por ela administradas em ações de empresas chinesas com ações registradas nas Bolsas de Valores internacionais.

Apesar de tudo, parece seguro afirmar que todo esse acúmulo de reservas soa um tanto estranho e artificial para um país no qual inúmeras regiões ainda são subdesenvolvidas e muitas pessoas vivem abaixo da linha de pobreza. Basicamente, países com amplas reservas estrangeiras são candidatos naturais a se tornarem grandes doadores internacionais. Porém, a própria China ainda é um país em desenvolvimento. Sendo assim, seria bastante relevante utilizar parte de suas reservas – que, afinal, manifestam a riqueza do Estado – no apoio ao desenvolvimento de suas províncias, seus vilarejos e suas cidades; na construção de infraestrutura e moradias para os pobres, na proteção do meio ambiente, no desenvolvimento da subsistência e assim por diante. O problema reside no campo monetário: não se

---

2 - O termo "quatro grandes" (*big four*) é usado em relação aos quatro principais bancos de vários países nos quais o setor bancário é dominado por apenas 4 instituições. Atualmente, os quatro grandes na China são: o Bank of China, o China Construction Bank, o Industrial and Commercial Bank of China e o Agricultural Bank of China. (N.T.)

pode investir esse acúmulo de moedas estrangeiras de maneira direta em projetos internos.

Contudo, aparentemente, Pequim não recusaria sugestões de ajuda ao desenvolvimento para os propósitos mencionados se estas viessem de fora de suas fronteiras (e, de fato, o país ainda consegue alguns fundos destinados ao desenvolvimento do Banco Mundial, do Asian Development Bank e de outros). Atualmente não podem ocorrer muitas propostas dessa natureza porque a própria China possui um grande montante de moedas estrangeiras, mas talvez o governo chinês pudesse usar um pouco dessas reservas em "projetos de auxilio ao desenvolvimento doméstico;" na importação de equipamentos, de materiais, de serviços e de tudo o que for necessário para promover projetos de desenvolvimento e melhorias para as regiões menos desenvolvidas do país.

Isso poderia aliviar a sobrecarga financeira em algumas províncias cujas dívidas já estão começando a causar preocupações; talvez essa medida até contribuísse para equilibrar o comércio entre a China e os países ocidentais, beneficiando ambos os lados. Afinal, a situação é bem simples: existem muitos produtos que o Ocidente poderia vender para a China e, com isso, facilitar a vida dos chineses, em especial os mais pobres; em contrapartida, o governo chinês tem o dinheiro para comprar tais produtos. O que falta é somente um pouco de vontade política e imaginação para transformar essa situação em um jogo em que ambos os lados saiam vencedores.

A China se tornou a maior credora dos países em desenvolvimento

A China está rapidamente emergindo como uma das principais credoras do planeta.

No final da década passada (anos 2000), o país se transformou no maior financiador das nações em desenvolvimento, superando o Banco Mundial. De acordo com pesquisas do *Financial Times*,[3] no período de 2009-2010 o China Development Bank e o China Export-Import Bank concederam

---

3 - Trata-se de um jornal internacional de negócios com sede no Reino Unido (RU). É impresso em um papel diferente, na cor-de-rosa salmão. É considerado um jornal de elevada reputação, sendo um dos mais lidos por líderes empresariais. (N.T.)

empréstimos de até US$ 110 bilhões, enquanto os contratos do Banco Mundial entre meados de 2008 e meados de 2010 alcançaram seu próprio recorde de US$ 100,3 bilhões (Dyer, Anderlin e Sender, 2011).

Em termos de bens (ativos), os bancos comerciais chineses, em especial os quatro grandes, estão rapidamente alcançando os dez principais bancos mundiais.

Em 2010, o Industrial and Commercial Bank of China assumiu a 11ª posição mundial, com ativos no valor de US$ 1.726 bilhões – um total praticamente igual ao do Citigroup (US$ 1.857 bilhões) –, que representam 58,2% dos ativos do líder, o francês BNP Paribas: US$ 2.965 bilhões (Alexander, 2011)

O fato é que os bancos comerciais chineses estão se tornando cada vez mais importantes como financiadores de empresas ocidentais.

Os investimentos da China no exterior: em aceleração, mas a defasagem permanece

Até pouco tempo atrás, a China não figurava na lista dos principais países investidores diretos no mercado estrangeiro. Porém, um salto extraordinário ocorreria em 2008. De acordo com o National Bureau of Statistics, naquele ano os Investimentos Estrangeiros Diretos (IED) efetuados pela China aumentaram de modo dramático, alcançando US$ 55.907 milhões, em comparação aos US$ 26.506 milhões registrados no ano anterior; os IEDs realizados por instituições financeiras não estão incluídos nesse total). Em 2009, o montante subiu para US$ 56.529 milhões (National Bureau of Statistics, 2010) e, em 2010, de acordo com o Ministério do Comércio da China, o total chegou à casa dos US$ 59 bilhões.

Em 2009, a China adentrou a lista dos cinco maiores investidores estrangeiros diretos do mundo. Contudo, a escala de seus IEDs representava apenas 1/7 do total norte-americano, 1/3 do da França e 2/3 do total japonês (Tabela 8.1).

Essa diferença se torna ainda mais significativa se levarmos em consideração que o IED chinês permanece direcionado a Hong Kong, que em 2009 recebeu cerca de US$ 35.601 milhões, ou 63% do total. O segundo maior recipiente foram as ilhas Cayman (US$ 5.366 milhões e 9,5%, respectivamente) e o terceiro foi aAustrália (US$ 2.436 milhões e 4,3%) – especialmente o seu setor de mineração. Os IEDs para todos os países

Tabela 8.1 - Investimentos estrangeiros diretos externos por país (US$ milhões)

	2008	2009
EUA	330.491	248.074
França	161.071	147.161
Alemanha	134.592	62.705
RU	161.056	18.463
Japão	128.019	74.699
China*	52.150	48.000
Itália	43.839	43.918
Rússia	56.091	46.057
Mundo	1.928.799	1.100.933

* Os dados para a China diferem um pouco dos apresentados pelo Chinese National Bureau of Statistics.
FONTE: Comissão da ONU para Comércio e Desenvolvimento (UNCTAD). World Investment Report, 2010.

europeus (incluindo a Rússia, que foi o principal receptor) representaram US$ 3.353 milhões e 5,9%, e para os EUA, US$ 908 milhões, ou 1,6 % (National Bureau of Statistics, 2010).

Portanto, de modo geral, se excluirmos os IEDs para Hong Kong, o total de investimentos estrangeiros diretos realizados pela China seria de cerca de US$ 20 bilhões, o que significa que, a despeito dos ganhos recentes, o papel do gigante asiático como investidor direto em países estrangeiros ainda permanece bastante limitado – embora as aquisições de empresas ocidentais bem conhecidas pela China tenha se tornado um assunto bastante discutido em todo o globo.

As aquisições representam cerca de 40% do total dos IEDs chineses. As empresas mais visadas são as de **mineração**, as fabricantes de equipamentos de **alta tecnologia** e aquelas que possuem **marcas famosas**, mas que, em geral, estão enfrentando problemas. Tais compras geralmente são realizadas com o apoio do governo e, em sua maioria, por empresas estatais.

Em contrapartida, as empresas chinesas, em especial as privadas, estão gradualmente aumentando seus IEDs de um jeito bastante convencional. Elas estão investindo na Índia, na Coreia do Norte, no Vietnã, em Mianmar e em todo e qualquer país do mundo em desenvolvimento que estejam em busca de custos produtivos mais baixos ou de melhor acesso a mercados locais. Além disso, com frequência cada vez maior, os chineses estão vindo para o Ocidente por sua própria iniciativa (sem o apoio do governo), atraídos por mercados, tecnologias e fontes de recursos humanos altamente qualificados. Nesses casos, os investidores chineses agem basicamente do mesmo modo como qualquer outro investidor de qualquer país – EUA, Estados europeus ou Japão –, e perseguem os mesmos objetivos que eles.

O portfólio de investimentos da China no exterior também está se ampliando de maneira notável. Em 2009, esses investimentos eram de US$ 57 bilhões – quase três vezes o montante registrado no ano de 2000: US$ 20,7 bilhões (National Bureau of Statistics, 2010), mas ainda significativamente menor que o dos EUA – US$ 208,2 bilhões (U.S. Census Bureau, 2011a) –, do Japão – US$ 170,0 bilhões (Ministry of Internal Affairs and Communications, 2011) – ou da Alemanha – € 148,7 bilhões (Bundesbank, 2010).

Os bens financeiros das famílias chinesas: ainda mínimos

Em termos relativos, os chineses poupam bem mais que os ocidentais. Este, aliás, é um fato bastante conhecido e frequentemente mencionado. Na década de 2000, o total líquido poupado pelas famílias chinesas representava entre 20%-25% de sua renda disponível (Wang & Wen, 2011). Em relação às grandes economias ocidentais, em 2008, a proporção era de 11,6% na França, 11,2% na Alemanha, 8,6% na Itália, 2,7% nos EUA e (-) 4,5% no RU. A média dos 27 membros da UE era de 5,8%. No Japão, em 2007, a taxa líquida de poupança era de 3,8% (OECD, 2010) (Discutiremos as poupanças dos países ocidentais em mais detalhes na Parte 2 deste livro).

Bem menos discutido é o fato de que, em termos absolutos, o total poupado pelas famílias chinesas ainda é consideravelmente inferior aos totais registrados nos EUA ou no Japão.

Estima-se que, no final de 2009, as famílias chinesas mantinham em suas poupanças 26.077 bilhões de *yuans*, ou cerca de US$ 3.818 bilhões

(National Bureau of Statistics, 2010), contra US$ 6.130 bilhões mantidos por famílias norte-americanas (U.S. Census Bureau, 2011a).

De modo geral, de acordo com as últimas estimativas feitas pelo Daiwa Institute of Research, o total bruto de bens financeiros das famílias chinesas já excedeu US$ 5 trilhões (DIR, 2010). Contudo, esse montante ainda não se compara aos US$ 45,5 trilhões poupados nos EUA – total registrado no final do primeiro trimestre de 2010 (os dados dos EUA incluem bens financeiros de organizações sem fins lucrativos).

Dados comparativos entre países no final de 2009 são apresentados na Tabela 8.2.

Considerando os valores absolutos dos bens financeiros das famílias, a China aparece somente em 7º lugar. Seu total representa pouco mais que 1/10 do total dos EUA e um pouco menos de 1/3 do total do Japão. Já em relação aos bens financeiros *per capita*, a riqueza média das famílias chinesas representa somente frações de 1/20 a 1/30 das rendas individuais nos países desenvolvidos.

Tabela 8.2 – Bens financeiros das famílias (final de 2009)

	Total (US$ em bilhões)	*Per capita* (US$)
EUA	41.591	132.178
Japão	14.643	115.159
Alemanha	6.068	73.850
RU	6.065	98.511
França	4.975	79.801
Itália	4.576	76.434
China	4.407	3.769

Fonte: Allianz Global Wealth Report, 2010.

Neste momento percebemos que o poder da China como potência financeira global não vem da riqueza acumulada pelos chineses. Na verdade, trata-se do oposto: enquanto os cofres do país estão repletos de dinheiro, a maioria dos cidadãos não está nadando em dinheiro – se não for pobre. Esta é uma situação potencialmente explosiva.

Seria a China uma nova superpotência financeira? Sim e não!

Terá a China se transformado em uma nova potência financeira?
Sim, sem dúvida alguma. Porém, trata-se de uma superpotência financeira bastante invulgar.

Seu poderio financeiro não advém da riqueza da vasta maioria de seus cidadãos. Ela reflete, primordialmente, a força do Estado, que, por conta do aumento nas exportações e dos investimentos recebidos de fora, tem conseguido acumular grandes reservas na forma de moedas estrangeiras.

A elite governante chinesa se sente muito confortável na arena internacional ao usar seu poderio financeiro como um meio de obter concessões dos parceiros comerciais e garantir seus próprios interesses e suas próprias prioridades.

Esta, aliás, é uma das principais razões pelas quais o país não está assim tão ansioso para reduzir seu superávit comercial e/ou agilizar a valorização do *yuan*. Manter a moeda fraca é uma opção política cujo principal objetivo é fortalecer o sistema governante do Partido Comunista Chinês (PCC).

O fato é que a China tem emergido rapidamente como um importante credor internacional. Seus principais bancos estatais se sentem cada vez mais confiantes como grandes membros da comunidade bancária global.

Em outros aspectos – efetivamente, todos os não relacionados ao Estado ou às entidades financeiras ligadas ao governo –, a China dos dias de hoje não é uma superpotência financeira, pelo menos não no verdadeiro sentido da palavra.

O papel de suas empresas (e de seus habitantes) como investidores internacionais permanece comparativamente pequeno, embora esteja em crescimento. A maioria das companhias ainda não possui experiência ou *expertise* internacionais. Além disso, para muitas delas os incentivos para saírem rumo ao exterior parecem fracos, uma vez que existem muitas oportunidades de investimento dentro do próprio país.

O mercado financeiro interno da China se mostra altamente regulamentado e dispõe apenas de uma pequena variedade de instrumentos financeiros. O país também não exerce papel diferenciado como exportador de serviços financeiros. Com a exceção do fornecimento de empréstimos, o mercado financeiro global é dominado pelo Ocidente, e não há sinais claros de que instituições financeiras chinesas estejam prontas para se unir aos líderes mundiais.

A demanda pelo *yuan* como meda internacional permanece comparativamente baixa, e a probabilidade de essa moeda assumir uma posição comparável à do dólar ou do euro em um futuro próximo é praticamente nula.

Na década vindoura, os governos ocidentais, começando pelo dos EUA, se tornarão cada vez mais dependentes da China enquanto financiadora. Os bancos estatais chineses estabelecerão uma posição-chave entre os principais credores mundiais e seus clientes não estarão apenas nos países em desenvolvimento, mas também nos países desenvolvidos. Um círculo relativamente pequeno de grandes companhias chinesas, em especial as estatais, rapidamente se transformará em uma esfera de importantes investidores internacionais diretos.

Em contrapartida, o surgimento de uma gama mais ampla de poderosas multinacionais chinesas, inclusive de cunho privado – algo comparável ao que já acontece nos principais países do Ocidente – ainda levará muito tempo. O mesmo se aplica ao aparecimento de um grupo de investidores chineses de grande escala no mercado mundial de títulos e ações. Nessas áreas, a capacidade competitiva da China ainda é relativamente fraca.

Conclusões

Em primeiro lugar é preciso lembrar que o PIB nominal chinês acaba de se tornar o **segundo maior do mundo**. A partir de agora, a economia global logo ostentará o formato de duas gigantescas torres: os EUA e a China – ambas bem mais elevadas que quaisquer outras ao seu redor. Todavia, a torre chinesa continuará a crescer de maneira bem mais acelerada que a norte-americana, provavelmente ultrapassando sua concorrente ainda na primeira metade desse século.

Dentro desse **duopólio EUA-China**, o gigante asiático fortalecerá ainda mais sua posição como principal nação manufatureira do mundo, enquanto os EUA se firmarão como líder no mercado de serviços. Porém, a China gradualmente ser transformará em um forte concorrente também neste setor. Tanto os EUA como o resto do Ocidente ainda têm oportunidades no setor manufatureiro, mas certamente terão de trabalhar duro para não perdê-las.

Em segundo lugar, o conceito de **"China como fabricante número um"** do planeta já se tornou um padrão internacional na maioria dos produtos e setores globais. Aliás, por via de regra a distância entre a China e os demais concorrentes só tem aumentado. O círculo de setores e produtos em que o maior fabricante mundial é outra nação (na maioria dos casos, os EUA) está se tornando cada vez menor. De modo geral, essa esfera já se encontra limitada em vários setores produtivos.

Em terceiro lugar, o ímpeto chinês **rumo à primeira posição na exportação de mercadorias**, principalmente de produtos manufaturados, se revelou ainda mais acelerado que seu impulso na área produtiva. Nos setores de elétricos/eletrônicos e também de produtos da indústria leve, a China não está apenas se tornando líder, mas assumindo o domínio nas exportações. Todavia, em outros setores, o fato de o gigante asiático exercer cada vez mais a liderança na área de produção não se traduz necessariamente no primeiro lugar nas exportações, uma vez que a maior parte desse aumento produtivo é absorvida pelo próprio mercado interno chinês. Nesses setores a China geralmente aparece como grande importador líquido. O crescimento da China nas áreas de produção e exportação é acompanhado por um rápido aumento na importação de insumos. O ponto-chave é definir que países e empresas conseguirão tirar proveito do mercado chinês de bens de capital. Vale lembrar que neste campo, pelo menos até o presente momento, o Extremo Oriente tem se saído bem melhor que o Ocidente.

Em quarto lugar, os chineses já se tornaram os **principais fabricantes** e **exportadores mundiais** de produtos baratos e não sofisticados (*low--end*), de produção em massa e baixa tecnologia (*low-tech*). Agora eles estão rapidamente expandindo sua presença também no segmento de produtos *low-end*, de produção em massa e alta tecnologia (*high-tech*). Sua presença global nos segmento de produtos *low-end* diferenciados e, especialmente, de produtos caros e sofisticados (*high-end*) ainda é bem mais fraca, mas está evoluindo. Aliás, no mercado interno, os chineses já estão rapidamente dominando esses dois últimos nichos.

Em quinto lugar, a **ofensiva chinesa** nas áreas de produção e exportação **alterou drasticamente** as **regras globais** e também o *status* dos fabricantes ocidentais. Para o Ocidente tem se tornado cada vez mais difícil, ou até mesmo sem sentido, proteger setores industriais locais e tradicionais do influxo de produtos baratos feitos na China, simplesmente impondo tarifas punitivas ou aplicando quaisquer outras restrições contra a importação desses itens. O próprio conceito de "indústria local" está mudando.

Uma vez que os diferenciais nos custos de produção entre a China e o Ocidente são enormes, as fábricas ocidentais estão realmente fadadas a perder espaço no segmento de produtos *low-tech*, *low-end* e de produção em massa e, cada vez mais, também no de mercadorias *high-tech*, *low-end* e de produção em massa. Nesses dois campos, a globalização e a ofensiva chinesa trabalham juntas no sentido de suprimir das empresas ocidentais a própria razão de continuar a operar. Estamos vivendo em um novo mundo globalizado, e já está mais que na hora de mudar a mentalidade. De certo modo, isso é bem simples. Este é o novo mundo – seu novo mundo – e, se você quiser produzir um item específico, encontre: 1º) o lugar certo em que você seja capaz de produzi-lo da maneira mais eficiente e 2º) os mercados nos quais ele possa ser adequadamente comercializado. Porém, se, ao contrário de tudo isso, você ainda insistir em seu propósito de produzir em seu próprio país (o que é compreensível: a despeito da globalização, muitas pessoas – talvez a maioria delas – ainda preferem viver e trabalhar em sua própria nação), então terá de encontrar a resposta certa para a seguinte pergunta-chave: **que produto específico vale à pena ser produzido nesse lugar e por quê?**

Fundamentalmente, as empresas ocidentais de hoje não têm outra opção racional exceto se voltar para os segmentos de produtos *low-end* diferenciados ou, especialmente, de produtos *high-end* – em outras palavras, elas terão de diferenciar radicalmente suas mercadorias e elevar sua competitividade em outras áreas que não envolvam preços. Esse impulso terá de ser acompanhado pelo aumento nas exportações, em especial para os mercados mais dinâmicos como o chinês e de outros países do Terceiro Mundo. Os governos terão de fazer bem mais do que estão fazendo para promover as exportações. A **"exportabilidade"** de um produto – sua aceitação por consumidores em todo o mundo – está se tornando o principal critério na escolha do melhor local para sua fabricação.

O número de fabricantes estabelecidos no Ocidente está em declínio e continuará a cair. Sendo assim, somente os "melhores fabricantes" – os mais capazes de diferenciar suas mercadorias e competir por conta de sua qualidade e exclusividade – se sentirão em condições de se manter em seus países. Os demais terão

Seria a China uma nova superpotência financeira?

de escolher entre se mudar para a China (ou outros países similares) e fabricar produtos em massa, ou continuar em uma luta feroz pela própria sobrevivência.

Em sexto lugar, embora a China esteja se tornando um **ator** cada vez mais importante no mercado global de serviços, sua própria economia neste setor não é forte. Em contrapartida, para se fortalecer nesta área ainda falta ao país: 1º) tradição; 2º) recursos humanos qualificados e devidamente comprometidos; e 3º) *know-how*. O fato é que, assim como o herói do filme *Rain Man*, interpretado de maneira brilhante pelo ator norte-americano Dustin Hoffman, jamais entendeu o conceito de dinheiro, um grande número de profissionais chineses no setor de serviços também não compreende o conceito básico por trás do setor de serviços. Nesta área, o Ocidente ostenta uma clara vantagem competitiva, mas não deve perder a oportunidade de ampliá-la: atualmente as exportações de serviços do Ocidente para a China são muito discretas.

Em sétimo lugar, a China se transformou em uma das principais potências financeiras mundiais e, tecnicamente, no **segundo maior credor do planeta**. Contudo, seu poderio financeiro reflete apenas a força do Estado chinês. A maior manifestação de tal poder se revela na extraordinária quantidade de reservas em moedas estrangeiras desse país. Esse montante tem funcionado como um importante fator nas políticas globais, permitindo que a China se imponha em várias questões importantes. Por outro lado, tais reservas estão gerando somente retornos modestos e não têm sido utilizadas de modo suficientemente eficaz nem para resolver os problemas de desenvolvimento do país, nem para elevar os padrões de vida do seu povo.

No que diz respeito à riqueza de suas famílias, a China **não** é absolutamente uma **superpotência financeira**. Embora os níveis de poupança dessas famílias sejam muito elevados, o volume total de seus bens financeiros ainda é **incipiente** de acordo com os padrões internacionais. **Em suma, a China é um país rico, mas seu povo está bem longe de desfrutar de tal riqueza!**

Parte Dois

A RETRAÇÃO ECONÔMICA GLOBAL E MAIS ALÉM DISSO: OS MODELOS CAPITALISTAS DO OCIDENTE E DA CHINA

A crise de 2008-2009 exerceu enorme repercussão sobre o equilíbrio do poderio econômico global. De modo efetivo, ela representou um adeus à liderança ocidental sobre o mundo. Embora todas as principais economias nacionais tenham sido afetadas, em termos relativos, a posição da China em relação aos EUA, à Europa e ao Japão tornou-se mais forte que nunca na história moderna.

Capítulo 9

A crise global não foi realmente global

Em geral, nos referimos à crise financeira e econômica como **"global"**. Todavia, o evento não afetou todo o mundo – pelos menos no que diz respeito a países como a China, a Índia e outras grandes economias asiáticas, como a Indonésia e o Vietnã, e também várias outras **grandes economias emergentes** (GEEs)[1] em todo o mundo, que mantiveram taxas de crescimento significativamente positivas. Criada pelos EUA, a crise foi, a princípio, um problema norte-americano, então, assumiu caráter ocidental.

Os dados obtidos demonstram claramente que no ano de 2009, as potências ocidentais experimentaram quedas excepcionalmente profundas no PIB – as piores do período pós-guerra, sendo que o mesmo ocorreu em países asiáticos pequenos, altamente dependentes dos mercados de exportação ocidentais. Em contrapartida, as economias asiáticas

---

1   A sigla em inglês é LEE, que corresponde a *large emerging economies*. (N.T.)

Tabela 9.1 – Taxa de Crescimento do PIB Real entre 2009 e 2010 (%)

	2009	2010
EUA	-3,5	3,0
Japão	-6,3	4,0
Zona do euro	-4,3	1,8
Alemanha	-5,1	3,6
França	-2,6	1,4
Reino Unido (RU)	-4,9	1,4
Taiwan	-1,9	10,9
Hong Kong	-2,7	7,0
Cingapura	-0,8	14,5
Malásia	-1,7	7,2
China	9,2	10,3
Índia	6,8	10,1
Indonésia	4,6	6,1
Vietnã	5,3	6,8
Filipinas	1,1	7,6
Tailândia	22,3	7,8

Fonte: IMF WEO International Database, setembro de 2011; ADB, Asian Development Outlook, 2011; Agências estatísticas nacionais.

emergentes lideradas pela China se revelaram um grupo em crescimento (Tabela 9.1). A única exceção foi a Tailândia, cujo PIB caiu. Porém isso ocorreu amplamente em função de problemas políticos internos do país. Na África, por exemplo, a Nigéria teve um crescimento de 7%; a Tanzânia, de 6,7% e a República do Congo, de 7,5%. Em 2010, todas as economias asiáticas, exceto o Japão, e um conjunto de outras grandes economias emergentes alcançaram cerca de 7% ou mais de crescimento (como, por exemplo, o Brasil e a Turquia, cujas economias se retraíram em 2008, mas alcançaram 7,5% e 8,2%, respectivamente). Em contrapartida, no Ocidente, entre as principais economias somente o Japão e a Alemanha conseguiram ficar acima da marca dos 3%. A recuperação continua lenta e ainda há muito a ser feito no sentido de sanar inúmeros males econômicos ocorridos pós-crise.

A crise global não foi realmente global

Embora o epicentro do "terremoto" tenha sito de fato o setor bancário/financeiro, a crise não ostentou caráter exclusivamente financeiro. Por trás dela residiam fraquezas estruturais nas economias norte-americana e europeia, tais como padrões de consumo insustentáveis e falhas nos sistemas de governança corporativa.

Para superar essa crise, além de expandir e, ao mesmo tempo, fortalecer regulamentações financeiras, os EUA e a Europa precisarão realizar ajustes estruturais dolorosos, em especial uma contenção severa nos gastos públicos e cortes no sistema previdenciário. Tais acertos promoverão uma redução no crescimento econômico e certamente causarão grandes tensões sociais.

Em contraposição, durante os anos de crise, a China e outras GEEs se mostraram capazes de crescer rapidamente, mesmo quando as economias ocidentais estavam em plena contração. No início da nova década (2011), tais países se revelam em ótima posição para preservar essa sólida dinâmica de crescimento e, inclusive, acelerar o processo.

As sociedades ocidentais estão frustradas pelo pobre desempenho de suas economias de mercado supostamente tão desenvolvidas e maduras. No início da crise, um dos temas mais populares nos EUA, na Europa e no Japão era o fracasso do capitalismo e a necessidade de se fortalecer as intervenções governamentais, não apenas para colocar a economia de volta nos trilhos imediatamente, mas também no longo prazo.

Por outro lado, a China e outras GEEs, estão acomodando cada vez mais elementos do modelo clássico e anglo-saxão de economia de mercado e ampliando incentivos de mercado para todas as empresas, independentemente de sua forma de propriedade. A sabedoria convencional nos diz que o capitalismo estatal chinês é diferente do sistema capitalista ocidental. Porém, na realidade, foram exatamente a **mercantilização** e a **ocidentalização parcial** que funcionaram como principais impulsionadores sistêmicos do crescimento econômico da China.

Capítulo 10

A crise ocidental: três fatores preponderantes

A crise ocidental de 2008-2009 – a pior desde a Grande Depressão de 1929 nos EUA – pode ser explicada por meio de três principais fatores.

O consumo insustentável e o aprofundamento das dívidas das famílias

Primeiro, veio a crise nos padrões de consumo e no estilo de vida das pessoas. Muitas famílias ocidentais contavam com poupanças pequenas, mas acumulavam dívidas gigantescas. Norte-americanos e europeus precisam fazer a si mesmos duas perguntas simples, porém cruciais: 1º) Será que estamos vivendo corretamente? 2º) Será que o nosso estilo de vida é financeiramente sustentável?

Nem todos os países ocidentais se parecem neste sentido. Os EUA representam o exemplo mais típico de consumo aventureiro e distorcido, enquanto países como a Alemanha e a Suíça estão no extremo oposto desse espectro.

R. Weagley nos apresentou dados comparativos exclusivos sobre as finanças dos consumidores chineses e norte-americanos (Weagley, 2010). As informações sobre a China se baseiam nos resultados de uma pesquisa conduzida pela Tsinghua University, que englobou mais de duas mil famílias chinesas urbanas que residiam em cidades das classes 1 e 2.

Convertida em dólares, a média anual da renda familiar chinesa alcançou **US$ 10.220**, em comparação à verificada nas famílias norte-americanas, que foi de **US$ 84.300**. Tanto na China como nos EUA, a média patrimonial representou oito vezes a renda média obtida. Porém, a média da dívida norte-americana significou 136% da receita, enquanto a proporção nas famílias chinesas não ultrapassou 17%.

Das famílias chinesas analisadas, 85% possuíam imóvel, mas somente 11% delas estavam atreladas a financiamentos. Nos EUA, no ano de 2007, 69% das famílias eram donas de imóveis, mas, 70% desses proprietários estavam presos a dívidas, fosse na forma de hipoteca (*mortgage*) ou de empréstimo participativo (*equity loan*). Enquanto nos EUA os financiamentos hipotecários são encorajados por meio de subsídios no código tributário (*tax code*), a política chinesa é oferecer moradia sem o alto endividamento – por meio de planos especiais de aquisição para funcionários, entre outros sistemas. Menos de 1% dos cidadãos chineses se utiliza de empréstimos para adquirir bens de consumo. Nos EUA, 47% das famílias possuem dívidas relacionadas a financiamentos e 46% delas usam regularmente o cartão de crédito (Weagley, 2010).

Embora a China esteja encorajando de maneira cautelosa a gradual expansão do crédito ao consumidor, parece óbvio que, no que diz respeito a padrões de consumo e estilo de vida, os dois gigantes da economia ostentam **culturas opostas**: viver com dívidas *versus* viver sem dívidas. Não é difícil observar qual delas torna a economia mais vulnerável.

Uma família prudente decide o que consumir e quanto gastar com base em sua receita. A **renda obtida** é, portanto, o **ponto de partida**, e estabelece limites razoáveis de consumo.

Entretanto, para muitas famílias do Ocidente, começando pelas norte-americanas, ocorre justamente o oposto. Para elas, o padrão de consumo desejado e considerado necessário vem em primeiro lugar. Se a receita disponível for insuficiente, o nível de tomada de empréstimos aumenta até o ponto em que o padrão almejado puder ser atingido. Vale ressaltar que o próprio padrão não depende somente de demandas individuais das pessoas, mas também das percepções já estabelecidas em relação aos níveis de consumo relevantes para qualquer família que esteja razoavelmente bem de vida: o tipo de casa em que ela deveria morar, o tipo de carro que deveria dirigir, o conjunto de bens duráveis que deveria possuir e daí por diante. O indivíduo só tem duas opções: alcançar os padrões estabelecidos ou perder o respeito das pessoas que o rodeiam.

Com o passar do tempo, esse padrão foi subindo, em geral em um ritmo mais acelerado que a receita doméstica. É justamente aqui que os mecanismos que geram crises financeiras começam a se revelar.

Conforme o setor financeiro se desenvolve e oferece uma variedade cada vez mais ampla de modalidades de empréstimos, as famílias passam a depender mais e mais de financiamentos, em especial quando os juros estão baixos. A maior parte dos montantes emprestados encontra-se na forma de hipotecas (*mortgages*). À medida que famílias de baixa renda – e, em geral, com históricos creditícios ruins – passam a se utilizar desses esquemas, a proporção de tomadores de empréstimo se expande ainda mais. Os riscos de se oferecer financiamento crescem. Entretanto, uma vez que a economia está aquecida, os preços dos bens também aumentam (e se elevam mais rapidamente conforme mais e mais compradores surgem, atraídos pelo crédito fácil) e as expectativas de crescimento permanecem elevadas; as instituições financeiras continuam a ampliar seus serviços a tomadores de empréstimo com capacidade reduzida de pagamento, que buscam impulsionar seus negócios e acreditam que os financiamentos serão pagos ou, pelo menos, que as garantias irão protegê-los de perdas. Essa tendência se torna ainda mais forte conforme mais dívidas são securitizadas: credores se sentem mais avessos aos riscos à medida que podem conseguir seu dinheiro mais rápido e os riscos se dispersam. Porém, em um dado momento, esses tomadores de empréstimo com capacidade reduzida já não conseguem mais arcar com suas dívidas, o que, juntamente com a explosão da bolha especulativa dos ativos, leva todo o setor financeiro a uma situação de crise. Sendo assim, a ideia de dissipar riscos por meio da securitização apenas contribui para ampliar a gama de participantes do jogo financeiro que acabará sendo afetada.

Portanto, não são apenas os credores os responsáveis por esse tipo de crise – os tomadores de empréstimos também são altamente imputáveis.

A ruína do setor financeiro, incitada por comportamentos inconsequentes, incapacita toda a economia de um país e provoca um forte golpe no mundo como um todo, principalmente se a economia em questão for de grande porte.

É chegada a hora de todos perceberem que, na economia globalizada em que vivemos, esse tipo de **"jogo de disponibilização/tomada de crédito"** disputado entre instituições financeiras impulsionadas pela ambição, que ignoram as regras mais básicas do fornecimento de crédito consciente, e famílias ocidentais preocupadas em possuir muito mais do que conseguem pagar, provoca efeitos desastrosos na vida de bilhões de pessoas em todo o planeta. A inadimplência dos "tomadores de empréstimo ensandecidos" e os montantes não pagos "aos emprestadores enlouquecidos" provocam: 1º) uma agonizante reação em cadeia no setor financeiro; 2º) grave depressão nas economias nacionais e, finalmente; 3º) retração econômica, caso a economia afetada seja grande, como já mencionado.

Durante o *boom* econômico de meados dos anos 2000, na maioria dos países mais industrialmente desenvolvidos do Ocidente, as taxas de poupança apresentavam declínio (Tabela 10.1), enquanto as dívidas das famílias aumentavam por conta de uma maior disponibilização de crédito. De modo não surpreendente, os gastos em consumo cresciam de maneira mais acelerada que a própria receita disponível das famílias.

Tabela 10.1 – Taxa líquida de poupança na receita disponível das famílias (%)

	2001	2002	2003	2004	2005	2006	2007	2008
EUA	2,8	3,7	3,8	3,4	1,5	2,5	1,7	2,7
UE	7,5	7,4	7,3	6,6	6,4	5,8	5,5	5,8
RU	1,5	20,1	0,4	21,7	21,3	22,9	2,6	0,6
Alemanha	9,4	9,9	10,3	10,2	9,9	9,1	8,2	8,6
França	12,5	13,7	12,5	12,4	11,4	11,4	12,0	11,6
Itália	10,5	11,2	10,3	10,2	9,9	9,1	8,2	8,6
Espanha	5,6	5,6	6,0	4,9	4,7	4,2	3,6	6,1
Holanda	9,5	8,4	7,5	7,3	6,3	6,0	8,1	6,8
Japão	5,2	5,1	3,9	3,6	3,8	3,6	3,8	Não disponível

FONTE: OECD Factbook.

Nos EUA, as taxas de poupança doméstica apresentaram uma queda constante ao longo de 20 anos, antes de finalmente começarem a subir no ano de 2008. O fato é que, por conta de um predomínio na elevação no valor das ações e no preço dos imóveis, as famílias norte-americanas decidiram investir porções cada vez maiores de suas receitas nesses setores, o que reduziu os valores poupados a quase zero: entre 2005-2007, as taxas de poupança experimentaram quedas para níveis inferiores a 1% (Feldstein, 2009).

Buscando consumir cada vez mais, muitos norte-americanos e europeus não hesitaram em tomar mais dinheiro emprestado. Em 2007, o índice de alavancamento financeiro (a proporção de endividamento em relação à receita disponível) alcançou 199% na Dinamarca, 191% na Irlanda, 185% na Holanda, 143% na Itália e 130% nos EUA. A lista de países com índices de endividamento comparativamente baixos incluíam a França (60%), a Bélgica (64%) e a Alemanha (82%) (Glick e Lansing, 2010).

Entre 1997 e 2007, essa taxa subiu em 85% na Irlanda, 82% na Holanda, 69%, na Dinamarca, 65%, em Portugal, 52%, na Espanha, 50% na Noruega e 42% nos EUA. Na Áustria a elevação foi de 13%, na Bélgica, de 14%, na França, de 15% e na Alemanha e no Japão, houve uma queda de 2% e 5%, respectivamente. Quanto mais alto o nível de alavancamento, maior a queda registrada no consumo nos anos de crise (Glick e Lansing, 2010).

O desastre norte-americano dos empréstimos *subprime* (de grande risco) – o ponto de partida para a crise – não foi causado somente por instituições como a Freddie Mac,[1] a Fannie Mae[2] e outras do gênero, mas também por famílias norte-americanas cujos salários e poder de compra eram excessivamente módicos em comparação aos elevados padrões que elas próprias estabeleceram para si mesmas. O problema se tornou ainda mais sério quando o aumento no número de compradores, causado

---

1 – A **Federal Home Loan Mortgage Corporation** (**FHLMC**)) é uma empresa garantida pelo governo dos EUA (*government sponsored enterprise* - GSE) e autorizada a fornecer empréstimos e garantias. Estabelecida em 1970, seu objetivo era expandir o mercado secundário de hipotecas no país, comprando hipotecas no mercado de créditos hipotecários de primeira mão e as revendendo a investidores no mercado mundial. O apelido Freddie Mac é uma criação fonética criada a partir da sigla da companhia. (Fonte: Wikipédia) (N.T.)

2 – A **Federal National Mortgage Association** (**FNMA**) é uma empresa de capital aberto, garantida pelo governo norte-americano e autorizada a conceder e garantir empréstimos. O apelido Fannie Mae é uma criação fonética a partir da sigla da companhia. (Fonte: Wikipédia) (N.T.)

justamente pelo acesso demasiadamente fácil ao crédito, pressionou para cima os preços dos imóveis, que acabaram alcançando patamares jamais registrados anteriormente em comparação às receitas disponíveis.

Os economistas Gere Amronin e Anna Paulson estimaram que, tendo como base o terceiro trimestre de 2008, o total de perdas em empréstimos *subprime* nos EUA alcançaria US$ 364 bilhões, "além" dos US$ 133 bilhões em perdas registradas nos empréstimos *prime* (de primeira linha). Foi um *tsunami* de inadimplências. Os percentuais de empréstimos *subprime* que deixaram de ser pagos (com 60 dias ou mais de atraso, 12 meses após a contratação do empréstimo) foram de 14,6% para os contratos assinados em 2006, e de 20,5% para aqueles assinados em 2007. Para efeito de comparação, o percentual de hipotecas não pagas em empréstimos originados entre 2002 e 2003 fora de menos de 7% (Amronin e Paulson, 2009).

De acordo com as regras de uma economia de mercado, ou apenas por pura justiça, os tomadores de empréstimo precisam assumir a responsabilidade por não conseguirem quitar suas dívidas. No mínimo, esses indivíduos não possuem os prerrequisitos econômicos necessários para viver nos imóveis que adquiriram, mas pelos quais não pagaram, tampouco o direito moral de fazê-lo. A execução das hipotecas é uma penalidade natural, justa e provavelmente mínima nestes casos, embora, como resultado final da crise, tal ação prejudique o crescimento e torne lenta a tão esperada recuperação.

Em última análise, a crise demonstrou que muitos ocidentais simplesmente não eram **tão ricos** como **gostariam de ser**, como **fingiam ser** e até como **pareciam ser** para as pessoas de outras partes do mundo. **É preciso mais modéstia, pessoal!**

O capitalismo de risco

Segundo fator: a crise de 2008-2009 foi causada por um aumento dramático no volume de transações com **produtos financeiros estruturados**.[3] Cada vez mais o capitalismo ocidental se transformou em um capitalismo de risco.

---

3 – **Produtos estruturados** são produtos financeiros cujos rendimentos e riscos resultam da combinação das características de diferentes produtos, ou seja, de um perfil de risco e da possibilidade de retorno de uma ação ou conjunto de ações. Em geral esses produtos permitem aos clientes investirem (ou apostarem) em um determinado produto, sem o risco de perda de capital. (Fonte: http://www.thinkfn.com/wikibolsa/Produtos_estruturados) (N.T.)

Para os investidores, produtos financeiros estruturados oferecem uma ampla gama de opções em termos de riscos e rendimentos. Quando alguém compra títulos ordinários (*ordinary bonds*), cupons periódicos são atrelados para que recebam regularmente os juros pertinentes e, na data de vencimento o indivíduo recebe o valor principal final. Quando a pessoa adquire ações, ela recebe dividendos. Em ambos os casos os pagamentos derivam do fluxo de caixa do próprio emissor. Quando se compra produtos estruturados isso não ocorre: os pagamentos estão associados ao desempenho de um ou mais ativos subjacentes escolhidos pelo emissor.

Investimentos em ações e títulos convencionais se baseiam não apenas na avaliação que os investidores fazem do desempenho presente de uma empresa específica, mas de suas expectativas futuras em relação a ela. Já os investimentos em instrumentos financeiros estruturados se parecem mais com um **jogo – ou com apostas**. Quanto mais complexos os instrumentos, mais difícil é avaliar e prever de maneira correta e precisa o desempenho de todos os ativos envolvidos e calcular os riscos a eles associados. Para **vencer neste jogo**, é preciso ser um bom jogador: **perspicaz** e **imaginativo**, mas também **sortudo**. Em tempos de **"maré alta"**, e com um pouco de sorte, o investidor garantirá **enormes lucros** e se sentirá como um **verdadeiro rei**; em tempos de **"maré baixa"**, entretanto, a **sensação** não será **nada boa**.

No caso da crise financeira mundial, os produtos estruturados em questão eram Obrigações de Dívida Colateralizada (CDOs)[4] amparadas em hipotecas *subprime*. Trata-se de um tipo de garantia estruturada baseada em ativos cujos valores e pagamentos derivam de um portfólio de ativos subjacentes de renda fixa. Comenta-se que a primeira emissão de CDO ocorreu em 1987, na Grã-Bretanha, e foi realizada por banqueiros do já extinto Drexel Burnham Lambert.[5] Em vinte anos, o tamanho do mercado dessa instituição chegou a US$ 2 trilhões, mas o verdadeiro *boom* começou em 2004 e terminou em 2007 (Treanor, 2008).

Emitidos pelos principais bancos de investimento, e ostentando elevadas notas conferidas pelas grandes agências de classificação de ris-

---

4 – Sigla em inglês para Collateralized Debt Obligation (N.T.)

5 – Grande banco de investimentos norte-americano que faliu em fevereiro de 1990, depois do seu envolvimento em atividades ilegais no mercado de títulos de alto risco. Em seu auge, ocupou a posição de 5º maior banco de investimentos dos EUA. (N.T.)

cos, as CDOs foram efetivamente adquiridas por bancos, companhias de seguro, fundos mútuos de investimentos e outros investidores que se sentiram atraídos pelos altos rendimentos oferecidos. Em 2007, quando os tomadores de empréstimos *subprime* passaram a se tornar inadimplentes, esses investimentos começaram a ir pelos ares, liberando ondas de choque em todos os mercados financeiros mundiais. Em abril de 2009, o Fundo Monetário Internacional (FMI) estimou que o total de ativos tóxicos mantidos por bancos e outras instituições financeiras, principalmente nos países desenvolvidos, poderia chegar a US$ 4 trilhões, o que representaria forte ameaça de um processo sistemático de falências no sistema bancário (FMI, 2009a). Seis meses depois dessa afirmação, tais estimativas foram alteradas para cerca de US$ 3,4 trilhões (FMI, 2009b).

O desastre das CDOs e o fiasco dos empréstimos *subprime* ampliaram os efeitos um do outro.

Enquanto os investidores tiveram sorte, os rendimentos sobre investimentos em CDOs subiram às nuvens, trazendo com eles dinheiro em abundância. Isso enfraqueceu os incentivos à administração prudente das instituições financeiras. Os bons critérios no oferecimento de crédito se perderam, e empréstimos foram concedidos a milhões de famílias norte-americanas, e de outras nacionalidades, que apresentavam históricos creditícios ruins. Esses créditos jamais teriam sido liberados se os bancos não se mostrassem tão confiantes e livres de riscos por conta do influxo de dinheiro oriundo de transações em financiamentos *subprime* com base nas CDOs.

O fato é que esse exagero na concessão de empréstimos somente revelaria toda a sua gravidade quando os tomadores de crédito se tornassem inadimplentes e o mercado de CDOs entrasse em colapso.

O fracasso da regulamentação do Estado, a governança societária e a moralidade nos negócios

Terceiro fator. A crise ocorreu porque ninguém – nem o Estado nem a alta administração das empresas nem os acionistas – se deram ao trabalho de submeter essas transações com instrumentos financeiros tão perigosos e arriscados à devida supervisão e ao devido controle, antes que fosse tarde demais. Financiadores encarregados de realizar tais negociações acabaram recebendo total liberdade de ação; eles lucraram absurdamente, mas, por fim, foram longe demais.

Em janeiro de 2002, *sir* Howard Davies, o então presidente do Departamento de Serviços Financeiros (Financial Services Authority – FSA), do Reino Unido, fez uma confissão bastante interessante: "Recentemente, um banqueiro de uma instituição de investimentos descreveu-me a CDO sintética como um dos elementos mais tóxicos dos mercados financeiros nos dias de hoje. E quando um banqueiro do setor de investimentos fala sobre toxicidade, qualquer regulador deve certamente ficar alerta para o fato" (Treanor, 2008). Deveria, mas, aparentemente, não ficou, já que todas as transações em questão permaneceram fora do campo de visão dos órgãos reguladores. O Estado, portanto, falhou em desempenhar o principal papel que deveria exercer em uma economia de mercado: estabelecer as regras de negociação e fazer com que todos os empreendedores as cumprissem.

Esta se revelou a principal falha estrutural do **capitalismo ocidental**.

Seis anos mais tarde, quando já ocupava o cargo de diretor da London School of Economics, *sir* Howard Davies discutiu a questão com o jornal britânico *The Guardian*. De acordo com a renomada publicação, "a versão retificada foi de que, pelo fato de se sentirem atraídas pelos elevados lucros oferecidos, empresas seguradoras estavam adquirindo produtos que não conheciam profundamente. Pouca atenção foi dada aos riscos em potencial pelo fato de os resultados serem tão atraentes". *Sir* Howard Davies definiu os investidores em CDOs como "ingênuos" (Treanor, 2008).

Diz um provérbio russo que, às vezes, a **"ingenuidade é pior que o roubo"**. Se levarmos em consideração esta explicação apresentada por *sir* Howard Davies, o ditado certamente se aplica aqui.

Porém, esses compradores de CDOs que não se importaram em compreender a fundo o produto que estavam adquirindo e em avaliar os riscos intrínsecos a esses investimentos, não se limitavam a empresas seguradoras. Como já mencionado, o grupo incluía bancos e fundos mútuos de investimento, além de outras instituições financeiras e corporações que sequer estavam ligadas ao setor financeiro. Modelos de riscos criados e utilizados por bancos para atender a exigências regulatórias não identificaram as CDOs como instrumentos de risco (Treanor, 2008).

Não ficou sabendo... Não se importou em saber... Não agiu quando soube. Todas essas desculpas de caráter técnico, todas essas atitudes inconsequentes e, por fim, toda essa falta de responsabilidade por parte das pessoas responsáveis foram fundamentais para este verdadeiro desastre financeiro.

Todavia, dê apenas um passo à frente e novamente terá uma dimensão estrutural da crise: o fiasco das CDOs também foi o resultado do **fracasso dos mecanismos da governança societária**.

A percepção quanto à existência de um modelo corporativo ocidental, ou seja, um sistema corporativo anglo-saxão que funcionasse como uma espécie de "capitalismo do acionista" – estrutura na qual os donos das ações detêm controle efetivo sobre a alta administração, o que a impede de agir de maneira demasiadamente arriscada e/ou irresponsável – revelou-se um mito. Na vida real, a situação era justamente inversa. Os acionistas das principais instituições financeiras, e de várias empresas não ligadas ao setor financeiro, que "desmoronaram" no período de 2008-2009 por conta do aventureirismo, da ambição e da incapacidade da gerência dessas instituições/empresas para encontrar soluções para os problemas que se acumulavam, também fracassaram em se posicionar de maneira firme no sentido de proteger seus interesse e evitar essa má administração.

Dentro dessas empresas e instituições financeiras falidas, as vozes dos acionistas se mostraram inaudíveis. Diretores não executivos, que supostamente deveriam ter protegido os interesses dessas pessoas e exercido controle sobre a administração em nível gerencial se mostraram concordes com o que estava ocorrendo ou simplesmente não receberam acesso suficiente a informações importantes.

Em realidade, os principais interessados em uma grande corporação ocidental, ou anglo-saxônica, não são os acionistas propriamente ditos, mas os gerentes de ocupam elevadas posições hierárquicas na empresa. Esse domínio, que com frequência é efetivamente incontestado, leva a uma espécie de monopólio na tomada de decisões, contudo, as responsabilidades dessa mesma gerência pelos resultados atingidos permanecem obscuras. Entre outras coisas, esses indivíduos detêm enorme poder para estabelecer patamares elevadíssimos para seus próprios rendimentos que, aliás, em geral independem do desempenho e da lucratividade garantida pela corporação.

Neste sentido, o capitalismo anglo-saxão não é mais o mesmo do passado, uma vez que alguns de seus preceitos mais básicos já não se aplicam.

Além disso, esse modelo corporativo ocidental está em desacordo com a ideia fundamental por trás do próprio conceito de economia de mercado. Trata-se de uma ditadura totalmente baseada em poderes individuais, que busca apenas maximizar os lucros e garantir favorecimentos. Além de implicar em enormes perdas econômicas, esse sistema destruiu valores e ideais incrustados no próprio tecido das sociedades ocidentais liberais, causando a mais profunda crise de confiança desde o final da década de 1980, quando os EUA perderam espaço significativo para o Japão, que crescia de maneira acelerada, e o termo "**eurosclerose**"[6] era a definição mais popular para a situação das maiores economias do velho continente.

As atitudes dos banqueiros no sentido de proteger de modo ostensivo suas astronômicas bonificações, mesmo depois que suas próprias instituições faliram e tiveram de ser resgatadas pelo Estado – que, aliás, se utilizou do dinheiro dos contribuintes para fazê-lo –, manifestam uma clara destruição da ética ocidental, ou daquilo que sobrou dela, nos negócios e na sociedade. A mais popular justificativa dos financistas na época, ou seja, de que a menos que esses bônus fossem mantidos intactos indivíduos bastante talentosos (estariam eles se referindo às mesmas pessoas talentosas que engendraram esse fiasco financeiro?) não permaneceriam nas empresas é, ao mesmo tempo, cínica e confusa, pois vai contra o princípio básico sobre o qual repousa a economia de mercado: homens de negócios devem assumir responsabilidade por suas decisões e ações.

É óbvio que, em uma situação dessas, se tal princípio ainda fosse válido teria sido irrelevante e até ridículo sequer pensar em pagar **quaisquer** bônus. Essas operações de salvamento deveriam ter sido acompanhadas não apenas pelo banimento dessas bonificações, mas pela obrigatoriedade na substituição de todos os gerentes do alto escalão das instituições resgatadas, com ainda a imputação de medidas financeiras punitivas contra todos os responsáveis pelo ocorrido. Porém, nenhum governo teve a coragem de ir tão longe.

A triste verdade é que, no final, os principais responsáveis por toda essa catástrofe financeira, estão, em sua maioria, vivendo muito bem, enquanto milhões de pessoas afetadas ainda tentam se recuperar do ocorrido. Isso representa uma das maiores injustiças sociais do início do século XXI, além de mais um fracasso do capitalismo ocidental: **dessa vez de ordem moral**.

---

6 – Expressão criada ainda nos anos 1970 para descrever não apenas o período político, mas o padrão econômico vigente na Europa. Ele faz alusão ao termo médico "esclerose" e foi usado no âmbito econômico para descrever países que, a despeito do crescimento econômico registrado, sofriam com altos níveis de desemprego e com a lenta criação de vagas. (N.T.)

Talvez, no que diz respeito ao mundo dos negócios financeiros ocidentais, a própria noção de moralidade já tenha sido extirpada.

As investigações demonstraram que na esteira da crise, em um esforço desesperado para garantir algum fluxo de caixa, o Wachovia Bank, um dos maiores nos EUA (em 2008 a instituição foi comprada pelo Wells Fargo), lavou dinheiro oriundo do comércio de drogas pela máfia mexicana, em um total equivalente a um terço do PIB do México. O Bank of America também se envolveu em operações desse tipo (Winter, 2010).

De modo surpreendente (ou talvez nem tão surpreendente) isso não veio à tona nos noticiários, tampouco foi amplamente discutido em público. Para o Wachovia tudo terminou muito bem, já que a instituição conseguiu evitar um processo criminal pagando o que poderia ser considerado uma multa simbólica de US$ 160 milhões. Todavia, o banco se considerou incapaz de verificar transações no valor de US$ 420 bilhões (!?!?) possivelmente relacionadas à atividades de lavagem de dinheiro (Anderson, 2010). **Isso é um pouco difícil de engolir, não acha?**

Capítulo 11

O capitalismo ocidental ainda sobrevive, mas...

Depois da crise, o fim do capitalismo se tornou um tema popular entre políticos, economistas, jornalistas e até mesmo o público em geral no Ocidente. Conforme os governos tentavam salvar e estatizar grandes bancos, companhias de seguro e até mesmo algumas empresas, discutia-se muito o crescimento do papel econômico do Estado e a necessidade de fortificá-lo em longo prazo.

Acalme-se: esse não é o fim do capitalismo

Porém, toda essa retórica anticapitalista não ostentava uma base conceitual sólida e começou a se dissipar logo que as economias ocidentais iniciaram o processo de recuperação.

De fato, não há tendências de médio ou longo prazo no sentido de aumentar o envolvimento do Estado nas atividades econômicas. Portanto, os principais pilares do sistema capitalista ocidental se mantêm intactos: empresas privadas como principais participantes do jogo; alocação de recursos com base no mercado; maximização de lucros como mais importante objetivo da administração das empresas; e preços de mercado estabelecidos livremente pelos fabricantes/produtores dependendo da oferta e procura.

As operações de salvamento e as estatizações foram medidas temporárias

As operações de salvamento e as estatizações mencionadas foram apenas medidas temporárias, ou seja, somente operações emergenciais de resgate. Neste caso, conforme as empresas e instituições financeiras são reestruturadas e recolocadas nos trilhos, elas são novamente vendidas para investidores privados e o Estado acaba inclusive lucrando com a negociação. Os empréstimos feitos pelo governo também são pagos.

A maior parte dos US$ 700 bilhões do fundo estabelecido pelo governo norte-americano para ajudar bancos, instituições (como a American International Group – AIG) e empresas (como GM, Chrysler) em dificuldades, não chegou a ser desembolsada. De acordo com o Government Accountability Office (Gabinete de Contas do Governo dos EUA), até 30 de setembro de 2010, cerca de US$ 383 bilhões já haviam sido distribuídos; deste total, US$ 204 bilhões foram devidamente pagos. O fundo registrou a entrada de US$ 28 bilhões em juros, dividendos e lucros sobre os investimentos. Cerca de US$ 180 bilhões permaneciam pendentes.

O maior pacote de resgate, no valor total de US$ 182 bilhões, foi usado para salvar a AIG e está previsto para ser quitado ainda em 2012. De acordo com estimativas, pelos níveis atuais, até março de 2011 o Tesouro norte-americano já teria alcançado um lucro de US$ 40 bilhões sobre a operação. A AIG pagou seu saldo pendente de US$ 21 bilhões à filial nova-iorquina do Federal Reserve em janeiro de 2011 (Gogoi, 2011).

A última participação do governo dos EUA no Citigroup foi negociada em dezembro de 2010, e sua fatia de propriedade da GM (cerca de 1/3) também está sendo gradualmente transferida.

No final, os esquemas de resgate acabaram se transformando mais em operações comerciais que em doações dos cofres governamentais. Neste caso, o governo merece crédito por sua atuação.

Sim, o capitalismo ocidental definitivamente falhou. Porém, ele tem tentado encarar os problemas estruturais existentes em seu próprio arcabouço sistêmico e aprender com a crise. Todas as principais partes envolvidas – o Estado, as instituições financeiras e as famílias – estão se esforçando para melhorar e agir de maneira mais razoável. Na verdade, não lhes resta outra escolha.

A estrutura regulatória está se tornando melhor

O Estado tem reforçado a regulamentação e a supervisão de instituições financeiras. Ele também tem tomado medidas para conter comportamentos financeiros arriscados e prejudiciais. Transações com produtos estruturados encontram-se agora sob um controle mais rígido do que antes da crise.

A Lei pela Proteção do Consumidor e Reforma Dodd-Frank Wall Street,[1] aprovada pelo Congresso norte-americano e sancionada pelo presidente dos EUA, Barack Obama, em julho de 2010, representou um passo significativo, embora tardio, no sentido de estabelecer uma regulamentação e um sistema de gerenciamento de riscos capazes de enfrentar os desafios impostos pelo rápido surgimento de novos produtos financeiros e dos subsequentes arriscados jogos especulativos deles oriundos. Entre outras coisas, a legislação impede o uso do dinheiro dos contribuintes em operações de salvamento de instituições financeiras e estabelece um sofisticado sistema de alerta sobre a estabilidade econômica.

A lei endossa a versão modificada da Regra Volcker, limitando os investimentos dos bancos em fundos privados de ações *(equity funds)*, fundos de *hedge*[2]*(hedge funds)* e/ou negociações que visem salvaguardar

---

1 – Tradução livre para: Dodd-Frank Wall Street Reform and Consumer Protection Act. Trata-se de uma legislação polêmica, considerada nos EUA como a maior revisão das regras do sistema financeiro desde o *New Deal* (Novo Acordo). A lei modifica algumas das principais fontes de lucro do mercado, como a negociação de derivativos e de taxas de cartão de crédito, visando à proteção dos consumidores. (N.T.)

2 – Termo que vem do inglês e que significa salvaguarda. Um movimento de proteção ou estratégia para diminuir o nível de risco de uma determinada posição. Trata-se de uma operação financeira que pode ser realizada de diversas maneiras (por exemplo, através de opções ou derivativos) para proteger uma determinada posição contra indesejáveis variações futuras, por exemplo, fazendo um investimento de igual valor, mas em outro mercado. (Fonte: http://www.igf.com.br/aprende/glossario/glo_Resp.aspx?id=1561) (N.T.)

seu capital a não mais de 3% do seu capital Tier-1.[3] A fatia do banco também não pode exceder 3% da participação acionária *(ownership interest)* nos fundos mencionados. (A regra articulada por P. Volcker, ex-presidente da Fed (Reserva Federal dos EUA), nas administrações Jimmy Carter e Ronald Reagan, e ex-presidente do Conselho para Recuperação Econômica do país, na gestão de Obama, inicialmente proibiu bancos e instituições financeiras de possuírem fundos privados de ações ou fundos de *hedge* ou de investirem neles, e também de se envolverem em quaisquer negócios especulativos que não fossem solicitados pelos próprios clientes. O objetivo era restringir investimentos de cunho especulativo). A gama de produtos especulativos coberta pela regra acabou se revelando mais ampla do que inicialmente proposto pela administração.

A lei bane os supostos conflitos de interesse: em outras palavras, ela impede que os bancos se envolvam em temerárias operações de risco à custa de seus clientes. Ela evita que essas instituições criem instrumentos financeiros baseados em produtos questionáveis, vendendo-os para seus clientes e então atuando contra eles, apostando no fracasso do próprio instrumento. Os bancos são obrigados a informar aos reguladores, de maneira clara, suas relações com fundos de *hedge* e fundos de ações, e a convencê-los de que tais relacionamentos não implicam os já mencionados conflitos de interesse.

Além disso, um conjunto de instituições financeiras não bancárias também será supervisionado pela Fed, como se elas fossem empresas controladoras de um ou mais bancos *(bank holding companies)*.

Antes da aprovação da lei, os consultores financeiros que ao longo dos últimos 15 meses possuíssem menos de 15 clientes, e não se apresentassem formalmente ao público em geral como profissionais dessa área, estavam isentos da exigência de registro na Comissão de Títulos e Câmbio Americana (SEC). Todavia, essa isenção foi eliminada, o que tornou compulsório o registro de muitos consultores, fundos de *hedge* e fundos privados de ações.

---

3 – Trata-se de uma avaliação da saúde financeira de um banco, do ponto de vista de um regulador. Ele consiste primariamente do capital próprio da instituição, mas pode também incluir ações preferenciais, desde que estas não sejam resgatáveis. (Fonte: http://www.thinkfn.com/wikibolsa/Tier_1) (N.T.)

A supervisão de transações de balcão com derivativos também foi reforçada. Além disso, a lei encoraja o uso de bolsas de valores e câmaras de compensação para a negociação desses derivativos, em vez das tradicionais negociações de balcão.

O processo de securitização garantido por ativos foi aprimorado com a proibição do *hedging* ou da transferência de riscos de crédito sem a retenção dos juros relacionados ao ativo. Atualmente, para uma hipoteca residencial, não menos que 5% do risco de crédito precisa ser retido.

Contudo, ainda há muito que precisa ser feito. Por exemplo, os derivativos financeiros ainda não estão totalmente quantificados nos balanços financeiros dos bancos (Gandel, 2011).

As instituições financeiras se recuperam e aprimoram seus sistemas de gerenciamento de riscos

Os principais bancos e as mais importantes instituições financeiras do Ocidente já iniciaram um processo de recuperação, concentrando-se em suas atividades básicas e deixando de lado transações com instrumentos de alto risco e potencialmente tóxicas.

A proporção capital-ativos aumentou, em especial nos EUA. A partir do segundo semestre de 2011, os quatro maiores bancos norte-americanos (Bank of America, J.P. Morgan, Citigroup e Wells Fargo) mantinham capitais equivalentes a 11% de seus empréstimos em aberto, em comparação aos 9% apresentados no final de 2008. A proporção para a média na UE subiu de 5,9%, no final de 2007, para 6,5%, no final de 2010 (Gandel, 2010).

No ano de 2010, os 10 maiores bancos europeus registraram lucros líquidos conjuntos de cerca de US$ 67 bilhões: 25% a mais que no ano anterior (embora tanto a Alemanha quanto a França tivessem imposto taxas especiais sobre os ativos e as obrigações dos bancos). Todas as instituições ostentaram saldo credor, exceto o Royal Bank of Scotland. Todavia, este último também se mostrou lucrativo no quarto trimestre, e sua perda líquida anual caiu para um terço do nível apresentado em 2009.

Os lucros foram gerados primeiramente na principal área de negócios bancários: as operações comerciais, especialmente as de varejo. O UBS se tornou lucrativo pela primeira vez desde 2006; o BNP Paribas aumentou sua lucratividade em mais de 30%, o HSBC, em 2,2 vezes e o Société Générale, em cinco vezes (Nikkei, 2011b).

Porém, como um legado da crise, a Europa possui hoje uma série de bancos fracos cujas reservas de capital são pequenas. Estas instituições apresentam muitos investimentos em ativos duvidosos e fontes de financiamento instáveis, e se mostram bastante vulneráveis a eventuais choques futuros.

Nos EUA, no quarto trimestre de 2010, dos seis maiores bancos, somente o Bank of America sofreu perdas líquidas, pois estava recomprando títulos hipotecários, enquanto o J.P. Morgan Chase, o Wells Fargo e o Morgan Stanley aumentaram seus lucros ano após ano, em 47%, 21% e 88%, respectivamente. Também em 2010, o Citigroup registrou lucros líquidos de US$ 1,3 bilhão, mas no ano seguinte (2011) sofreu perdas líquidas. Os lucros líquidos do Goldman Sacks também caíram (Nikkei, 2011c).

Como instrumento financeiro, as CDOs parecem ter alcançado um ponto de irreversibilidade. Bancos de investimento que trabalham com produtos estruturados surgiram com planos de resgate para seus clientes, reestruturando os produtos e estendendo seus vencimentos.

Os emprestadores estão avaliando mais cuidadosamente os tomadores de financiamentos e endurecendo seus critérios para a concessão de crédito: hoje o maior problema não é mais o **excesso de financiamento**, mas o **arrocho no crédito**. Os bancos se recusam a emprestar dinheiro até mesmo para clientes bastante confiáveis.

O monitoramento dos beneficiários de empréstimos hipotecários foi significativamente reforçado, o que conteve a expansão de crédito – e provocou dois problemas completamente distintos: apatia na demanda por novos imóveis e prolongada deflação de ativos.

A escala da securitização de empréstimos imobiliários nos EUA caiu significativamente e, na época em que este livro estava sendo escrito, se limitava aos segmentos de imóveis para escritórios e varejo, que foram menos afetados pela crise que os residenciais. Em 2010, havia menos de 10 securitizações para imóveis comerciais, com um valor total de não mais de US$ 10 bilhões; os participantes do mercado esperam que esse número suba para US$ 40 bilhões a US$ 55 bilhões em 2011, em comparação aos US$ 230 bilhões registrados em 2007. Todos planejam atuar de um modo mais prudente e razoável do que fizeram no período que antecedeu a crise. "Ninguém acredita que um dia alcançaremos os números registrados em 2007, pois algumas práticas de fornecimento de crédito não eram sustentáveis," explicou Ben Aitkenhead, o dirigente do setor de CMBSs (Commercial Mortgage-Based Securities) norte-americanas, na Credit Suisse. "Contudo, atingir um valor anual de US$ 100 bilhões dentro dos próximos dois anos me parece uma meta realista" (Alexander, 2011).

Além disso, de modo notável, gerenciadores de CDOs, veículos de investimentos estruturados fora dos balanços (SIVs, na sigla em inglês) e negociadores de papéis comerciais garantidos por ativos (ou seja, indivíduos que investem em produtos cujas taxas são flutuantes), efetivamente desapareceram como investidores em CMBCs. Atualmente os compradores se mostram mais avessos aos riscos e preferem taxas fixas: companhias seguradoras, administradores de grandes fundos, bancos e especialistas em fundos de *hedge* (Alexander, 2011).

Na Europa pós-crise, a quantidade e a escala das securitizações ainda permanecem ínfimas.

De modo geral, o capitalismo financeiro ocidental do período posterior à crise está reavaliando seu comportamento, se tornando mais cauteloso e consciente em relação aos riscos. Nessa nova década (2010), o sistema está começando a se distanciar de procedimentos que mais se parecem com apostas financeiras aventureiras e destrutivas. Pelo menos por enquanto.

Porém, o legado da crise ainda permanece: os problemas por ela gerados são demasiadamente complexos para serem solucionados em apenas poucos anos. Questões relacionadas a hipotecas ainda representam enormes obstáculos nos EUA, limitando de modo significativo as negociações e as receitas de grandes bancos. A partir do outono norte-americano (setembro) de 2011, em meio a uma queda contínua no preço dos imóveis residenciais, o número de devedores com sérias dificuldades para honrar suas dívidas hipotecárias continua a subir. Além disso, os bancos têm enfrentado grandes perdas nos processos instaurados contra eles, pelo governo e por investidores privados, por conta dos títulos ruins lastreados em hipotecas (Gandel, 2011).

Em contrapartida, os bancos da Europa estão enfrentando novas dificuldades oriundas da crise das dívidas soberanas: muitos títulos governamentais adquiridos pelas instituições financeiras europeias estão se tornando ativos duvidosos. Sob tais circunstâncias, até mesmo a situação dos grandes bancos, como o Société Générale, tem causado grandes preocupações.

As famílias poupam mais e tomam menos dinheiro emprestado

Por fim, em termos financeiros, a crise tornou muitas famílias ocidentais mais conservadoras do que costumavam ser. Em alguns países, já há inclusive sinais de um leve aumento nos percentuais poupados. O endividamento está em queda.

Nos EUA, o total líquido poupado pelas famílias subiu de 1,7% em 2007 para 4,3% em 2009. Então esse índice voltou a crescer, alcançando 6% no final de 2010 até o início de 2011 (Bureau of Economic Analysis, 2011a). A proporção das dívidas familiares em comparação à receita disponível em 2010 caiu para 118%, depois de atingir o recorde de 130%, em 2007 (Glick e Lansing, 2010).

Em 2009, a proporção da poupança bruta relativa à renda disponível cresceu em comparação ao ano anterior, indo de 1,5% para 7% no RU; de 12,9% para 18,8%, na Espanha; de 6,4% para 8,8%, em Portugal; e de 15,3% para 16,3%, na França (Global Finance, 2011).

Nos EUA e no RU, os totais de dívidas pendentes das famílias caíram, até mesmo em termos absolutos, e a região do euro registrou um dramático declínio em sua taxa de crescimento.

O Ocidente já adentrou o estágio de ajustes necessário para encarar os problemas estruturais que provocaram a crise de 2008-2009. O capitalismo ocidental está se tornando – ou pelo menos tentando se tornar – mais cauteloso, prudente e racional. Embora esses acertos imponham limitações sobre o crescimento em curto prazo, desde que sejam persistentes, tais ajustes tornarão os EUA e a Europa estruturalmente mais fortes e em melhores condições para acelerar seu crescimento.

Entretanto, outros impedimentos estruturais ao crescimento têm se tornado mais críticos. O preço a ser pago pelas políticas de estímulo não convencionais nos anos de crise será bem alto, e o período destinado ao pagamento dessa dívida será longo. Os tempos serão difíceis.

Atraindo crocodilos e as economias ocidentais

Em algumas casas de jogos no Japão ainda se consegue encontrar um jogo chamado *Atraindo Crocodilos* (*Crocodile Attraction*) – um jogo excitante que, em minha opinião, abriga um **significado filosófico**. Seu auge em termos de popularidade já passou: jogos de computador tecnologicamente bem mais sofisticados estão em alta, mesmo assim, espero que *Atraindo Crocodilos* sobreviva a tudo isso, pois é **único**, **fascinante** e **inteligente**.

Funciona assim: o jogador insere uma moeda de 100 ienes na máquina e ganha um martelo de madeira. Com ele o indivíduo precisa golpear a cabeça de cerca de 10 crocodilos. Os animais emergem de buracos localizados no fundo do cenário e deslizam na direção do jogador, cada um em seu próprio "canal". Se o jogador conseguir bater na cabeça do crocodilo antes de ele alcançar seu destino, o animal chora e diz: **"Isso dói"**, então ele dá meia volta e desaparece em seu buraco (para reaparecer alguns segundos mais tarde), enquanto a pessoa marca pontos. Todavia, se o jogador falhar e permitir que o crocodilo alcance seu alvo, o animal também retornará ao seu buraco de origem, só que desta vez orgulhoso por ter realizado a façanha e ainda feito o indivíduo perder o ponto. A "pegadinha" desse jogo é o fato de os animais aparecerem cada vez mais rápido, e até de maneira simultânea. Chega o momento em que o jogador simplesmente não dispõe de tempo, tampouco de energia, para golpear todos os crocodilos – a menos que trabalhe de maneira dura e ininterrupta. Em geral, o jogador consegue atingir um, dois ou até três crocodilos, mas nesse mesmo instante dois ou três outros aparecem e desaparecem sem ser incomodados.

Pois é exatamente isso o que tem ocorrido com as maiores economias ocidentais desde o início da crise de 2008-2009, até hoje. O Ocidente já conseguiu golpear alguns animais bem conhecidos, como o **"fornecimento exagerado e a tomada excessiva de crédito"**, a **"poupança reduzida e o consumo insustentável"**, o **"controle, supervisão e monitoramento ineficientes"** e as **"transações financeiras arriscadas"**. Por enquanto esses animais retornaram para seus buracos. Porém, enquanto os governos e as comunidades empresariais ocidentais atacam esses bichos, outros grandes crocodilos (ou seja, enormes **problemas estruturais**) emergem diante de seus olhos. O problema é que está ficando difícil – ou talvez até impossível – enviá-los de volta para suas tocas.

Nos dias de hoje, os maiores crocodilos do Ocidente são: 1º) o crescimento das dívidas públicas e 2º) os gastos pesados com a previdência social. Em função das despesas governamentais sem precedentes, a crise de 2008-2009 tornou ambos os problemas bem mais críticos que antes.

É desnecessário dizer que a **China** também **tem seus próprios crocodilos**. Porém – e continuando a analogia com o mundo animal – durante seu rápido crescimento o país tem se mostrado bem-sucedido em golpear cada um desses repteis, mantendo-se sempre à frente. Em contrapartida, o Ocidente se vê obrigado a caminhar lentamente, alternando os pés em um território desconhecido – como um novato que joga pela primeira vez. Os crocodilos não lhe permitem seguir adiante com rapidez. Em outras palavras, os problemas estruturais do Ocidente, exacerbados pela crise, estão retardando seu crescimento pós-crise. E é bem provável que essa situação perdure por um longo tempo – **talvez por toda a década e até além**.

O aumento das dívidas públicas como o maior de todos os crocodilos

No período de 2008-2009, com o intuito de manter as economias nacionais vivas, os governos ocidentais se viram forçados a criar pacotes de estímulo em uma escala jamais vista até então – esquecendo-se, temporariamente, das limitações orçamentárias que estavam enfrentando. Seria ingênuo da parte deles esperar que tamanha extravagância nos gastos não acabaria incorrendo em graves consequências no longo prazo.

Nos anos que antecederam a crise, a maioria dos governos do Ocidente trabalhou arduamente no sentido de controlar seus déficits no orçamento e atingir resultados positivos (Tabela 11.1). Porém, os enormes gastos durante o período de crise contribuíram para fragilizar todos esses esforços.

Em vários países europeus (Itália, Grécia, Espanha, Suécia, e na região do euro como um todo), a mudança na proporção da dívida pública bruta em relação ao PIB assumiu a forma de um "V": antes da crise os números estavam em queda, mas no período 2008-2009, voltaram a subir.

Na França, no RU, na Alemanha e nos EUA, entre os anos de 2000 e 2007, essa proporção já estava em plena elevação, mas no período de 2008-2009, o ritmo de crescimento se acelerou de modo dramático.

Contudo, foi no Japão que se registrou a pior situação: embora antes de 2007 a proporção já estivesse em rápido crescimento, no período de 2008-2009 o ritmo se acelerou ainda mais. As condições em Portugal eram similares, todavia, a proporção se mantinha bem menor que a japonesa.

Nos anos de crise, os residuais das dívidas públicas subiram vertiginosamente não apenas nos países em que o alto endividamento já havia se

Tabela 11.1 – Dívida pública bruta como percentual do PIB

	2000	2007	2008	2009
Japão	135,4	167	173,8	192,9
Itália	121,6	112,4	114,7	128,8
Grécia	114,9	104,3	104,6	119
Toda a OCDE	69,6	73	79	90,3
Portugal	62	71,1	75,2	87
França	65,6	69,9	75,7	86,3
EUA	54,5	61,9	70,4	83
RU	45,1	47,4	46,7	51,8
Alemanha	60,4	65,3	68,8	76,2
Espanha	60,4	65,3	68,8	76,2
Suécia	64,3	47,4	46,7	51,8
Suíça	52,4	46,5	42,4	41,6

FONTE: Banco de dados da OCDE Economic Outlook 87, junho de 2010.

tornado uma forte dor de cabeça – como Japão, Itália ou Grécia –, mas também em lugares onde a **proporção dívida/PIB** antes da crise era comparativamente baixa – EUA, RU, França, Alemanha e Portugal.

Na Espanha e na Suécia, e também na Holanda, na Finlândia e em Luxemburgo, o fardo das dívidas permaneceu um pouco menos pesado, embora as proporções tenham se tornado maiores (em especial na Espanha) no período de 2008-2009. Talvez a única exceção tenha sido registrada na Suíça, onde a dívida permaneceu em queda ao longo de toda a década, incluindo nos anos da crise.

No caso dos países que compõem a OCDE, na década de 1990 a proporção dívida/PIB pairou na casa dos 70%, subindo de maneira leve em 2007 e finalmente alcançando 90% em 2009. No período pós-crise, praticamente todos os principais países do Ocidente não tiveram outra escolha a não ser definir como **prioridade máxima uma drástica redução em suas dívidas públicas.**

Atualmente, toda a atenção do mundo está concentrada nos vários países europeus que estão enfrentando a mais profunda crise jamais vista nas finanças públicas e no mercado de títulos soberanos: Grécia (onde ainda há riscos de calote), Irlanda, Portugal, Espanha e Itália, que já revelaram políticas emergenciais de austeridade. Contudo, as maiores potências ocidentais também não poderão evitar medidas no sentido de reduzir dramaticamente suas dívidas.

No outono europeu de 2010 (setembro), o governo conservador britânico implementou os maiores cortes públicos da história do país no período pós-guerra: £ 81 bilhões (US$ 128) em gastos governamentais terão de ser cortados até 2015. Juntamente com alguns aumentos nos impostos, os britânicos esperam reduzir o déficit orçamentário em £ 109 bilhões (US$ 172 bilhões). Os gastos com saúde, educação e auxílio a países do exterior serão mantidos nos níveis vigentes ou até mesmo ampliados; os projetos tecnológicos do governo no setor de transportes e captura de gás carbônico, também deverão prosseguir conforme planejado. Todas as demais despesas terão de ser reduzidas, sendo que os cortes por departamento serão de 19%, em média. Cerca de 500 mil empregos no setor público serão perdidos (AP, 2010).

Na Alemanha, os gastos públicos devem ser cortados em mais de € 80 bilhões (US$ 96 bilhões) até 2014. Até 15 mil vagas no setor público deixarão de existir. A porção máxima possível do déficit estrutural do país terá de ser reduzida para apenas 0,35% do PIB até 2016 – o que representa pouco mais de 1/10 dos 3% estabelecidos pelo Pacto de Estabilidade e Crescimento (PEC) da UE. Os cortes líquidos irão gradualmente aumentar, indo de € 11,1 bilhões, em 2011, para € 16,1 bilhões, em 2012, € 25,7 bilhões, em 2013 e 32,4 bilhões, em 2014. Novos impostos serão aplicados sobre os setores de energia nuclear e viagens aéreas. Haverá também a aplicação de impostos bancários (Peel, 2010).

Na França, antes de deixar o cargo, o então presidente Nicolas Sarkozy, elaborou um plano para reduzir o déficit orçamentário do governo de € 152 bilhões (US$ 207 bilhões) em 2010 para € 92 bilhões em 2011. O objetivo de Sarkozy era diminuir o déficit público total (o que incluía o governo central, os governos locais e o orçamento previdenciário) para 6% do PIB em 2011 – o índice acabaria ficando em 5,2% – e para 2%, em 2014 –, perfazendo a maior correção orçamentária do país em todo o período pós-guerra. Mais de 30 mil funcionários públicos teriam de se aposentar, mas não haveria substitutos. Os gastos do Estado, exceto os relacionados ao suporte aos fundos de pensão e ao pagamento da dívida do governo, seriam congelados nos níveis vigentes. Isso incluiria as transferências para governos locais e regionais. O fechamento de brechas tributárias se traduziria em um aumento nos impostos não apenas para categorias específicas de trabalhadores, mas também para investimentos nos setores de seguro e imobiliário.

Como se pode perceber, a Europa está rapidamente adotando o conservadorismo financeiro. Porém, nos EUA, país que ainda está sendo governado pelo presidente Barack Obama (2012), a situação permanece mais complicada.

Definitivamente, o presidente Obama não é a pessoa certa para iniciar e/ou implementar cortes orçamentários de grande escala. De modo geral, ele parece confortável com o envolvimento ativo do Estado na economia, o que, essencialmente, exige a disponibilização de fundos substanciais. Ele é favorável ao aumento de impostos para os mais ricos visando atender aos mais pobres, e se mostra bastante inclinado à preservação e, sempre que possível, à ampliação das redes de segurança social.

Mesmo quando a situação da dívida púbica norte-americana se tornava crítica, na esteira dos extravagantes gastos ocorridos no período de 2008-2009, o presidente Obama não se mostrou ansioso em estabelecer um austero pacote financeiro. Aliás, ele demonstrou ainda menos persistência e vontade política para colocar as finanças do país no prumo, que os líderes de quaisquer nações europeias de peso. Em termos políticos, pareceu-lhe bem mais fácil prosseguir com os gastos e enfatizar sua intenção de apoiar uma frágil recuperação.

Em curto prazo, essa abordagem até funcionou: em 2010 a economia dos EUA parecia estar melhor que a de qualquer importante país europeu – com exceção, talvez, da Alemanha. Todavia, no campo das reformas orçamentárias, a administração Obama perdeu tempo e deu aos republicanos uma excelente chance de suprir o vácuo político. Infelizmente para o presidente e candidato a reeleição, Barack Obama, este é exatamente o campo que atraiu mais atenção pública bem na véspera das eleições presidenciais de 2012.

Na verdade, foi somente em abril de 2011 que o presidente Obama esboçou sua visão política financeira. A exposição ocorreu durante um discurso na George Washington University, e o pacote apresentado continha aumentos de impostos e cortes de gastos que objetivavam a redução do déficit em US$ 4 trilhões até 2023. Na época, estimava-se que os aumentos de impostos, começando pela taxação mais pesada sobre os ricos (por meio da abolição dos cortes nos impostos implementados na gestão de George W. Bush (filho) e do fechamento de brechas tributárias), suprissem o valor equivalente a 1/4 da redução total esperada. Foram propostos cortes nas despesas discricionárias dos setores de defesa e não defesa, nos subsídios agrícolas, no seguro de pensão federal e nas medidas antifraude. As redes de segurança social foram deixadas praticamente intocadas. Além disso, o presidente se comprometeu a ativar até 2014 o mecanismo denominado *fail-safe*[4], um gatilho automático de corte de gastos que, supostamente, desencadearia uma redução geral nas despesas, caso as projeções de longo prazo para o déficit não se mostrassem mais positivas. Todavia, também neste caso, esse mecanismo não se aplicaria à Previdência Social, aos programas de baixa renda ou aos benefícios vigentes no setor da saúde (Roth, 2011).

Do outro lado, o Congresso norte-americano, controlado pelos republicanos, resolveu adotar uma estratégia não vinculativa e optar por um pacote de austeridade totalmente distinto, anunciado por Paul Ryan, presidente do Comitê de Orçamento da Câmara e candidato a vice-presidente pelo Partido Republicano. O plano Ryan, como ficou conhecido, exigia uma redução de gastos de até US$ 5,8 trilhões ao longo de 10 anos – a maior em toda a história dos EUA; também constam do plano a redução nas taxas de impostos para empresas e famílias ricas (e também a eliminação de brechas tributárias) e cortes significativos nos gastos sociais, começando pelo programa **Medicaid**.[5] De modo notável, pouco antes da aprovação do plano Ryan, o congresso também aprovou leis que cortavam US$ 38,5 bilhões do orçamento nacional para o período restante de quatro meses e meio do ano fiscal de 2011, que terminaria em setembro.

Então, em setembro de 2011, o presidente Obama propôs um pacote de US$ 3,1 trilhões em cortes e aumento de impostos para os dez anos seguintes, a partir de 2013. Dessa vez, o projeto também incluía reduções

---

4 – Termo usado em inglês, cujo significado, neste caso, é **mecanismo estabilizador**. (N.T.)

5 – Trata-se de um tipo de seguro saúde para famílias mais pobres, subsidiado pelos governos federal e estadual. (N.T.)

no **Medicare**[6] e no Medicaid (US$ 248 bilhões e US$ 72 bilhões, respectivamente), e ainda supressão nos subsídios agrícolas e nos benefícios oferecidos ao funcionalismo público. Um trilhão de dólares seriam economizados pela transferência das tropas norte-americanas do Afeganistão para uma missão liderada por civis no Iraque. Um aumento na arrecadação de impostos de US$ 1,5 trilhões ocorreria em função da expiração de cortes tributários introduzidos durante a gestão Bush e da eliminação de brechas tributárias para as empresas. Os aumentos de impostos estavam associados a medidas para a criação de empregos.

A onda neoconservadora nos EUA, não somente no âmbito político, mas em toda a sociedade norte-americana (Salve o *Tea-Party*![7]), está ganhando força. Em contrapartida, para o presidente Obama tem se tornado cada vez mais difícil nadar contra a corrente, considerando o **capital político** que ele amealhou durante esses vários anos. O fato é que seu espaço para manobras está se tornando cada vez mais limitado.

Por outro lado, depois de garantir uma confortável maioria no Congresso, os republicanos começaram a pressionar a administração, em especial no que diz respeito a questões relacionadas à política financeira do país. Isso os ajudou a alterar de maneira drástica o cenário político doméstico, e em um espaço de tempo inacreditavelmente curto. De acordo com pesquisas realizadas, desde o início de junho de 2011 o índice de popularidade do ex-governador de Massachusetts Mitt Romney, candidato do GOP[8] à disputa pela presidência dos EUA, já alcançou o do próprio presidente em exercício.

Nos contextos econômico e político do início da década de 2010, a "**Obamanomics**", ou seja, a essência das políticas sociais e econômicas do presidente, está fadada ao fracasso. Isso significa que, ou Barack Obama adota uma posição mais proativa em relação aos cortes nos gastos públicos e à redução do déficit (em vez de se concentrar no aumento de impostos),

---

6 – Trata-se de um sistema de seguro saúde gerido pelo governo dos EUA e destinado às pessoas de idade igual ou superior a 65 anos ou que se encaixem em critérios específicos de rendimento. (N.T.)

7 – Referência a um movimento norte-americano que defende adesão total à Constituição dos EUA, com a redução dos gastos do governo, da dívida pública e do déficit orçamentário. Estima-se que o movimento seja uma mescla de conservador, libertário e populista. Desde 2009, seus seguidores têm apoiados candidatos políticos nos EUA. (N.T.)

8 – Sigla para *Grand Old Party*, apelido do Partido Republicano dos EUA. (N.T.)

ou perderá as próximas eleições[9]. Como já mencionado, os EUA como um todo está adotando uma postura **neoconservadora**.

Como nunca testemunhado até hoje, em termos fiscais, o Ocidente precisa se dedicar a colocar a casa em ordem. Esta é a dura realidade da década de 2010, e um triste legado da crise de 2008-2009. As coisas foram longe demais. Na França, por exemplo, os juros a serem pagos sobre a dívida pública já se aproximam do orçamento destinado à educação – que, aliás, representa o item de maior investimento no país. Tecnicamente, os EUA estiveram na eminência de se tornar inadimplentes, até que às vésperas do prazo, 2 de agosto de 2011, o Congresso do país finalmente concordou em elevar o teto da dívida pública. Por conta dessa situação, pela primeira vez na história a Standard & Poor's, uma das principais agências de classificação de risco do mundo, rebaixou a nota dos Títulos do Tesouro norte-americanos de AAA para AA+.

O fato é que, mesmo depois do final da crise as economias ocidentais permanecem doentes. O remédio necessário para curá-las são tão fortes que, enquanto estiverem sendo administrados, elas somente conseguirão se **mover de maneira lenta**, **tossindo** e **espirrando** – talvez até **sangrando**.

Para a maioria dos governos ocidentais, pelo menos a primeira metade da década de 2010 foi um período de duras limitações financeiras, o que deixou pouquíssimo espaço para a utilização de gastos orçamentários em estímulos ao crescimento. A emissão de títulos públicos em grande escala acabou desalojando investimentos privados. Também não foi exequível tentar encorajar o crescimento relaxando políticas monetárias, já que as taxas de juros ficaram extremamente baixas e as pressões inflacionárias só aumentaram. Uma política mista incluindo cortes profundos nos gastos e aumento dos impostos não apenas afeta de maneira negativa a renda disponível das famílias, mas também restringiu várias atividades econômicas e causou tensões sociais e até mesmo uma certa intranquilidade. Grandes manifestações antigovernistas, às vezes violentas, que tomaram as ruas de Atenas, Lisboa, Madri, Paris foram vistas como um prelúdio e servir de alerta para o resto do mundo. Inúmeros protestos e saques em Londres e em outras cidades britânicas em agosto de 2011 e, em especial, o movi-

---

9 – Barack Obama foi reeleito presidente na eleição de 2012.

mento *Ocupe Wall Street*,¹⁰ também já estão fazendo soar os gongos. Esses eventos dramáticos refletem o desespero e a ira de um número crescente de **destituídos** que se sentem cada vez mais traídos por seus governos. Mais e mais, essas manifestações nos fazem lembrar os confrontos entre classes sociais, quase no melhor estilo da **tradição marxista**.

Mudando um pouco a ótica, torna-se óbvio que toda essa austeridade financeira encerra o debate sobre a migração das economias ocidentais para um capitalismo de Estado – algo amplamente previsto e com frequência até exigido durante os anos de crise. Nos dias de hoje os governos simplesmente não poderiam arcar com esse sistema.

Portanto, como já mencionado, o futuro econômico do Ocidente dependerá enormemente de sua habilidade para fazer bem mais do que tem feito – mesmo enfrentando duras restrições financeiras – no sentido de ajudar empreendimentos domésticos a aumentarem sua competitividade global e capturarem mercados no mundo em desenvolvimento, em especial o da China. Os EUA, a Europa e o Japão precisam de políticas governamentais fortes que ofereçam apoio às exportações e ao aprimoramento de seus setores industriais. Em contrapartida, se em meio a essa onda neoconservadora tal aspecto for negligenciado, o poder econômico global das maiores potências ocidentais irá enfraquecer em um ritmo cada vez mais veloz.

O Estado previdenciário precisa sofrer mais cortes, e de maneira mais rápida

Desde os anos 1990, conforme a expectativa de vida subia e as taxas de natalidade caíam, juntamente com a fatia populacional em idade de trabalhar, a maioria dos países do Ocidente, principalmente na Europa, começou a reformular seus sistemas previdenciários com o intuito de conter o aumento de impostos, contribuições e despesas sociais. Como resultado, os benefícios previdenciários, em especial as aposentadorias e os pagamentos

---

10 – Tradução livre para *Ocupy Wall Street*. Movimento iniciado em setembro de 2011 contra a desigualdade econômica e social, a ganância, a corrupção e a indevida influência das empresas – sobretudo do setor financeiro – no governo dos EUA. Vale lembrar que Wall Street é o centro da comunidade financeira de Nova York, e também o nome da rua, em Manhattan, onde estão localizadas a Bolsa de Valores de Nova York, várias bolsas de mercadorias e as sedes dos principais bancos. (N.T.)

de seguros-saúde, foram gradualmente reduzidos em escala. Vários países elevaram a idade para aposentadoria. Para garantir a sobrevivência após se aposentar, nos casos de invalidez e outros, as pessoas precisam poupar cada vez mais por conta própria, confiando o gerenciamento do dinheiro que conseguiram acumular ao longo da vida a fundos de pensão e outras instituições financeiras.

Ainda assim, na década de 2000, a proporção dos gastos públicos sociais em relação ao PIB continuou a subir na maioria dos países ocidentais – com algumas notáveis exceções, como Alemanha e Suécia, que conseguiram reduzi-las (Tabela 11.2).

Enquanto indivíduos desempregados contam com altos benefícios previdenciários comparados aos próprios vencimentos durante a época em que estavam empregados, os que estão trabalhando atualmente não se sentem motivados a trabalhar duro, já que uma parte substancial do aumento de seus salários será engolida pelos altos impostos e pelas elevadas contribuições à previdência pública. Do outro lado, os empregadores evitam novas contratações, pois são obrigados a compartilhar o pesado fardo da previdência social. Isso eleva as taxas de desemprego.

Tabela 11.2 – Gastos sociais públicos brutos como percentual do PIB (%)

	2001	2007
França	32	32,8
Suécia	33,6	32,1
Itália	27,1	28,8
Alemanha	29,8	28,4
Espanha	27,4	28,2
Espanha	22,3	24,1
RU	22,1	23,3
Japão	18,9	20,3
EUA	16,3	17,4
Total OCDE★	22,3	28

★ OCDE-23 países em 2001 e OCDE-27 países em 2007.
Fonte: OCDE. Social Expenditure Database.

De modo geral, um Estado previdenciário demasiadamente grande reduz a eficiência do uso dos recursos humanos do país – esta é a questão **fundamental**, e de importância **primária**, que precisa ser abordada de maneira séria pelo Ocidente, principalmente diante do desafio chinês.

Além disso, há outra questão um tanto delicada relacionada ao Estado previdenciário que demanda muita atenção. O fato de ela não ser amplamente comentada se deve à sua sensibilidade. A criação e a expansão de sistemas de segurança social foram impulsionadas pela luta por justiça social. Todavia, os sistemas de hoje tornaram-se bastante injustos com os membros trabalhadores das famílias, em especial aqueles cuja idade varia entre 30 a 40 anos – idade em que, pela lógica, as atividades de consumo alcançam seu pico. Esses trabalhadores se veem obrigados a pagar cada vez mais para sustentar não apenas pessoas mais velhas aposentadas como outros beneficiários da previdência, enquanto suas próprias despesas domésticas – compra de imóvel, criação dos filhos – em geral alcançam seu nível mais elevado. Vale ressaltar que, na sociedade desenvolvida em que vivemos, um número substancial de indivíduos beneficiados pela previdência está em melhores condições de vida que aqueles que os sustentam!

O quadro é mais ou menos o seguinte: enquanto um rapaz de 30 ou 40 anos, com o rosto pálido e aparência cansada, trabalha duro para sustentar a família com um apertado orçamento familiar, e pensa dez vezes antes de comprar uma lata de cerveja a mais ou tomar uma simples xícara de café na Starbucks, homens bem de vida em seus 65 ou 70 anos de idade, ou até mais, relaxam jogando tênis ou golfe, fazendo viagens turísticas pelo mundo e adquirindo, sem qualquer hesitação, diamantes e casacos de pele para suas esposas e relógios Cartier para si mesmos. Lembre-se: dificilmente o rapaz de 30 ou 40 anos dessa história conseguirá os mesmos benefícios dos fundos sociais quando chegar aos 65 ou 70 anos de idade.

É óbvio que essa narrativa é bastante **exagerada**, já que muitas pessoas idosas não estão em condições tão favoráveis e, portanto, genuinamente necessitam de proteção da previdência social e do governo. Porém, tal aspecto representa uma dimensão importantíssima do problema a ser enfrentado. Conforme a economia e as sociedades se desenvolvem e amadurecem, mais e mais pessoas se tornam financeiramente capazes de garantir sua própria sobrevivência após a aposentadoria (seja de modo integral ou, pelo menos, uma parte substancial), o pagamento de suas despesas médicas, entre outras coisas, sem depender da redistribuição de receita pelo Estado. E é exatamente isso o que deve ser feito. A alta dependência em relação à proteção fornecida pelo governo precisa estar limitada àqueles que de fato não conseguiriam sobreviver sem ela.

Atualmente, as potências ocidentais não têm outra escolha a não ser reduzir as despesas do Estado previdenciário de modo mais amplo e de maneira mais rápida do que estava ocorrendo antes da crise. No período que antecede o ano de 2015, o RU irá cortar £ 18 bilhões (US$ 28,5 bilhões) da previdência social. Até 2020, quatro anos antes do anteriormente previsto, o país irá elevar a idade mínima de aposentadoria para 66 anos (isso provocará alterações nos planos de aposentadoria de cerca de cinco milhões de cidadãos e poupará £ 5 bilhões anualmente). Famílias em melhores condições de vida perderão benefícios garantidos aos filhos pelo governo (*child benefit payments*).[11] Famílias de baixa renda ficarão restritas ao recebimento de uma dúzia de benefícios, incluindo aqueles relacionados ao pagamento de moradia (AP, 2010).

Até hoje, a Alemanha não chegou ao ponto de cortar aposentadorias, mas está se mobilizando no sentido de reduzir benefícios nas áreas de proteção social e auxílio desemprego – pelo menos como forma de aumentar os incentivos para que pessoas desempregadas busquem trabalho e não dependam da ajuda do Estado. No futuro, a liberação de benefícios a indivíduos desempregados atenderá a um padrão mais rígido. Pensões pagas a pais desempregados também serão extintas. De modo geral, até 2015, os gastos sociais serão cortados em € 5 bilhões (Peel, 2010).

Nos EUA, enquanto a administração Obama encontra cada vez mais dificuldades em manter intactas as redes de proteção sociais, o plano Ryan, apoiado pelos republicanos, exige a transformação do Medicaid em um programa de subvenção dirigido pelos Estados. Por sua vez, o Medicare deverá ser convertido em um sistema pelo qual o governo irá oferecer aos futuros aposentados (indivíduos atualmente abaixo dos 55 anos) títulos – ou subsídios – para a aquisição de planos de seguro privados. Todavia, é bem provável que esses documentos percam gradual-

---

11 – Trata-se de um pagamento isento de impostos que pode ser solicitado ao governo do RU por qualquer indivíduo qualificado pelas leis do país, independentemente de sua renda. Os valores pagos variam de acordo com a idade e número de filhos. (N.T.)

mente seu valor, uma vez que não conseguirão acompanhar os crescentes aumentos nos custos médicos.

Nos anos 1930, as sociedades ocidentais começaram a criar o Estado previdenciário, e nas décadas pós-guerra, elas ampliariam sua escala de maneira significativa. No final do século XX, essas mesmas sociedades começariam a restringi-lo. A crise de 2008-2009 as deixou sem alternativa, exceto acelerar tal processo.

Isso precisa ser feito, pois, do contrário, as sociedades do Ocidente se tornarão não apenas financeiramente insustentáveis, mas economicamente inviáveis e desprovidas de poder.

Porém, de todas as formas de redução de despesas, o corte nos programas de segurança social é o exercício mais doloroso, politicamente complexo e socialmente explosivo. Não surpreende o fato de que medidas neste sentido já estejam encarando enorme resistência, em especial no continente europeu. Trata-se de uma luta feroz que certamente irá causar intranquilidade e enormes pressões sociais, e capaz de inviabilizar o crescimento e desestabilizar as economias ocidentais.

Por último, mas não menos importante, os cortes no Estado previdenciário fazem com que as pessoas se sintam inseguras, pois minam a confiança que elas têm em seu próprio futuro. Cada vez mais as famílias ocidentais adentram o território do **"amanhã será pior do que hoje"**, o que as faz apertar os cintos (Vale ressaltar que a situação na China é oposta). Este fenômeno influencia de maneira negativa a resistência econômica do Ocidente.

Capítulo 12

Seria a China estruturalmente mais forte que o Ocidente?

Alto endividamento familiar, baixos níveis de poupança, expansão descontrolada de crédito para tomadores de dinheiro incapazes de honrar suas dívidas, jogos arriscados com produtos financeiros estruturados, péssimo gerenciamento de riscos, dívidas públicas alcançando níveis críticos e necessidade urgente de acelerar o corte de despesas previdenciárias – estes são os principais problemas estruturais que, de duas, uma: ou levaram as economias ocidentais à situação de crise ou estão exacerbando ainda mais seus efeitos deletérios.

De modo contrastante, a economia chinesa dos dias de hoje se revela praticamente **livre** e até mesmo **imune** a todas essas **doenças estruturais**. Além disso, o gigante asiático está em uma ótima posição para evitar o surgimento de quaisquer desses males no futuro.

Muito já foi escrito e comentado sobre as **fraquezas estruturais chinesas**, portanto, é chegada a hora de nos concentrarmos em avaliar seus **pontos fortes**. Pode parecer improvável, mas, em comparação com o Ocidente, a economia da China parece estar estruturalmente mais forte e saudável. E esta é justamente uma das principais razões pelas quais o equilíbrio do poderio econômico global tem se descolado a seu favor.

O aprimoramento de práticas de concessão de empréstimos e a luta persistente contra o superaquecimento

Conforme já mencionado, o índice de endividamento das famílias chinesas é muito baixo, enquanto o **montante poupado** por elas se revela **impressionantemente elevado**. Vemos aqui duas culturas bastante distintas: a ocidental, que naturalmente vive endividada, a chinesa, que mantém o grau de endividamento familiar em um nível baixíssimo e sob rígido controle. Sendo assim, não existe espaço na China para o consumo **exagerado** e **insustentável** provocado pela excessiva tomada de crédito.

No setor corporativo, os bancos chineses – a maioria deles pertencente ao Estado – têm oferecido volumosos empréstimos para empresas domésticas. Neste sentido, surgem, em geral, dois grandes problemas. Em primeiro lugar, há grande preocupação de que porções substanciais desses empréstimos – em especial aqueles oferecidos a outras empresas estatais – possam ter motivação política e não atender a lógicas comerciais. Em segundo lugar, há grande inquietação quanto ao fato de o governo e o BC chineses geralmente não conseguirem manter a expansão de crédito dentro dos limites estabelecidos por eles mesmos, o que, supostamente, agravaria a ameaça de superaquecimento e criaria uma bolha especulativa nos ativos.

Todavia, tais preocupações são, com frequência, exageradas.

De fato, empréstimos politicamente motivados a determinadas empresas chinesas – em especial aquelas que pertencem ao próprio Estado – ainda ocorrem. Desse modo, algumas companhias que apresentam resultados ruins ainda conseguem receber o capital de que precisam para se manter vivas. Porém, via de regra, a tendência no país tem sido oposta. Desde o início das reformas de mercado, a China tem implementado profundas mudanças no sentido de impor restrições orçamentárias às empresas nacionais. O fato é que, com o passar do tempo, tem se tornado cada vez mais difícil para as empresas chinesas, inclusive as **estatais** (SOEs[1]), obterem financiamento do Estado; já a proporção de levantamento de capital feita pelas próprias organizações conforme as regras de mercado tem aumentado de modo regular.

Ainda na década de 1980, o governo chinês encerrou a concessão de financiamentos orçamentários diretos a SOEs. Ainda assim, até o lançamento das reformas das SOEs, na segunda metade dos anos 1990, e sob as orientações do governo, os bancos estatais se viam obrigados a conceder enormes empréstimos a tais organizações, e de maneira contínua. Na época, os bancos simplesmente não tinham o direito de reduzir ou suprimir créditos comercialmente inviáveis. Porém, com o início das reformas, a ocorrência dessa prática diminuiu de maneira significativa.

De volta a 2003, o Estado recapitalizou os quatro principais bancos do país e, em seguida, embarcou em um processo de corporatização dessas instituições. No que diz respeito aos montantes de capital levantados por meio de **oferta pública inicial** (OPI), este último procedimento (corporatização) foi marcado por vários recordes mundiais consecutivos, o que refletia as elevadas expectativas por parte da comunidade investidora.

As lideranças chinesas compreendem muito bem que atividades como financiamento e oferecimento de crédito comercialmente inviáveis são como uma bomba-relógio em potencial cuja explosão seria capaz de minar a própria base do sistema econômico que estão tentando criar – assim como a fundação sobre a qual repousa seu próprio poder. O colapso da União Soviética, e de outras economias socialistas convencionais, forneceu evidências empíricas cruciais neste sentido. Por causa disso, a China tem feito o possível para tornar os empréstimos estatais mais comercialmente viáveis, não menos. Até mesmo as três instituições chinesas apelidadas de **"bancos políticos"** (O China Development Bank, o Export-Import Bank e o Agricultural Development Bank of China), estão cada vez mais dependendo de créditos comerciais solicitados por elas mesmas, enquanto os subsídios estatais aparecem em queda (KPMG,[2] 2010).

---

1 – Sigla em inglês para *state-owned enterprises*. (N.T.)

2 – Empresa líder nas áreas de auditoria, impostos, consultoria financeira e contábil, e assessoria empresarial. (N.T.)

Já em relação ao fornecimento excessivo de crédito bancário – que, às vezes, excede os limites impostos pelo governo – é preciso examinar o problema dentro do contexto da política macroeconômica chinesa como um todo.

Ao longo de três décadas a principal característica dessa política tem sido uma postura persistente no sentido de neutralizar a ameaça de superaquecimento econômico. Os arquitetos da política macroeconômica chinesa estão sempre em alerta máximo. As ocorrências até agora demonstram claramente que o governo e o BC chinês reconhecem perfeitamente tal ameaça e, sempre que necessário, não hesitam em apertar suas políticas monetárias de maneiras bastante determinadas.

No período de 1998-2002 (final da década de 1990 e início da década de 2000), quando tendências deflacionárias representavam grande preocupação no país, a política monetária chinesa se mostrou expansionista. Houve então um arrocho no ano de 2003 e, durante os anos de retração econômica global, as políticas se tornaram cada vez mais restritivas. No período de 2008-2009, ocorreu certo relaxamento, mas logo essas políticas foram novamente apertadas em 2010, alguns meses depois do início da recuperação mundial.

Para impedir o superaquecimento econômico e conter uma bolha financeira, o governo chinês utilizou-se de uma gama mais ampla de instrumentos de política monetária que seus colegas ocidentais. Por exemplo, além de estabelecer limites de crédito e elevar as reservas bancárias compulsórias no People's Bank of China, o governo também designou setores que apresentavam capacidade produtiva excessiva nos quais novos projetos de investimento seriam colocados sob direta supervisão do Estado e/ou interveio no mercado imobiliário, restringindo a compra e a venda de propriedades caras e sofisticadas, que poderiam se transformar em alvos para especuladores.

Além disso, quando os riscos de inflação foram considerados elevados, o governo não hesitou em instruir os vendedores para que estes não aumentassem os preços de importantes bens de consumo e de produção.

De modo geral, a China apresenta atualmente recordes impressionantes (talvez mais que em qualquer outro país de grande porte) no que diz respeito a evitar, e/ou até mesmo impedir, o superaquecimento da economia e a ameaça de uma bolha especulativa nos ativos. Observado por esta ótica, essa incapacidade de manter o crédito dentro dos limites previamente impostos parece ser apenas um problema de ordem técnica que emerge durante o processo de implementação de uma política que, basicamente, funciona bem.

Aprimorando padrões regulatórios para os bancos

Seria seguro afirmar que, de maneira geral, a china tem lutado contra o financiamento excessivo e as bolhas financeiras de modo mais persistente e bem-sucedido que a maioria dos países do Ocidente.

No rastro da crise financeira ocidental, a comissão reguladora do sistema bancário chinês (China Banking Regulatory Commission – CBRC) tomou medidas importantes no sentido de elevar os padrões regulatórios para a solicitação de capital, as taxas para empréstimos e aprimorar as regras relativas à degradação creditícia. Nas cidades que experimentaram um crescimento excessivo nos preços de propriedades, o país iniciou testes de capacidade bancária para avaliar o impacto na pior situação possível, que registraria uma queda de 50% a 60% nos preços. Testes anteriores previram declínios de até 30%. (Este último caso teria provocado um aumento de 2,2 % no número de financiamentos imobiliários não pagos (NPLs).[3]) Os bancos também foram instruídos a conduzir testes de resistência nos empréstimos para setores que estivessem enfrentando problemas de capacidade excessiva, como o de cimento, aço e materiais de construção (KPMG, 2010).

A condição geral dos portfólios de empréstimos de bancos chineses está melhorando e, atualmente, pelo menos, não causa preocupações mais sérias. De acordo com a KPMG, dos 153 bancos avaliados em 2009, três deles apresentavam NPL de 5%; 21, entre 2% e 5%; 115, abaixo de 5%; e 14, simplesmente não apresentaram dados relativos a empréstimos não pagos (KPMG, 2010). Segundo a CBRC, no final de 2010, os NPLs do setor imobiliário nos bancos comerciais chineses alcançaram 44 bilhões de *yuans*, ou seja, não mais de 1,26% de todos os financiamentos em aberto (Nikkei, 2011b).

Em segundo lugar, diferentemente do que fazem seus colegas ocidentais, as instituições financeiras chinesas não costumam brincar com arriscados

---

3 – O termo usado em inglês é NPL: *nonperforming loans*.

instrumentos financeiros estruturados – tanto por conta de regulamentações governamentais rígidas como pela falta no mercado chinês não apenas de infraestrutura, mas de profissionais que conheçam bem esse tipo de transação.

Não é preciso dizer que os setores financeiros da China e do Ocidente se encontram em diferentes estágios de desenvolvimento. Todavia, na arena econômica global, ambos estão competindo em tempo real – e, de modo paradoxal, o fato de a China estar em um estágio mais inicial funcionou positivamente, já que protegeu o país dos riscos financeiros que o Ocidente se veria obrigado a enfrentar, de modo, em geral, não muito bem-sucedido. Também existe pouca dúvida de que, a partir de agora, enquanto desenvolve seu setor financeiro, o torna mais liberal e introduz novos instrumentos financeiros, a China se revelará bem mais cautelosa que a maioria dos colegas ocidentais, prestando muito mais atenção à acomodação e à minimização dos riscos associados aos negócios.

No momento os bancos chineses estão ativamente diversificando suas áreas comerciais e ampliando sua gama de serviços financeiros. Receitas não proveniente de juros têm se tornado cada vez mais importantes. Os chineses já estão se aventurando em áreas como *leasing* (arrendamento), seguros, personalização de clientes especiais e serviços fiduciários. As autoridades também estão prosseguindo com o processo de desregulamentação. Por exemplo, em 2009-2010, bancos com ações registradas nas bolsas de valores foram autorizados a comercializar títulos. Além disso, foi lançado um programa piloto que visa estabelecer instituições de crédito ao consumidor em Pequim, Tianjin, Xangai e Chengdu. Muitos bancos estão se estabelecendo ou adquirindo novas plataformas de serviços financeiros.

Contudo, ao mesmo tempo em que tudo isso se desenrola, a CBRC tem adotado uma postura bastante rígida em relação ao gerenciamento dos riscos adicionais impostos por tais diversificações. Entre outras coisas, o órgão exige que os bancos se desfaçam de subsidiárias que eles próprios tenham estabelecido em outros setores, caso os retornos proporcionados por elas sobre os ativos ou as ações fiquem abaixo da média para o setor por um período prolongado. A supervisão de novos produtos de gerenciamento de riquezas também está sendo reforçada com o intuito de proteger os interesses dos consumidores. Ao oferecer serviços de consultoria aos seus clientes, os bancos comerciais serão obrigados a operar com prudência, não apenas oferecendo a eles todas as informações pertinentes aos produtos e, mas administrando os riscos de maneira adequada, evitando estruturar fundos soberanos em produtos financeiros de elevado risco ou cujas estruturas sejam demasiadamente complexas (KPMG, 2010).

No Ocidente costuma-se dizer que uma grande variedade de instrumentos financeiros, incluindo os de alto risco, se faz necessária para criar o dinheiro que é investido em vários setores. Atualmente, as instituições financeiras chinesas não trabalham com muitos instrumentos financeiros complicados e arriscados que são tão populares no Ocidente. Ainda assim, eles disponibilizam muito capital para as indústrias do país – às vezes, de acordo com as autoridades financeiras chinesas, até mais que o necessário. Nos dias de hoje, são os empreendimentos ocidentais que estão enfrentando um forte arrocho no crédito.

Finanças públicas saudáveis

Ao contrário do que ocorre no Ocidente, as finanças públicas chinesas encontram-se preservadas e saudáveis. No início da década de 2000, os déficits orçamentários dos governos nacionais (governo central + governos locais) estavam entre 2,2% e 2,6% do PIB. No período de 2004-2006, essa proporção caiu para 1,1% a 1,3%. Em 2007, o orçamento apresentava superávit e em 2008, o déficit alcançou apenas 0,4% do PIB (os cálculos do autor se baseiam nas informações do National Bureau of Statistics, 2010).

Não surpreende portanto que o pacote de estímulos de 4 trilhões de *yuans* apresentado pela China não tenha significado um grande problema orçamentário para o país. Além disso, no início da década de 2010 o governo ainda parece ter muito espaço para usar fundos orçamentários para facilitar o crescimento econômico, impulsionar setores industriais estrategicamente importantes, promover P&D e assim por diante.

Ademais, a China está claramente aumentando seus gastos no setor social. Seus investimentos nas áreas de segurança social e previdência aumentaram de 3,9% do PIB, em 2000, para 5,3% em 2007.

Todavia, a escala de gastos neste setor permanece incomparável àquela de qualquer país ocidental. Para se ter uma ideia, as despesas neste setor estão 10% abaixo da média dos países que compõem a OCDE (Kujis, 2008). A combinação entre: 1º) o baixo nível de proteção social oferecido aos que mais precisam (em especial os cidadãos rurais), 2º) a cada vez mais flagrante falta de empregos e 3º) as crescentes diferenças nos rendimentos, cria substanciais atritos sociais. Porém, é notório que qualquer efervescência social no país, até mesmo na forma mais embrionária, é fortemente suprimida pelo regime comunista.

O fato é que o PCC e o governo têm colocado o desenvolvimento e a expansão das redes de segurança social como prioridades em sua política interna. Há uma sólida base financeira para a ampliação dos gastos sociais, o que faz com que um número cada vez maior de chineses acredite que o amanhã será melhor. O aumento dos gastos no setor gera o crescimento do trabalho, o que, por sua vez, funciona como um fator de estabilização social – ao fazer com que todos se sintam mais confiantes em relação ao futuro, esses investimentos induzem as pessoas a gradualmente reduzirem os valores poupados e aumentarem o próprio consumo. Em contrapartida, no Ocidente, os cortes nas despesas geram tensões sociais – até conflitos – e minam a confiança das pessoas em seu futuro.

Nesta década (2010), haverá na China uma aceleração no crescimento dos gastos sociais – em especial pelo fato de sua população estar ficando mais velha. A carga financeira nos ombros das famílias de trabalhadores também aumentará – principalmente pelo fato de que a população em idade de trabalho alcançará seu pico por volta de 2015. Entretanto, a China certamente evitará a **armadilha ocidental** dos gastos sociais excessivos (e insustentáveis), o que resultaria em um pesadíssimo fardo em termos de contribuição social. O gigante asiático está em uma ótima situação para estabelecer um sistema de segurança social financeiramente solido e sustentável, mantendo como meta o saudável princípio de, na presente situação de desenvolvimento econômico do país, disponibilizar aos chineses apenas os padrões minimamente adequados ao atendimento de seres humanos.

De modo geral, a resposta para a pergunta levantada no título deste Capítulo é aparentemente afirmativa. **Sim**, deixando de lado as diferenças em termos de desenvolvimento econômico, hoje a economia chinesa **parece estruturalmente mais forte** que as principais economias do Ocidente. A combinação entre solidez estrutural e boa condição macroeconômica funciona como uma dos principais impulsionadores de mudança no equilíbrio global.

Isto, aliás, nos leva à próxima questão de grande importância: a **essência do modelo chinês de capitalismo e de sua evolução**.

Capítulo 13

O modelo chinês de capitalismo

Talvez a definição mais popular do sistema econômico vigente na China dos dias de hoje seja **"capitalismo estatal"**, que contrasta claramente com o estilo capitalista ocidental, que se baseia em uma economia de livre mercado, que tem como cerne nas empresas privadas. Não se pode negar, portanto, que, neste momento, e em comparação com o Ocidente, a presença do Estado na economia chinesa seja bem nítida, enquanto no mundo ocidental, prevalecem os empreendimentos privados. Todavia, esse arcabouço estrutural se revela exageradamente simplista, principalmente pelo fato de subestimar o papel das mudanças que estão acontecendo na China.

A necessidade de uma nova estrutura conceitual

Embora ainda abrigue diferenças em relação aos sistemas econômicos ocidentais, em especial no que diz respeito ao papel do Estado, a China tem acomodado cada vez mais elementos do capitalismo ocidental convencional, em especial no que se refere ao capitalismo anglo-saxão, como modelo clássico. Este processo de acomodação e sua habilidade em se adaptar são justamente as fontes do poder econômico chinês. Apesar de permanecer diferente, a China tem se tornado cada vez mais similar ao Ocidente, e em vários aspectos importantes. O sistema econômico chinês atual parece ser uma mistura criada pelo jogo dialético existente entre **similaridades** e **diferenças**.

O aumento do poder econômico chinês é sustentado tanto por incentivos de mercado – que, aliás, têm se tornado cada vez mais vitais (em alguns casos, significativamente maiores que no Ocidente) –, quanto por uma intervenção governamental em grande escala. É de importância crucial citar que, ao intervir na economia, o governo permaneça suficientemente favorável ao mercado, ou se mostre pragmático o bastante, para não solapar os incentivos do próprio mercado.

Basicamente, o florescimento da China como novo gigante econômico realça o fato de que o sistema econômico de uma nação é perfeitamente capaz de influenciar seu crescimento e poderio econômico. Todavia, isso não ocorrerá em função de uma condição meramente estática (a forma como se apresenta em um determinado momento), mas por meio do dinamismo de sua evolução e adaptação aos ambientes interno e externo, em constante mudança.

As economias do Ocidente estão perdendo o típico **dinamismo orientado** para o mercado. Em contrapartida, a economia chinesa está crescendo e aumentando sua força exatamente por conta da energia de sua posição pró-mercado.

No espaço de três décadas de reformas, no que diz respeito a sua transformação sistêmica, a China alcançou **três resultados de importância histórica**.

O sistema chinês não é o capitalismo estatal, pois há uma grande mudança rumo à propriedade privada

Em **primeiro lugar**, o sistema mudou drasticamente, abandonando o enfoque de propriedade estatal para privada.

Entre os anos de 1996 e 2003, o número de companhias pertencentes ao Estado (SOEs) caiu de 114 mil para apenas 34 mil, sendo que metade dessa redução se deu por conta de **privatizações** (Knowledge & Wharton, 2006). Observe a Tabela 13.1 e verá o que aconteceu na sequência. Tal mudança continua em grande escala. No período de 2003 a 2008, o percentual de

Tabela 13.1 – Número de indústrias e produção industrial bruta por tipo de empreendimento

	2002		2008	
	Número de empresas	Produção bruta (em milhões de *yuans*)	Número de empresas	Produção bruta (em milhões de *yuans*)
Total	181.557 100%	110.776 100%	426.113 100%	507.448 100%
Estatais e/ou controladas pelo Estado	41.125 22,7%	45.179 40,8%	21.313 5%	143.950 28,4%
Privadas	49.176 27,1%	12.951 11,7%	136.340 32%	245.850 48,5%
Empresas de responsabilidade limitada	22.846 12,6%	20.070 18,1%	62.835 14,8%	108.571 21,4%
Empresas de participação acionária	5.998 3,3%	14.119 12,8%	9.422 2,2%	50.204 9,9%
Com capital de Hong Kong, Macau e Taiwan	19.546 10,8%	13.669 12,3%	35.578 8,4%	51.308 10,1%
Com capital estrangeiro	14.920 8,2%	18.790 17%	42.269 9,9%	98.486 19,4%
De propriedade coletiva	23.477 12,9%	9.619 8,7%	11.737 2,8%	8.956 1,8%
Cooperativas	10.193 5,6%	3.202 2,9%	5.612 1,3%	3.829 0,8%

FONTE: *China Statistical Yearbook*.

companhias pertencentes ao Estado ou cujo controle acionário estava nas mãos do governo (neste último grupo também existem empresas privadas e outros investidores, mas o Estado ainda detém o maior número de ações) dentro do total de empresas do país despencou de 22,7% para apenas 5%. Além disso, a participação dessas empresas (com alguma ligação estatal) na produção industrial caiu de 40,8% para 28,4%. Na verdade, o número absoluto dessas organizações foi reduzido pela metade. Por outro lado, a fatia de empresas privadas aumentou de 27,1% para 32% e de 11,7% para 48,5%, respectivamente. Neste caso, o número absoluto quase **triplicou**.

A quantidade de empresas de responsabilidade limitada e de capital estrangeiro está aumentando (o primeiro grupo, entretanto, inclui empresas que são total ou parcialmente financiadas pelo Estado), enquanto o número de empresas tradicionais, em geral controladas de perto pelo Estado – de propriedade coletiva e/ou cooperativas – está caindo.

No que diz respeito à estrutura de propriedade, o sistema econômico chinês não é um capitalismo de Estado com características totalmente opostas ao estilo capitalista ocidental de economia de livre mercado. Ele é uma mistura, em constante **evolução,** de empresas estatais, de companhias privadas dos mais variados tipos e de organizações do terceiro setor. À medida que tal evolução ganha força, a fatia do setor privado aumenta de modo contínuo e regular, assim como a sua influência sobre a economia e a sociedade. Em uma manifestação interessante nesse sentido, no início dessa década, pessoas ligadas a empresas privadas foram autorizadas a se unir ao PCC.

Criando empresas estatais voltadas para o mercado

Em **segundo lugar**, as companhias estatais foram inseridas em um ambiente competitivo no qual precisam depender cada vez mais de si mesmas e cada vez menos do próprio Estado, e trabalhar duro para se mostrarem **lucrativas**.

Embora elas permaneçam como parte essencial da economia chinesa, seu *status* tem mudado de maneira drástica. Em geral, na percepção convencional, as SOEs são companhias que operam sob rígida supervisão de agências governamentais e dependem constantemente dos cofres do Estado; elas são protegidas de qualquer tipo de concorrência e perseguem os mesmos objetivos das políticas econômica e social do governo (tais como:

alcançar certas metas numéricas na produção de itens específicos, garantir empregos ou até mesmo apoiar instituições voltadas para o bem-estar social, como hospitais e jardins de infância). Tais metas são, com frequência, alcançadas à custa de viabilidade comercial e lucratividade. Neste sentido, o governo é obrigado a garantir financiamentos para manter essas companhias em pleno funcionamento.

Contudo, tal percepção precisa ser reconsiderada, uma vez que já existe no mercado outro tipo de SOE, diferente e nada convencional. Esse tipo de empresa desempenha um papel cada vez mais importante em várias economias de mercado emergentes como a China e também em outros países. Trata-se de um novo conceito: as SOEs de mercado. Comandadas por profissionais gabaritados e com elevado grau de autoridade para a tomada de decisões, essas organizações já não dependem tanto de financiamentos do Estado. Elas pegam dinheiro emprestado no mercado e pagam taxas comerciais, ou levantam o capital necessário no mercado de capitais. Competem com outros concorrentes no mercado interno e, cada vez mais, também com os do mercado internacional. Seu principal objetivo é maximizar seus lucros. Em geral, os investidores privados em tais organizações detêm somente uma participação minoritária. Essas empresas estão autorizadas a negociar nas bolsas de valores do país e do exterior.

Com frequência, as SOEs desse tipo são mais **eficientes**, **competitivas** e **dinâmicas** que as empresas privadas.

Essa migração das SOEs de um estilo tradicional para um padrão de mercado representa um dos principais alicerces da **transformação estrutural chinesa**, pois garante à economia do país uma gigantesca fonte de energia para crescimento.

Esta é a direção das mudanças; é seu principal vetor. Na real situação atual, entretanto, muitas companhias estatais chinesas ainda se encontram no meio do caminho entre os dois padrões descritos.

Desde o início das reformas de mercado, passo a passo, o governo tem reduzido o escopo de produtos das SOEs cobertos pelo sistema de planejamento direto, que manteve o Estado responsável pelo setor financeiro, pelo fornecimento dos equipamentos necessários e de produtos intermediários, pelo estabelecimento de preços e pela venda dos produtos. Então foi lançada uma política denominada *zhenqi fenkai*, que representou o afastamento das funções do governo e as operações comerciais das companhias. Cada vez mais as SOEs começaram a operar dentro de uma estrutura de mercado, tomando suas próprios decisões a respeito de conteúdos e volumes de produção, preços, padrões transacionais e por aí afora. O Estado, por sua vez, tem imposto sobre essas empresas cada vez mais limitações financeiras: o financiamento orçamentário direto foi encerrado por completo nos anos 1980. Com o passar do tempo, tornou-se cada vez mais difícil para elas dependerem de subsídios ou empréstimos vantajosos do governo, principalmente para que pudessem ser resgatadas no caso de má administração. (O aumento no fornecimento de crédito e a suavização das condições impostas pelo Estado no período de 2008-2009 foi, portanto, um fenômeno de curta duração – uma medida emergencial implementada no rastro de uma piora dramática da situação econômica global.) De acordo com estatísticas oficiais, um total de 2.658 companhias estatais faliram no período de 1994 a 2005 (McKinsey, 2007).

No primeiro estágio da ampla reforma das SOEs, lançada em 1997, as empresas estatais foram transformadas em corporações e parte de suas ações foram vendidas para investidores privados. Algumas dessas organizações passaram a integrar a bolsa de valores. A segunda fase se iniciou em meados da década de 2000. Maior ênfase foi dada à reorganização, ao estabelecimento de novos enfoques, à criação de autossuficiência e ao estabelecimento de maior competitividade.

Em dezembro de 2006, a State Assets Management Commission (Comissão de Gestão do Patrimônio do Estado) anunciou um programa de ajustes estruturais para as SOEs, que consistiu de três pilares fundamentais: concentração nos setores considerados importantes em termos de **segurança nacional** e nos setores industriais básicos como de **infraestrutura e energia**; autoridade do governo para iniciar **processos de falência** em empresas que apresentassem resultados ruins e que não tivessem perspectiva de melhoria em sua situação; **redução** no número de SOEs de grande porte de propriedade do governo central, de 159 para um número entre 80 a 100 em 2010, por conta das fusões, aquisições e outras medidas (Institute of Chinese Affairs, 2006).

A estratégia chinesa foi a de criar um número limitado de SOEs grandes, sólidas e bem administradas, e transformar pelo menos uma parte delas em concorrentes altamente competitivas no cenário global.

O modelo chinês de capitalismo

Neste sentido, é o momento de reconsiderar a ideia do governo como proprietário de empresas. Em uma SOE de mercado (na falta de alternativa viável), o Estado geralmente não se comporta como uma máquina burocrática que busca enfatizar seu próprio poder, tampouco como um promotor dos supremos interesses políticos do governo. Ele atua como um exigente acionista majoritário cuja função é exercer fortes pressões sobre a administração para que esta **maximize** não apenas a **lucratividade** da empresa, mas também os **ganhos** de seus **investidores**.

Em um desdobramento importantíssimo, as empresas estatais chinesas estão começando a estabelecer sistemas de **governança societária**, aprendendo com a experiência ocidental e replicando-a de maneira ampla. Entretanto, elas não deixam de considerar questões específicas do país: em primeiro lugar, sobre a necessidade de encontrar um lugar para o PCC, como proprietário e *stakeholder*, em uma empresa que, em última análise, é um **empreendimento capitalista**.

De acordo com John Thornton, ex-presidente do Goldman-Sachs e um dos poucos ocidentais a participar dos conselhos diretivos de várias importantes empresas chinesas, incluindo a gigante estatal do setor de telecomunicações, a China Network Communications (China Netcom) – na qual ele iniciou o estabelecimento de um comitê de governança corporativa –, e o Industrial and Commercial Bank of China:

> *"A realidade é a seguinte: os chineses desejam adotar práticas de governança societária modernas e sofisticadas que já tenham sido aprovadas no Ocidente. Em contrapartida, (...) eles também querem construir um sistema que funcione para a China (...) Na Netcom, definimos papéis específicos para o PCC e então deixamos o resto para o conselho diretivo. O partido participa e vota em questões-chave por meio de diretores indicados pela diretoria. Porém, menos da metade do conselho é composta por membros indicados pelo partido. Definimos de maneira cristalina os limites do partido no apontamento de executivos de nível sênior, no desenvolvimento de estratégias e na área de investimentos. Demos ao partido autoridade para nomear candidatos a CEO (presidente) e CFO (diretor financeiro). O CEO agora é responsável pelo processo de estabelecimento de estratégias e é apoiado por um recém-criado departamento estratégico. Também criamos um conjunto de canais de comunicação formais que nos possibilita um contato*

mais direto com os acionistas da Netcom. (...) Definimos os papéis e as responsabilidades dos comitês e secretarias, incluindo responsabilidades pelo gerenciamento de riscos (...) O comitê nomeante consiste de cinco diretores, dos quais três são designados pelo partido e dois são externos. Desse modo, o PCC, como acionista majoritário, tem o poder de vetar candidatos nos comitês, mas os diretores externos têm a possibilidade de oferecer informações significativas a todos os participantes antes mesmo de o comitê discutir as candidaturas (McKinsey, 2007)."

Trata-se do começo de uma paulatina revolução corporativa. O ponto-chave foi criar um sistema que possibilitasse que uma empresa estatal – a Netcom, neste caso – fosse administrada como um empreendimento comercial dotado de um conjunto adequado de mecanismos de controle e equilíbrio, similar àqueles existentes em todas companhias privadas. O presidente da Netcom não hesita em repetir que não há qualquer contradição entre a influência do PCC (leia-se, entre os interesses do Estado) e a proteção aos acionistas minoritários, pois o objetivo final é o mesmo: o sucesso da Netcom nos negócios (McKinsey, 2007). Esta é a essência da nova filosofia por traz do envolvimento do Estado; sua meta, enquanto proprietário, é facilitar o surgimento e o desenvolvimento de entidades comerciais altamente eficientes e competitivas.

Para alcançar um tal objetivo, o Estado precisou abrir essas empresas para os investidores privados, tanto domésticos quanto estrangeiros. O fato é que, embora de maneira gradual, essa porta está se abrindo cada vez mais. Uma nova classe de investidores privados – tanto de caráter institucional quanto individual – tem se revelado bastante ativa na compra de ações de empresas estatais. Não surpreende pois o fato de que muitos desses investidores estão relacionados à elite governante do país.

A reforma no mercado de ações, iniciada em 2005, tornou possível a comercialização de ações de SOEs consideradas até então **inegociáveis**, mas que representavam cerca de 2/3 do valor total de ações listadas nas bolsas de valores de Xangai e Shenzhen. No ano seguinte, praticamente todas as organizações listadas, nas quais o Estado possuía ações, colocaram suas ações supostamente não negociáveis à venda, o que provocou um aumento enorme em sua capitalização e aprimorou o papel dos investidores privados.

A venda de ações até então não passíveis de comercialização abriu caminho para uma transformação da estrutura corporativa orientada para o mercado, por meio de fusões e aquisições não iniciadas ou controladas pelo Estado. Algumas grandes empresas chinesas – como a Baosteel, por exemplo, uma empresa produtora de aço que ocupa a primeira posição no mercado chinês e a quinta no *ranking* mundial – já lançaram mão de estratégias bem agressivas no campo de aquisições.

Na metade da década de 2000, o governo chinês suspendeu a proibição de transferências de ações possuídas pelo Estado e por SOEs a investidores estrangeiros.

Com a introdução, em dezembro de 2002, do esquema de qualificação de investidores institucionais estrangeiros, os aplicadores internacionais aprovados pela China Securities Regulatory Commission – gestoras de fundos, corretoras de seguros, empresas de segurança e bancos privados – foram autorizados a adquirir ações de categoria A cotadas em *yuans* que, até então, eram disponibilizadas somente para investidores domésticos. Tornou-se então permitido que um único investidor adquirisse até 10% das ações de uma empresa. Também foi autorizada a aquisição de até 20% para todos os investidores qualificados (Tselichtchev & Debroux, 2009).

A competição feroz e a cultura da autorresponsabilidade

Em **terceiro lugar**, como resultado das reformas no mercado, a China criou uma economia e uma sociedade caracterizadas por um **elevadíssimo grau de competição**. Isso não se refere somente à crescente concorrência entre empresas (incluindo aquela entre companhias de diferentes formas de propriedade), mas também a um mercado de trabalho bastante competitivo e flexível que estimula a motivação e os esforços individuais por meio do fortalecimento de uma cultura de **autorresponsabilidade**. Em vários aspectos, há mais competitividade na China de hoje do que nos EUA, Canadá ou nos demais países desenvolvidos da Europa.

Por exemplo, de acordo com uma pesquisa conduzida pela China-Europe International Business School (CEIBS), que abrangeu 246 executivos oriundos de 33 países que já trabalham na China há 7,4 anos (em média),

42,44% dos profissionais disseram que a **competição na China** era mais **difícil** que em seus países de origem, enquanto 26,05% responderam que a concorrência era muito mais dura (Fernandez, J. Fenster e Loane, 2011).

Os níveis incomparavelmente mais baixos de gastos sociais na China resultam não apenas em uma melhor situação das finanças públicas, mas também em uma conexão bem mais forte entre os salários das pessoas e seus esforços no trabalho, em suas habilidades e em sua produtividade. Neste sentido, a motivação dos trabalhadores na China é significativamente maior. Atualmente não é a sociedade ocidental que oferece incentivos mais significativos para que os indivíduos assumam responsabilidades por suas próprias vidas, mas a chinesa. Por essa ótica, a China é mais **capitalista**, ou até mesmo mais ocidental (se considerarmos que foi o Ocidente que gerou o sistema capitalista convencional), que o próprio Ocidente.

Fazendo com que as pessoas trabalhem sob fortes pressões de mercado, a China também está demonstrando uma grande habilidade para adaptá-las: o objetivo é, em outras palavras, fazer com que seus cidadãos aceitem e tolerem tais pressões sem **desordem social**.

A sociedade chinesa ostenta um grau de tolerância bem mais elevado às dores e ao sofrimento causados pela economia de mercado: disparidades nos rendimentos, baixos salários para um grande número de trabalhadores, cortes de mão de obra nas empresas, desemprego e subocupação. Quando surgem sinais de efervescência social, a situação é controlada pelo regime. O PCC está, portanto, reforçando o **capitalismo**.

Fala-se muito sobre o fato de o aumento dessas desigualdades representar um dos principais problemas sociais e um dos maiores desafios para a China. Não há dúvida quanto a isso. Porém, não devemos nos esquecer de que a expansão nas disparidades de rendimentos – ou deveríamos dizer **"diferenciações"** nos rendimentos? – advêm de um baixo grau de envolvimento do Estado no mercado de trabalho e da pequena escala de redistribuição de renda por meio de transferências sociais. Neste sentido, os chineses estimulam os esforços no trabalho, garantindo fortes incentivos para os mais capazes e talentosos – e isso representa um intenso impulso ao crescimento econômico.

Vale ressaltar que prevalecem dois padrões na ampliação das disparidades nos rendimentos. O primeiro, socialmente explosivo e economicamente prejudicial, é o **aumento das rendas absolutas nas famílias** de alto **rendimento** e a **queda naquelas de famílias de baixa renda. Ou seja, os ricos tornam-se mais ricos e os pobres, mais pobres**!

O segundo padrão é **fundamentalmente distinto**: os rendimentos absolutos, tanto no que diz respeito a famílias de alta como de baixa renda estão aumentando, contudo, os do primeiro grupo sobem mais rápido. É óbvio que isso faz com que as pessoas, em especial aquelas do segundo grupo, se sintam frustradas com a crescente desigualdade nas rendas, o que, aliás, é geralmente percebido como injustiça social. Isso pode provocar tensões sociais. Todavia, esse padrão promove, ao mesmo tempo, um forte estímulo ao crescimento econômico: primeiramente pelo fato de encorajar os esforços de trabalho, uma vez que perspectivas de elevação na renda e de melhorias do padrão de vida estão disponíveis para quaisquer pessoas de quaisquer grupos salariais; em segundo lugar, pelo fato de famílias de baixa renda também estarem elevando seus padrões de vida e se tornando consumidores cada vez mais ativos.

A China é um exemplo típico do padrão número dois!

O capitalismo chinês: definição

O atual sistema econômico chinês é, portanto, um **capitalismo estatal privado**, que se baseia em uma mistura de formas de propriedade na qual empreendimentos de caráter privado exercem papel cada vez mais importante. Esse sistema incorporou um número devidamente crescente de elementos do capitalismo ocidental convencional, e tem não apenas gerado incentivos de mercado cada vez mais fortes para empresas de todos os tipos, mas também criado um ambiente altamente competitivo. Ao mesmo tempo, estando livre de quaisquer laços ideológicos prevalentes no conceito de livre mercado, o Estado chinês intervém de maneira ativa – aliás, bem mais ativa que qualquer país do Ocidente – na economia. O objetivo é, por um lado, oferecer **apoio** a setores e empresas que necessitem, e, por outro, **conter ameaças** como: concessão excessiva de crédito, transações financeiras de alto risco e surgimento de bolhas especulativas ligadas a ativos. De modo geral, esse tipo de intervenção não inibe os mecanismos de mercado.

Esse modelo de capitalismo tem contribuído muito para o florescimento da China como uma nova superpotência econômica. Ao longo de décadas de reformas de mercado, ele demonstrou impressionante resistência estrutural e grande habilidade para solucionar problemas. Basta considerar que entre a década de 1980 e os anos 2000, a China foi a única grande economia do mundo que não experimentou um crescimento anual negativo ou qualquer tipo de desaceleração que pudesse ser considerada uma recessão. Foi o único país de grande porte a conseguir evitar explosões dolorosas de bolhas especulativas nos ativos. De maneira lenta, mas segura, e de modo gradual, porém, constante, a nação chinesa tem enfrentado todos os seus problemas de ordem social e econômica: a reforma agrícola e a superação da falta de alimentos; o desenvolvimento de vários tipos de empresas não estatais e o aumento no fornecimento de produtos básicos de consumo; a abertura da economia para investidores estrangeiros e a liberação das importações; a criação de SOEs autossuficientes capazes de operar em um ambiente competitivo; a recapitalização de bancos e a solução de problemas relacionados à inadimplência nos empréstimos; o reforço das redes de segurança social e a promoção do desenvolvimento de províncias do interior; entre outras ações. Atualmente, e mais uma vez atuando de modo evolutivo e persistente, o país tem se aplicado na solução de problemas relativos à estabilidade e à eficiência energéticas e aos recursos naturais e à proteção ao meio ambiente.

Uma digressão acerca das fraquezas estruturais chinesas e sua evolução política

A China possui diversos problemas estruturais e praticamente todos eles são similares àqueles enfrentados por outras nações em desenvolvimento que se encontram em estágios parecidos de desenvolvimento econômico. Todavia, por conta do tamanho do país, os problemas chineses se mostram, com frequência, mais agudos e visíveis para todo o mundo. A lista é bem conhecida. Uma porção significativa de suas fábricas se mostra **ineficiente**, dispõe de baixa tecnologia e é altamente **poluente**. A **zona rural** apresenta altos índices latentes de **desemprego** e **subemprego**. A **migração** em larga escala para as cidades impõe fortes pressões sobre a infraestrutura do país, causando sérios problemas em termos de **ultraurbanização**. Há um claro descompasso entre a oferta e a demanda de mão de obra (prevalecem os trabalhadores não qualificados ou com pouca qualificação e faltam indivíduos preparados e capazes de lidar com aprimoramentos/inovações industriais). Mas existem outras questões.

O modelo chinês de capitalismo

As discussões sobre o presente e o futuro da China geralmente se concentram em um conjunto ortodoxo de problemas. Estes são observados como **críticos**, ou seja, como uma **ameaça** capaz de provocar não apenas uma repentina e destruidora retração econômica, mas também desordem social e política e, em um caso mais extremo, o próprio colapso do país. Todavia, tais perspectivas não parecem convincentes. Este conjunto de problemas é **gerenciável**, em especial para a China, que tem uma impressionante capacidade de solucionar questões cruciais por meio de mudanças graduais, evolutivas e persistentes.

Observemos uma **lista de problemas** bastante convencional:

1º) Envelhecimento populacional e falta de empregos.

Realmente, a população em idade de trabalho está quase alcançando seu pico e o número de trabalhadores começará a diminuir na segunda metade da década de 2010.

Entretanto, essas limitações na força de trabalho poderão ser contrabalançadas contrabalanceadas (e provavelmente serão) por maiores ganhos na produtividade da mão de obra. Além disso, o interior do país ainda está repleto de recursos humanos subutilizados, cuja migração para as cidades ajudará a suprir as necessidades de mão de obra (cerca de 40% de todos os trabalhadores chineses vivem em áreas rurais).

Em relação ao número crescente de idosos e de sua proporção na sociedade, a China parece estar em uma posição confortável para enfrentar o problema de modo realista e financeiramente sustentável. Isso ocorre pelo fato de o país ostentar altas taxas de crescimento, apresentar finanças públicas saneadas, manter baixas suas despesas sociais e não promover altas expectativas quanto a futuras redes de segurança social. Neste sentido, parece que o Ocidente terá de encarar problemas bem mais sérios que a China.

2º) Crescimento das desigualdades salariais.

Bem, de fato as disparidades estão aumentando. Em contrapartida, famílias de baixa renda estão, em sua maioria, elevando seus rendimentos e seus padrões de consumo; redes sociais de segurança estão sendo aprimoradas e, de modo geral, a China tem oferecido às pessoas que realmente desejam se tornar bem-sucedidas muitas oportunidades para que elas aumentem suas rendas e vivam uma vida melhor.

3º) Desigualdades no desenvolvimento intra-regional ameaçam a integridade do país.

De modo algum. Este não é um problema crítico, uma vez que as províncias menos desenvolvidas estão se tornando o maior motor de crescimento para o país e o Estado possui recursos financeiros, entre outros, para sustentar e ampliar tal tendência.

4º) Danos ambientais colocam em risco a própria base da vida humana.

Não há dúvida de que várias questões se tornaram críticas nesta área. Porém, a China tem se revelado, cada vez mais, uma nação líder na maioria dos setores voltados para a **sustentabilidade** (Veja a Parte 3), e lidado com os problemas ambientais no mesmo estilo progressivo, evolucional e pertinaz que sempre adotou.

E finalmente...

5º) Por conta da fúria popular contra o autoritário regime comunista e o sistema político não democrático vigentes, existe uma constante ameaça de que o povo chinês vá para as ruas e cause uma grande desordem política e social.

A **insatisfação** do povo chinês com o regime é grande e, aparentemente, tem aumentado. Há várias razões para isso: os numerosos casos de abuso de poder, o crescimento da corrupção, as duras restrições à liberdade de expressão e outras violações dos direitos humanos fundamentais.

Lembro-me de um fato interessante ocorrido há três ou quatro anos. Durante uma recepção que homenageava um grupo de professores chineses em visita ao Japão, dois deles se aproximaram de mim, me cumprimentaram e então me fizeram uma pergunta um tanto difícil: "*Sensei*,[1] por que o senhor não escreve de maneira clara que o atual sistema político da China está superado e precisa ser mudado? Ele já funcionou no passado, mas agora não funciona mais. Para nós é um pouco problemático escrever sobre este assunto. Por que o senhor não o faz?"

O que eu poderia responder diante dessa colocação?

É óbvio que a democracia e os direitos humanos possuem valores uni-

---

1 - A palavra *sensei* significa um ser humano que simplesmente acumulou mais experiência e/ou treinamento específico para exercer uma determinada função. (N.T.)

versais básicos. Também é bastante provável que nenhum desses conceitos seja menos importante que o crescimento econômico e a elevação nos padrões de vida (talvez sejam até mais cruciais). Neste sentido, é claro que as atitudes da China: ofensas aos direitos humanos; ações repressivas violentas contra todos aqueles que têm a coragem de se opor ao regime e lutam pela liberdade e dignidade humanas; supressão de informações; cínica associação aos regimes mais ditatoriais e criminosos do planeta, que, com frequência, recebem apoio do governo de Pequim, enquanto a comunidade global tenta colocar um fim nas crueldades impostas nesses locais (notadamente, a China jamais condenou qualquer regime brutal por massacres realizados contra o próprio povo ou pelo desenvolvimento de armas de destruição em massa); repetição hipócrita do seu lema de sempre resolver questões conflitantes de modo pacífico e de nunca "interferir em questões internas" de países nos quais assassinos detêm o poder e cometem atos de violência contra os próprios cidadãos – causam enorme **ressentimento** e **indignação**. Transmitir essa mensagem de maneira clara e direta às lideranças chinesas é uma obrigação histórica e moral de todas as nações democráticas e de todos os homens honestos do mundo que se importam com a justiça, as leis, a moralidade e a liberdade individual.

Por outro lado, a avaliação de valores, ideais e emoções não é um bom ponto de partida quando se pretende analisar a lógica por traz da evolução do sistema político de um país. E, neste caso, a verdade é que a China tem abordado as mudanças em seu sistema político da mesma maneira como encarou a transformação econômica do país: de modo gradual, evolutivo e persistente. Sua elite governante está realmente tentando encontrar respostas funcionais para questões-chave bastante complexas, enquanto evita, de todas as maneiras possíveis, qualquer mudança revolucionária abrupta.

Que tal nos lembrarmos de algumas importantes fases da evolução política chinesa na era subsequente a Mao Tsé-tung.[2]

No prelúdio das reformas de mercado, Deng Xiaoping[3] proclamou que o socialismo representava tudo o que era bom para o ser humano.

---

2 - Fundador da República Popular da China e um dos mais proeminentes teóricos do comunismo do século XX. (N.T.)

3 - Secretário-geral do Partido Comunista Chinês (PCC) e grande líder político da República Popular da China entre 1978 e 1992. Ele foi o criador do regime vigente na China moderna, conhecido como "socialismo de mercado". (N.T.)

Segundo ele, não importava se um gato era preto ou branco, desde que ele fosse capaz de caçar ratos. Também em suas palavras, não havia qualquer problema em alguns chineses se tornarem ricos antes de outros. Várias formas de propriedade foram então autorizadas no país, o que acabaria estimulando as empresas privadas.

No início da década de 2000, o PCC abriu suas portas para os homens de negócios, e no final dessa mesma década (2000), o atual presidente chinês, Hu Jintao,[4] declarou que todos os cidadãos chineses tinham o direito de reclamar e demonstrar seu descontentamento diretamente para as autoridades, e que estas deveriam ouvir o povo e buscar soluções para as questões levantadas.

Além disso, é possível que a China tenha se tornado o país com o maior número de execuções de autoridades de elevado nível hierárquico por crimes relacionados à corrupção.

No que diz respeito ao sistema político da nação, existem atualmente na China, além do PCC, é claro, oito partidos políticos, embora todos eles sejam pequenos e naturalmente reconheçam a liderança do PCC. São eles: o Revolutionary Committee of the Kuomintang[5] (Comitê Revolucionário Kuomintang), fundado por membros do movimento que não fugiram para Taiwan em 1949; o China Democratic National Construction Association (Associação Democrática de Reconstrução Nacional da China), cujos membros são, em sua maioria, empresários; o Zhigondang of China, formado por chineses que retornaram do exterior; o Taiwan Democratic Self-Government League (Liga Democrática de Autogoverno), formada por taiwaneses proeminentes e/ou indivíduos de origem taiwanesa que residem na China; e vários outros partidos formados por intelectuais, como o China Democratic League (Liga Democrática Chinesa); o China Association for Promoting Democracy (Associação Chinesa pela Promoção da Democracia); o China Peasants' and Workers' Party (o partido chinês dos camponeses e trabalhadores) e o Juisan Society.

---

4 - Também secretário-geral do PCC (2012). (N.T.)

5 - Trata-se de um movimento republicano ligado ao Partido Nacionalista da China. O objetivo de seu líder militar, Chiang Kai-shek era reunificar a China, que estava dividida em feudos, eliminando dois inimigos: os comunistas e os senhores da guerra. Em 1927, Chiang Kai-shek unificou a maior parte do território e o país passou a ser controlado por um único poder, o Kuomintang. (N.T.)

No momento, a liderança comunista afirma abertamente que a China não adotará o caminho do pluralismo ideológico e político. Porém, isso não significa necessariamente que, no futuro, não ocorrerão mudanças na política partidária chinesa. Mencionar as reformas políticas realizadas pelas autoridades, mesmo que de caráter negativo, é importante.

Mais uma vez, as mudanças não ocorrerão de forma abrupta: o país não deixará de ser governado por um único partido para adentrar o mundo do multipartidarismo político; a transformação será evolutiva e gradativa. É possível que ainda nesta década (2010) a China comece a seguir adiante, dando um passo após o outro rumo a uma estrutura política mais pluralista, ou quase pluralista. Outros partidos além do PCC aos poucos passarão a ser ouvidos e se tornarão mais visíveis na arena política doméstica, embora dentro de limites estreitos. Em um determinado momento, eleições livres serão anunciadas, e com grande pompa. Candidatos de vários partidos irão concorrer, mas é óbvio que o PCC ganhará o pleito com mais de 90% dos votos e usará o resultado como prova da legitimidade do sistema. Outros partidos (que provavelmente serão considerados como "de oposição"), talvez recebam a permissão de organizar reuniões e até mesmo assembleias e encontros, mas todos os membros evitarão críticas pesadas ao partido governante, pois, do contrário, poderão enfrentar duras penalidades – por perturbar a ordem pública, por exemplo.

Na mídia controlada pelo PCC haverá cada vez mais publicações ostentando críticas a presidentes de partidos, a burocratas do Estado, a algum comitê local do próprio PCC, ao governo local ou a membros do ministério; talvez eles até critiquem certos aspectos da situação econômica e social do país. Na verdade, podemos afirmar que isso inclusive já está ocorrendo: a autocrítica já está habilmente integrada ao mecanismo de preservação e consolidação da base de poder do PCC. Talvez, em certo momento, o PCC decida até separar, tecnicamente, as funções do partido propriamente dito daquelas do governo, e gradualmente elimine o sistema de comitês do partido dentro das empresas.

Em outras palavras, a principal tendência é, e continuará sendo, uma grande transformação no sistema de governo chinês: o tradicional e superado estilo comunista ditatorial será substituído por um sistema político mais sofisticado, de fachada democrática, mas ainda firmemente controlado pela elite governante do PC. Este talvez se utilize desse artifício para parecer mais legítimo aos olhos da opinião pública mundial, ou pelo menos para alegar sua legitimidade e afirmar que se importa com a democracia.

Em resumo, a China provavelmente assumirá uma postura formalmente pluralista/democrática, mas essencialmente autoritária – um sistema em que uma mudança no partido governante ainda é efetivamente impossível. Olhe ao redor e verá ainda diversos países que nos servem de exemplo neste sentido.

Capítulo 14

O reequilíbrio global não será fácil

O impressionante desempenho econômico chinês durante os anos de retração global, ou melhor, daqueles países do Ocidente, resultou acima de tudo de sua resistência estrutural e macroeconômica.

O papel da demanda interna foi particularmente importante. Uma dramática queda nas exportações foi amplamente equilibrada pelo aumento nos investimentos e pelo dinamismo do consumo privado, ambos sustentados pelo pacote de estímulos do governo chinês no valor de 4 trilhões de yuans. Acontecimentos similares puderam ser verificados na Índia, na Indonésia, no Vietnã e em várias outras economias em desenvolvimento.

Esse tipo de dissociação (*decoupling*) criou expectativas quanto ao reequilíbrio da economia global após o período de retração.

Poderá essa ideia funcionar?

A ideia de reequilíbrio da economia global, defendida não apenas pelo presidente dos EUA, Barack Obama, mas por outros líderes do Ocidente – e também diligentemente promovida pelo Fundo Monetário Internacional (FMI) –, se baseia na conjectura de que norte-americanos e europeus deveriam **aumentar os valores por eles poupados**, enquanto os chineses (assim como os povos de outros países em desenvolvimento) deveriam **poupar menos**, consumir mais e, aparentemente, adquirir mais produtos ocidentais. Isso supostamente ajudaria a eliminar os desequilíbrios no comércio global, ou pelo menos a reduzi-los, em especial no que se refere ao superávit chinês e ao déficit norte-americano. As reservas cambiais chinesas, absurdamente elevadas, também seriam reduzidas. Espera-se que o governo chinês encoraje o consumo doméstico de várias maneiras. Isso incluiria a valorização do *yuan* e o desenvolvimento do sistema previdenciário do país. O *yuan* mais forte reduziria os preços dos produtos de consumo importados. Por outro lado, a implementação de uma melhor rede de segurança social deixaria as famílias chinesas mais confiantes em relação ao próprio futuro e permitiria a elas redirecionar parte de suas rendas das poupanças para o consumo.

Será que essa ideia funcionaria?

A resposta é a seguinte: embora a situação caminhe, passo a passo, rumo à direção anteriormente descrita, a probabilidade de uma eliminação – ou até mesmo de uma redução –dos desequilíbrios comerciais globais relacionados à China é **praticamente nula**. Logo, não devemos esperar muito neste sentido. Além disso, as mudanças acima sugeridas, em especial no que se refere a estímulos ao consumo privado na China, poderiam provocar efeitos colaterais substanciais e negativos, portanto, não deveriam ser excessivamente encorajadas.

Afinal de contas, talvez o que chamamos nos dias de hoje de "desequilíbrios globais" representem justamente um tipo de equilíbrio global.

O consumo privado na China já está crescendo bem rápido

Com frequência, a participação do consumo privado no PIB chinês é avaliada como extraordinariamente baixa. Isso é verdade. Além disso, essa fatia tem caído de maneira significativa: de 50,6% em 1990, para 46,2%, em 2000, e então para 35,7%, em 2009. Nos EUA, a proporção é de cerca de 70%.

Todavia, seria incorreto esquecer que, em termos absolutos, o consumo privado na China tem crescido rapidamente ao longo de praticamente todo o período de reformas de mercado no país, em especial na década de 2000. Impulsionado por um aumento anual de dois dígitos nos salários e nas receitas domésticas, o crescimento nas vendas de varejo atingiu uma média de 13,6% entre 2001 e 2008. Em 2007 esse aumento foi de 16,8%, e em 2009, de 21,6%. O fato é que em 2009 os chineses consumiram 2,7 vezes mais em termos nominais e 2,2 vezes mais em termos reais (os cálculos aqui apresentados se basearam nos relatórios do ADB, 2011) que no ano de 2000. Vale ressaltar, portanto, que a proporção do consumo privado no PIB do país tem caído simplesmente pelo fato de que outros componentes da demanda final, a saber, a formação de capital e as exportações líquidas, têm crescido de maneira ainda mais acelerada.

É verdade que com outros aumentos nas rendas e com a expansão das redes de segurança social, é provável que as famílias chinesas poupem um pouco menos do que ganham e gastem mais na compra de produtos e serviços. A valorização do *yuan* também permitirá que eles adquiram mais produtos estrangeiros. Todavia, no que se refere ao reequilíbrio da economia global, isso não representa o final da história.

Ao longo de toda a década de reformas, o maior impulsionador de crescimento na China – mais importante até mesmo que as exportações – foi a formação do seu capital interno (patrimônio líquido), ou seja, os investimentos do país em máquinas de produção e na construção de fábricas, imóveis comerciais e destinados a moradia. Neste sentido, seu crescimento já se mostra norteado mais pela demanda doméstica que pelas exportações (Como discutido na Parte Um, a própria formação de capital na China, em sua forma ampla e dinâmica, já promoveu uma significativa expansão do seu mercado doméstico. O problema é que os exportadores norte-americanos e europeus não se aproveitaram dessas oportunidades). Porém, até agora, uma porção significativa dos bens de consumo produzidos nas máquinas adquiridas pelos chineses que lotam as fábricas construídas por eles, tem sido exportada justamente para a América e para a Europa. Portanto, a formação de capital interno chinês se revelou intimamente ligada às exportações de bens de consumo para o Ocidente – e decisivamente dependente delas.

Os anos de retração econômica global causaram uma importante mudança: conforme as exportações definhavam, uma porção maior dos produtos de consumo fabricados na China começou a ser vendida no mercado interno. Até mesmo no ano de 2009, o consumo privado real aumento em mais de 8%.

A China tem enfrentado uma grande onda de crescimento no consumo interno. Iniciada na década de 1980, essa onda não se desfez durante a retração econômica global, o que demonstrou que o fenômeno era uma questão interna do país e não estava relacionado aos altos e baixos enfrentados pelas economias ocidentais. Aliás, o mesmo caso se aplica a vários outros grandes países em desenvolvimento (Tselichtchev, 2010).

As famílias que ascendem das classes mais baixas e adentram as fileiras da classe média são, em geral, as que têm aumentando seu consumo em um ritmo mais acelerado. Considerando que centenas de milhões de famílias chinesas – em especial nas províncias das regiões central e oeste do país, e, principalmente nos pequenos distritos e nas áreas rurais – ainda precisam dar um gigantesco salto à frente (dissimilar do discreto movimento registrado sob o rígido comando de Mao Tsé-tung, nos anos 1950) no sentido de abandonarem a condição de **"destituídas"** e se transformarem em **"proprietárias"**, e levando em consideração que, conforme mencionado na Parte Um deste livro, uma significativa porção de famílias chinesas de classe média não é considerada como tal pelos padrões ocidentais, essa onda de crescimento ainda irá perdurar por décadas, o que permitirá que a China continue a se desenvolver enquanto as economias do Ocidente tropeçam.

Dito isso, essa dissociação (*decoupling*) não é um fenômeno temporário, mas uma nova característica estrutural da econômica global.

A expansão da demanda doméstica chinesa é uma coisa; o reequilíbrio é outra bem diferente

O fato é que as elevações da demanda interna e, em especial, do consumo privado, como elemento impulsionador do crescimento chinês, não irão, necessariamente, culminar com o esperado **reequilíbrio da economia global** – pelo menos não em um futuro próximo. De fato, existem várias razões para isso.

O reequilíbrio global não será fácil

Em primeiro lugar, em termos de escala de consumo privado a lacuna entre a China e o Ocidente é ainda gigantesca. O consumo privado anual nos EUA equivale a cerca de US$ 10 trilhões; nas quatro maiores economias da zona europeia (Alemanha, França, Itália e Espanha) esse montante é de US$ 5,6 trilhões; no Japão, US$ 3,0 trilhões. Na China, o total é de apenas US$ 1,8 trilhão (Banco Mundial, 2011; todos os dados se referem a 2009). Mesmo que um milagre acontecesse e em um curto espaço de tempo o *yuan* se valorizasse em relação ao dólar em 1,5 vez, o valor não alcançaria mais de US$ 2,7 trilhões. É óbvio, portanto, que isso não seria o suficiente para compensar a queda ou a desaceleração do consumo privado no Ocidente. E mesmo que o consumo de outros grandes países em desenvolvimento fosse considerado, o quadro não mudaria de maneira significativa (em 2009, o consumo privado na Índia alcançou US$ 771 bilhões, no México registrou US$ 590 bilhões e na Indonésia, US$ 306 bilhões).

Em segundo lugar, a aceleração no crescimento do consumo privado na China não necessariamente levará a um aumento substancial em suas importações dos EUA ou da Europa. Para conquistar o mercado chinês os exportadores ocidentais terão de lutar muito e o resultado dessa batalha não pode, de maneira alguma, ser previsto. Como demonstrado na Parte Um, as empresas chinesas não pensam duas vezes antes de aproveitar as novas oportunidades que são disponibilizadas por seu mercado doméstico e, como exportadora para a China, a Ásia tem se revelado mais eficiente que o Ocidente. Do outro lado, no sentido de estabelecer presença na China, cada vez um número maior de empresas norte-americanas e europeias opta por produzir localmente em vez de exportar. Logo, a habilidade dos exportadores ocidentais para capturar uma porção significativa do mercado chinês em expansão é **questionável**.

Talvez a maneira mais fácil de o Ocidente aumentar suas exportações para a China em curto prazo seja firmando grandes acordos no âmbito governamental – exatamente como fez a administração Obama durante os encontros da Cúpula EUA-China, em janeiro de 2011, quando ambos os países deram início a negociações de grandes contratos que envolviam a venda de aviões, equipamentos de geração de energia, locomotivas e outros itens. Contudo, esse mecanismo somente funciona com a avaliação cuidadosa de cada caso específico, portanto, é improvável que isso altere o quadro geral no comércio entre o Ocidente e a China.

Em terceiro lugar, a queda nos montantes poupados e a intensificação de uma tendência ao consumo (como parte da renda disponível) por parte dos chineses – em paralelo a um movimento oposto no Ocidente (e mesmo que isso se tornasse uma mudança permanente) – não obrigatoriamente restringiriam as exportações chinesas para os EUA e a Europa. Por um lado, as empresas chinesas são perfeitamente capazes de aumentar de maneira simultânea suas vendas tanto no mercado interno quanto no Ocidente. A eficácia dos investimentos chineses (valor agregado por unidade de investimento), que ainda é baixa de acordo com os padrões internacionais, está aumentando de modo regular e constante, o que já possibilita ao país atingir uma produção maior com menos investimentos e, por conseguinte, poupar recursos. Em contrapartida, se, dentro do conceito de reequilíbrio global, as famílias ocidentais restringirem suas compras de bens de consumo com o intuito de poupar dinheiro, as vendas de produtos de uso diário importados da China, mais simples e baratos, certamente serão menos impactadas que as de itens mais sofisticados manufaturados pelas próprias empresas norte-americanas e europeias.

É por isso que, mesmo que as proporções nos valores poupados e nas taxas de consumo se alterem da forma desejada, tanto na China quanto no Ocidente, é improvável que se alcance rapidamente o equilíbrio imaginado e, além disso, talvez isso jamais se torne uma tendência importante.

Não devemos nos esquecer de que ainda na década de 1980, com a ajuda de seus principais aliados, os EUA fizeram uma tentativa desesperada de reequilibrar a economia global (embora na época o termo "reequilíbrio" não tenha sido utilizado). Na ocasião, os EUA tentaram reduzir seu déficit comercial valorizando abruptamente o iene e desvalorizando o dólar, na expectativa de que o Japão – que ostentava o maior superávit comercial naquele período – consumisse e importasse mais, mas exportasse menos. Em setembro de 1985, um encontro em Nova York que reuniu os ministros de finanças e presidentes de bancos centrais das cinco principais nações industriais do mundo, fez surgir o "Acordo do Plaza,"[1] que representou uma intervenção conjunta nos mercados cambiais estrangeiros.

---

1 – O acordo recebeu esse nome por ter sido assinado no hotel Plaza. Os membros participantes representavam o então G-5 (EUA, Alemanha, Japão, França e Reino Unido). O objetivo do pacto era coordenar a política econômica dos países mais industrializados, atacar as forças protecionistas e, sobretudo, reduzir o valor do dólar, que havia atingido valor recorde frente a outras moedas fortes, causando grande déficit comercial para os EUA. (N.T.)

Como resultado desse acordo, a média anual da taxa de câmbio do iene em relação ao dólar subiu bastante: 200,6 ienes para US$ 1, em 1985; 160,1 ienes para US$ 1, em 1986; 122 ienes para US$ 1 dólar, em 1987 (Tselichtchev e Debroux, 2009). Porém, mesmo depois dessa dramática valorização, as exportações japonesas somente encontraram dificuldades por pouco mais de um ano e, a partir de 1987 elas voltaram a crescer em um ritmo acelerado. **Tanto** o consumo doméstico **quanto** as exportações do Japão se expandiram de maneira dinâmica, enquanto o déficit dos EUA diante desse acordo bilateral continuava a bater recordes negativos consecutivos.

Naquela época, nos anos dourados da economia nipônica, a valorização da moeda japonesa não cessou as exportações do país por causa da elevadíssima competitividade de suas empresas – não relativa a preços – e da capacidade das suas companhias para diferenciar seus produtos. Atualmente a China ainda está muito longe de alcançar um nível de competitividade que não esteja relacionado a preços, porém, o gigante asiático tem poder de barganha mais que suficiente para não permitir a rápida valorização de sua moeda. Além disso, o país controla os mercados globais de muitos produtos, tanto como fabricante quanto como exportador. Sendo assim, a China está em uma ótima posição não apenas para manter seu superávit comercial, como para expandi-lo.

O aumento demasiadamente rápido do consumo na China poderá provocar terríveis efeitos colaterais

Para mudar um pouco a perspectiva, é importante ter em mente que um aumento demasiadamente rápido no consumo privado dos 1,3 bilhão de chineses poderá causar efeitos colaterais negativos para a própria China e também para o mundo como um todo, anulando os bons resultados obtidos em termos de reequilíbrio: maior pressão sobre o ambiente natural; escassez de energia e recursos minerais, de alimentos e de outros produtos; e a exacerbação da inflação global.

Por exemplo, a década de 2000 foi caracterizada por um rápido aumento no consumo de alimento pelas famílias chinesas – em grande parte porque dezenas ou até centenas de milhões de chineses finalmente tiveram condições de **ter três refeições por dia**, em vez de apenas duas. Essa é uma mudança natural e positiva, e é assim que deveria ser. Todavia, tal ocorrência aumentou a demanda global de alimentos e se tornou um fator preponderante no surgimento da inflação sobre os produtos alimentícios, por volta do ano de 2006. Esse processo inflacionário foi interrompido pela crise global, mas retornou assim que as dificuldades foram superadas.

A China também já se transformou no **maior mercado consumidor de automóveis em todo o mundo**. Particularmente, confesso que ficaria aliviado se as famílias chinesas não alcançassem os níveis ocidentais de motorização e de propriedade de veículos automotivos, uma vez que isso preservaria o meio ambiente e evitaria que a vida em cidades chinesas grandes (ou não tão grandes) se tornasse um pesadelo.

O fato é que os chineses terão de imaginar, e até mesmo propor para o mundo, padrões alternativos de consumo em relação aos anteriormente estabelecidos pelo Ocidente – pelo menos àqueles adotados pelos países ocidentais durante a mesma fase de desenvolvimento econômico que a própria China está vivenciando atualmente. Tais padrões precisam se mostrar mais ecologicamente sustentáveis, levar em consideração as limitações dos recursos naturais e, por conta disso, restringir de maneira inteligente a escala de consumo de produtos e serviços específicos, evitando os mesmos excessos praticados pelos ocidentais.

Já no que diz respeito às poupanças das famílias chinesas e às enormes reservas cambiais do país, a redução desses montantes, em especial de modo substancial, poderá prejudicar o Ocidente em vez de beneficiá-lo. A razão para isso é óbvia: ambos têm sustentado as nações ocidentais ao longo deste período em que se registra a pior crise das dívidas públicas da história moderna. Portanto, não é aconselhável enfatizar demais a ideia de reequilíbrio.

Posição atual: desequilíbrio ou equilíbrio?

Talvez fosse melhor ajustar um pouco o ponto de vista.

Ao contrário do que revela o pensamento convencional, o comércio e as relações econômicas entre a China e o Ocidente já **demonstram** certo equilíbrio global. Talvez a situação ainda esteja longe do ideal, principalmente pela ótica dos ocidentais, mas com certeza não é tão crítica quanto imaginam as pessoas que leem diversas publicações propagadas pela mídia do Ocidente ou escutam discursos políticos da região.

Veja a seguir o esboço de uma situação de equilíbrio.

Os grandes montantes poupados pelas famílias chinesas estão se traduzindo em uma alta proporção de investimentos (índices de valores aplicados pelas famílias em comparação ao PIB), em um rápido crescimento na produção e em um grande aumento nas exportações para o Ocidente. Ao amealhar uma enorme quantidade de moedas estrangeiras, a China amplia suas reservas cambiais (que, aliás, se expandem ainda mais à medida que as autoridades monetárias chinesas compram moedas estrangeiras para manter o *yuan* desvalorizado). As reservas em questão são utilizadas para comprar papeis ocidentais, principalmente títulos do tesouro e outros tipos de dívidas do governo norte-americano. Hoje, a China ajuda os governos dos EUA e de outros países do Ocidente a combater seus déficits orçamentários e a aliviar os sofrimentos causados por profundos cortes nos gastos públicos.

Trata-se de um desequilíbrio para os EUA e o mundo ocidental de modo geral, mas também para a própria China – desde que observemos ambos os lados como dois times separados. Porém, se vislumbrarmos a economia global como uma entidade única, em que as economias nacionais são partes integrantes de um sistema, a situação revelará sim um tipo de equilíbrio.

Por décadas os gigantescos déficits na balança de transações correntes norte-americanas foram o foco de atenção principal dos economistas, dos políticos e também da mídia. Ao longo de muitos anos, críticos e céticos nunca deixaram de alardear que a situação era insustentável. Entretanto, ela se comprovou bastante **sustentável**. A economia dos EUA permanecerá segura desde que o influxo de capital continue e as contas de empréstimos e investimentos no balanço de pagamentos se mantenham credoras. Administrando grandes déficits comerciais e na balança de transações correntes, os EUA desempenharam o papel de maior criador de mercado do mundo, sustentando o crescimento global até mesmo de países que eram seus principais credores. Isso representou – e continua representando – uma espécie de acordo: **mercado por dinheiro**.

Ao tornar-se a maior credor do governo norte-americano, o governo chinês se revelou – e continuará a se revelar – absolutamente comprometido em seu papel, visto que a estabilidade econômica dos EUA é indispensável para o próprio gigante asiático, visto que os norte-americanos são os seus mais importantes parceiros comerciais.

Além disso, a China está se transformando em um credor cada vez mais importante tanto para os EUA como para países da Europa. Cerca de 25% de suas reservas estrangeiras encontram-se investidas em ativos denominados em euros (Reuter, 2011). Não há dúvida, portanto, de que a China desempenhará um papel cada vez mais crucial não apenas na salvação de governos europeus altamente endividados (como os da Grécia, de Portugal, da Espanha, da Itália, entre outros) que se envolveram nesse verdadeiro fiasco financeiro, como também na sustentação do euro.

A China também tem aumentando de maneira perceptível a compra de papeis japoneses. Em 2010, o total adquirido já era 27 vezes maior que apenas um ano antes e excedia 21 trilhões de ienes (a média entre 2005-2009 foi de apenas 1 trilhão de ienes). A maior parte do dinheiro chinês foi investida em títulos de curto prazo do governo japonês, mas a aquisição de dívidas de longo prazo do governo nipônico também dobrou, alcançando quase 470 bilhões de ienes. A China tornou-se o quinto maior investidor em papeis japoneses depois do RU, da França, dos EUA e de Hong Kong, quando há apenas um ano ocupava a 17ª posição (Nikkei, 2011a).

Apenas para reenfatizar, esse tipo de equilíbrio entre a China e o Ocidente está longe de ser perfeito e não é o que os países ocidentais desejam para si. Para a China, trata-se de um trunfo que lhe garante crescente influência nos âmbitos político e diplomático. Todavia, esse equilíbrio imperfeito é real e se mostra basicamente funcional para todas as partes envolvidas, enquanto a ideia de reequilíbrio global se revela mais como um castelo de areia.

A partir de 2010-2011, tornou-se cada vez mais óbvio que a recuperação mundial ressuscitará padrões de crescimento econômico e de comércio internacional que prevaleceram antes da crise (no primeiro capítulo da Parte Três observaremos essa questão por uma ótica diferente, demonstrando que tais padrões atendem plenamente aos interesses das lideranças chinesas).

Em 2010, a economia norte-americana cresceu 3%. O crescimento foi impulsionado, em primeiro lugar, pelo consumo privado, que, no último trimestre daquele ano subiu 4,4%, comparado ao mesmo período do ano anterior, contribuindo em 2 pontos percentuais para o aumento total do PIB dos EUA (Willis, 2011). O déficit no comércio de mercadorias subiu 27,5%, para US$ 645,1 bilhões, a partir de um total de US$ 505,9 bilhões registrados no ano anterior (Bureau of Economic Analysis, 2011b). O déficit norte-americano no comércio com a China chegou a US$ 273,1 bilhões, ou 42% do total. Já as importações da China registraram o recorde de US$ 364,9 bilhões (U.S. Census Bureau, 2011b).

O crescimento anual dos 27 países que compõem a UE foi de 1,8% (FMI, 2011), mas, no quarto trimestre ele se acelerou e alcançou 2,2% (Trading Economics, 2010). As importações de produtos chineses pela UE subiram em 31% para € 281,9 bilhões. As exportações representaram menos que a metade desse montante: €$ 113,1 bilhões de euros, ou 38% mais que em 2009 (EC Commission, 2011).

Conforme a retração global terminou, a América e a Europa começaram a expandir o consumo privado e a importar novamente. Enquanto isso, o crescimento da China ocorreu cada vez mais em função das exportações, à medida que a expansão de sua demanda interna diminuía em ritmo, por conta do aperto na política monetária e do menor impacto dos estímulos econômicos governamentais.

Ainda há espaço para manter esse tipo de relação econômica entre a China e os países do Ocidente.

Já no rastro da crise, famílias norte-americanas e europeias começaram a poupar mais. Contudo, isso não significa que no período pós-crise a proporção de valores poupados irá continuar em elevação. Pelo contrário, conforme a economia gradualmente melhora, norte-americanos e europeus com certeza tentarão restaurar seus padrões de consumo anteriores à crise (embora pressões descendentes sobre as rendas, preocupações com os empregos e limitações mais rígidas sobre o consumo de crédito irão restringir o ritmo do crescimento no consumo). Em suma, haverá propensão a um consumo maior e à diminuição da proporção poupada, embora, aparentemente, os níveis gerais jamais alcancem os registrados na década anterior.

Em contrapartida, os chineses, assim como a maioria dos outros povos asiáticos, continuarão a ampliar os valores poupados – principalmente à medida que os bancos centrais asiáticos alterarem suas políticas e aumentarem suas taxas de juros para conter a elevação da inflação e, assim, prevenir o superaquecimento econômico.

Consequentemente, o superávit comercial chinês e os déficits comerciais ocidentais voltarão a se expandir.

Para o período entre 2011 e 2016, o FMI prevê um declínio constante nos valores poupados na zona do euro e no RU, e uma mudança em "V" nos EUA e no Japão. Nos EUA, estima-se que as taxas irão cair até 2013 e voltarão a subir para 6% em 2016. Por outro lado, dentro do mesmo período, as poupanças na Ásia em desenvolvimento deverão subir em cerca de 1,25% pontos do PIB. De acordo com tais previsões, o atual superávit na balança chinesa alcançará um novo recorde de US$ 454,6 bilhões em 2016 (três vezes o total de 2009), enquanto nos próximos cinco anos o déficit na balança dos EUA subirá 1,7 vezes (FMI, 2011).

Portanto, não devemos esperar que a economia global seja radicalmente equilibrada em um futuro próximo.

Conclusões

Em primeiro lugar, a crise financeira e econômica global de 2008-2009 não foi, portanto, realmente global. Foi um evento ocidental, assim como a crise de 1997-1998 foi, primordialmente, asiática. Os tempos mudaram: as economias do Ocidente já não são grandes o suficiente para desencadear crises globais por conta de seus próprios fracassos. A China, assim como outras grandes economias emergentes, não entrou em crise.

Em segundo lugar, a crise em questão manifestou o fracasso do modelo de capitalismo ocidental. Em outras palavras, ele falhou em manter um comportamento responsável não apenas por parte de muitas famílias, mas também dos financiadores. O primeiro grupo, elevou seu próprio consumo para níveis que iam além do sustentável. O segundo, manteve a farra dos empréstimos e se tornou cada vez mais enredado em jogos financeiros arriscados. Os super-homens do mundo financeiro (pelo menos era isso que pareciam), acostumados a lidar com enormes quantidades de instrumentos estruturados que representavam altíssimos riscos, tornaram-se os grandes heróis da década, mantendo como reféns economias nacionais inteiras, e controlando nas próprias mãos o destino de milhões de indivíduos. Essas pessoas não foram adequadamente responsabilizadas pelo fiasco que engendraram.

Nem o Estado nem as corporações foram capazes de supervisionar e evitar de maneira apropriada e eficiente todas essas **aberrações**. A verdadeira face do capitalismo ocidental provou-se bem diferente da imagem estabelecida.

Em terceiro lugar, as soluções mais naturais para os problemas impostos pela crise são: padrões de consumo mais razoáveis; administração mais prudente; maior transparência; assunção de responsabilidade por parte das instituições financeiras; e maior supervisão do Estado. O modelo capitalista ocidental (tanto a versão anglo-saxônica quanto a continental europeia) precisa ser reparado. Porém, os países do Ocidente não precisam migrar para qualquer tipo de capitalismo estatal ou para sistemas econômicos distintos. As nacionalizações e as operações de salvamento foram ações temporárias; em sua maioria, apenas medidas emergenciais de curto prazo.

Em quarto lugar, embora a crise de 2008-2009 tenha acabado, seu espectro ainda está presente. Seu legado irá assombrar as economias ocidentais ainda por muitos anos, o que tornará a recuperação lenta e incompleta.

Como punição pelo aventureirismo financeiro dos anos pré-crise, a maioria dos países do Ocidente se vê obrigada a lutar contra dívidas públicas sem precedentes. Em vários Estados europeus crises relativas às dívidas soberanas alcançaram estágios críticos, transformando os títulos de alguns governos em ativos de valor questionável e minando a confiança das pessoas nas instituições financeiras que os possuem.

Os problemas inerentes a finanças públicas fizeram com que o Ocidente acelerasse o doloroso processo de cortar gastos previdenciários.

Conforme a confiança nos negócios se mantém em baixa, a recuperação não se traduz em um aumento significativo de vagas. A taxa de desemprego nos EUA alcançou o nível europeu, chegando a 10% da população.

Ao mesmo tempo, os riscos de inflação aumentam. Os efeitos da farra nos gastos públicos e da frouxa política monetária de 2008 a 2009 serão sentidos por um longo período de tempo, juntamente com o impacto das elevações nos preços globais de combustíveis, recursos minerais e alimentos. Algumas economias do Ocidente já enfrentam fortes pressões inflacionárias enquanto se mostram em um estágio bastante inicial de sua recuperação e apresentam níveis de crescimento bastante lentos. Em outras palavras, a **estagflação** está batendo à porta dessas nações.

Em quinto lugar, em termos relativos, a crise de 2008 a 2009 tornou a China mais **forte**, mas **enfraqueceu** o Ocidente.

Isso não aconteceu somente pelo fato de a economia chinesa estar crescendo enquanto as ocidentais tropeçavam. O ponto principal neste processo foi a China se revelar imune às doenças estruturais que o Ocidente não conseguiu controlar nem conter. Ademais, ao aprender com as experiências negativas do Ocidente a China está tomando medidas preventivas para não ser afetada por esses mesmos males no futuro.

De modo estrutural, a China de hoje é mais forte que muitas economias ocidentais.

Em sexto lugar, o regime comunista chinês já demonstrou uma incrível capacidade de abordar os maiores problemas do país de maneira paulatina e evolutiva.

A China não está enfrentando nenhuma ameaça de intranquilidade política como a registrada na Europa Oriental e Central no final da década de 1980 e início dos anos 1990, ou como a verificada no Oriente Médio em 2011. A razão para isso é que, diferentemente dos países dessas regiões, na China as lideranças políticas estão de fato tentando, ao seu próprio modo, abordar os descontentamentos de sua população e propor soluções para os problemas (mesmo que elas estejam longe da perfeição). O sistema político do país não está estagnado, mas passa por mudanças evolucionárias ao melhor estilo chinês. Há ainda grande espaço para outras evoluções gradativas: rumo a uma sociedade que ostente uma fachada política mais pluralista, mas ainda sob o comando inegável e incontestável do PCC.

Em sétimo lugar, o sistema econômico vigente na China de hoje não é o capitalismo estatal, tampouco uma oposição ao ocidental, que traz em seu âmago o empreendedorismo privado. Trata-se de um **capitalismo estatal-privado**, no qual a posição do setor privado tem gradualmente se tornado mais forte. A competição na China é, em geral, mais feroz que no Ocidente. Com o passar do tempo, o capitalismo chinês tem integrado cada vez mais elementos do capitalismo ocidental convencional, combinando-os às suas próprias características específicas, tais como o papel fundamental das SOEs de mercado. Essa mistura de atributos ocidentais e não ocidentais é um fator importante para a resistência econômica chinesa.

Em oitavo lugar, tentar garantir um reequilíbrio econômico global por meio de mudanças comportamentais da China que envolvam a diminuição dos montantes poupados e o aumento do consumo, e um crescimento norteado pelo mercado doméstico e não pelas exportações – tudo isso paralelamente a um movimento oposto no Ocidente –, será extremamente difícil.

Conforme o tempo passa, os chineses certamente pouparão menos e consumirão mais, e isso resultará em maiores níveis de importação. Entretanto, isso dificilmente se tornará o principal caminho para o reequilíbrio global em um futuro próximo. A escala de consumo privado na China ainda não pode ser comparada àquela que prevalece no Ocidente. Por outro lado, a habilidade dos exportadores ocidentais para capturar porções significativas de consumidores chineses é questionável. Por último, mesmo que os consumidores do Ocidente gastem seu dinheiro de maneira mais cuidadosa, isso não necessariamente irá restringir as importações de produtos manufaturados na China.

De fato, já existe um tipo diferente de equilíbrio econômico global em pleno funcionamento, e é provável que esse modelo prevaleça ainda por muitos anos. Ao crescer, aumentar ainda mais suas exportações para o Ocidente e fazer circular o dinheiro que ganha, a China está financiando os déficits orçamentários dos países ocidentais e gradualmente ampliando seus investimentos diretos nos EUA, na Europa e no Japão, ajudando assim a fortalecer setores industriais locais e criando empregos.

Além disso, embora seja ela própria uma nação em desenvolvimento, esse novo gigante econômico se encontra em uma ótima posição para aumentar sua contribuição no desenvolvimento de todo o mundo.

Parte Três

AS DISPUTAS ECONÔMICAS ENTRE A CHINA E O OCIDENTE: E O VENCEDOR É...

A China e o Ocidente estão envolvidos em uma verdadeira guerra econômica que se desenrola em várias frentes. Não se trata apenas de uma acirrada disputa por domínio e riqueza entre elites governantes e empresariais, mas também de uma luta pela sobrevivência, que envolve milhões de pequenos e médios empreendimentos em ambos os lados e centenas de milhões de trabalhadores comuns.

Este é um dos confrontos mais estranhos da história mundial. Os dois lados lutam com todas as suas forças, mas, diferentemente de batalhas anteriores, até mesmo de caráter econômico, nenhum deles deseja que seu rival sofra uma derrota avassaladora. Nem a China nem o Ocidente tem como objetivo enfraquecer seu oponente em termos econômicos, a ponto de o último se ver obrigado a abandonar o campo de batalha como aconteceu, por exemplo, no caso do Ocidente e a antiga União das Repúblicas Socialistas Soviéticas (URSS).

Assim como dois boxeadores ou duas equipes de futebol rivais, a China e o Ocidente precisam um do outro. O gigante asiático precisa de um Ocidente rico, econômica e socialmente estável e tecnologicamente progressista.

O Ocidente, em contrapartida, necessita de todo o dinamismo e do abundante fluxo de caixa chineses. Nessa guerra econômica, a vitória somente importará e fará pleno sentido se o adversário permanecer suficientemente forte e saudável, e continuar na disputa. Qualquer impacto mais intenso sofrido por um dos lados também representará um golpe forte para o outro. Sendo assim, é óbvio que ambos os lados não estão apenas guerreando, mas interagindo e sustentando um ao outro de várias maneiras.

Todavia, essa guerra econômica entre a China e o Ocidente é real. Um de seus principais aspectos é a disputa por uma posição que garanta ao vencedor determinar as novas regras de conduta dentro da arena econômica global e as maneiras pelas quais importantes questões internacionais serão abordadas.

Conforme o tempo passa, a situação no campo de batalha tende a mudar a favor da China.

Em um curtíssimo espaço de tempo o gigante asiático desenvolveu uma tremenda capacidade de barganha: agora ele não apenas tem o poder de impor seus próprios interesses sobre o Ocidente, mas de fazer com que os outros países aceitem suas opiniões ou, pelo menos, acatem seu ponto de vista. Esse poder de barganha, embora absolutamente impossível de ser mensurado, exerce influência decisiva sobre a maneira como questões econômicas internacionais cruciais são encaradas e solucionadas. Com frequência, o Ocidente não dispõe nem das ferramentas nem dos meios para enfrentar esse desafio.

Capítulo 15

A escolha da China é expandir ainda mais seu superávit comercial e manter o *yuan* enfraquecido

O principal conflito econômico entre a China e o Ocidente diz respeito ao comércio exterior e à política cambial chinesa para o *yuan*.

A lógica por trás da decisão de não valorizar o *yuan* mais rapidamente

Os EUA e as potências ocidentais estão pressionando fortemente a China para que esta valorize sua moeda com maior rapidez e, assim, reduza seu superávit comercial. O Ocidente alega que tal medida não apenas irá corrigir os desequilíbrios comerciais existentes, mas também atender aos próprios interesses chineses, barateando suas importações, enriquecendo suas famílias, aumentando o consumo privado e reduzindo a inflação.

Deixar de exigir uma valorização mais acelerada do *yuan* representaria certamente um ato de insanidade diplomática, contudo, é óbvio que a China continuará a valorizar sua moeda com a rapidez característica de uma tartaruga, rejeitando todas as pressões no sentido contrário. Como resultado direto, seu gigantesco superávit continuará a se expandir.

O fato é que as prioridades do Ocidente e da China são distintas. Os EUA e a Europa estão apreensivas por conta de desequilíbrios comerciais, enquanto os chineses se sentem absolutamente confortáveis com o *yuan* desvalorizado, uma vez que isso ajuda o país a se manter no comando dos principais mercados mundiais e garante o crescimento de setores de exportação. Esse é o tipo de vantagem da qual ninguém gosta de abrir mão facilmente, a despeito do que o governo chinês tem dito sobre estar pronto para reduzir seu superávit.

O Ocidente alega que a valorização do *yuan* irá beneficiar os consumidores chineses, pois tornará mais acessível uma gama de produtos de várias partes do mundo. Isso é verdade. O problema, entretanto, é o fato de que, devido ao crescimento fenomenal e ininterrupto do país por um período excepcionalmente prolongado, o padrão de vida das famílias chinesas já tem se elevado mesmo com a moeda desvalorizada. Isso se deve, principalmente, ao aumento no consumo de produtos fabricados dentro da própria China. Neste sentido, tanto os consumidores quanto os fabricantes chineses se beneficiam da situação – uma **ótima combinação**.

Outro ponto crucial é que, mantendo o *yuan* fraco, as autoridades chinesas transmitem uma mensagem clara aos fabricantes ocidentais: "Por que se preocupar em exportar? É melhor as empresas virem para cá e produzirem dentro da China!" Sem muita alternativa (caso as empresas queiram se manter competitivas em termos de custos, é claro), um número cada vez maior de companhias ocidentais opta por fabricar seus produtos em solo chinês a exportar a partir dali, o que reforça ainda mais o poder de produção e exportação do gigante asiático. Além disso, com o passar do tempo, essas empresas multinacionais transferem para a China tecnologias cada vez mais avançadas e estabelecem em território chinês instalações de

P&D super modernas (ver próximo seguimento). O *yuan* fraco representa, portanto, um instrumento importante não somente em termos comerciais, mas de política de investimentos – ele é usado para atrair as melhores empresas do mundo para a China.

A lógica por trás do incentivo à poupança e às exportações; não ao consumo

O Ocidente faz suas exigências: mude seu sistema de modo que ele busque crescimento interno com base em demanda! Poupe menos e consuma mais!

Todavia, independentemente do que o governo chinês esteja alardeando, a China também não está ávida para adotar tal direção. Uma política macroeconômica expansionista que aumente a demanda interna elevaria o risco de uma bolha especulativa de ativos. No caso da China, se tal risco não for gerenciado de maneira cuidadosa, outra explosão consecutiva de bolha especulativa poderia provocar um desastre econômico, social e político. Depois do término da retração global, de modo geral, os mercados internacionais já estão retornando ao normal, mas as pressões inflacionárias estão aumentando. O caminho mais seguro para as lideranças chinesas é o de não estimular nem o consumo privado nem a demanda interna, mas aplacá-los por meio de uma política monetária mais rígida, contando mais uma vez com as exportações como principal impulsionador de crescimento (Esta situação mudará se os problemas financeiros e econômicos do Ocidente piorarem novamente).

Vultosas poupanças representam outro fator importante não somente para o poderio econômico chinês, mas também para a estabilidade social. Por um lado, esses elevados montantes fortalecem a confiança das famílias chinesas no próprio futuro, por outro, eles sustentam os investimentos de larga escala e o crescimento contínuo da produção, tão necessários para a geração de empregos. Embora os investimentos fiquem um pouco restringidos por uma política macroeconômica deflacionária, eles ainda estão crescendo de maneira rápida, conforme as exportações se mostram robustas.

Em resumo, a despeito de todas as pressões diplomáticas externas, sob as condições atuais (e a menos que o Ocidente se veja envolvido em uma nova recessão), a China do início da década de 2010 ainda opta por continuar com sua política de crescimento voltada para investimentos e exportações a alterá-la para um sistema norteado pelo consumo das próprias famílias chinesas.

Esse padrão de crescimento continuará a ampliar suas reservas estrangeiras, reforçando o papel de Pequim como maior credor do Ocidente. Essa notícia também é positiva para as elites políticas chinesas, uma vez que a posição de credora permite à China persuadir seus parceiros a aceitarem as regras por ela propostas, e não somente em relação a questões econômicas.

Trata-se, portanto, de um grande jogo político, que, aliás, se revela bem mais importante para os governantes do país que oferecer às famílias chinesas a chance de viver melhor com um *yuan* mais forte e/ou de ter mais acesso aos produtos estrangeiros.

Capítulo 16

Meio ambiente: a China seguindo seu próprio caminho

O meio ambiente representa outra arena em que os interesses chineses e ocidentais entram em choque.

A China se tornou o maior poluidor mundial. De acordo com algumas estimativas, desde 2007, o país emitiu 14% mais gases de efeito estufa que os EUA (Asia Society's Center on U.S.-China Relations, 2009).

Durante os diálogos globais sobre mudanças no clima iniciados na Convenção-Quadro das Nações Unidas sobre Mudanças Climáticas (CQNUMC),[1] e ainda como parte do acordo global firmado após o pro-

---

1 – Do original em inglês: *United Nations Framework Convention on Climate Change (UNFCCC)*. Tratado sobre o meio ambiente estabelecido durante a Conferência das Nações Unidas sobre o Meio Ambiente e Desenvolvimento que aconteceu em 1992 no Rio de Janeiro com o propósito de reduzir o efeito estufa e combater o aquecimento global. (N.T.)

tocolo de Kyoto, o Ocidente tem insistido que Pequim estabeleça metas numéricas compulsórias para a redução das emissões de dióxido de carbono pelo país. É óbvio que a China discorda dessa solicitação e, juntamente com outras nações em desenvolvimento, insiste em uma abordagem essencialmente distinta.

De modo geral, prevalecem muitas dúvidas quanto à maneira como questões fundamentais relacionadas ao meio ambiente são tratadas em âmbito global.

Os diálogos sobre o clima: as dúvidas continuam a existir (se não estiverem aumentando)

Para começar, a própria relevância dos diálogos ocorridos na CQNUMC parece questionável. Prevalece uma forte sensação de que essas conversas tenham sido arranjadas de modo apressado, preparadas de maneira descuidada e se baseado em premissas duvidosas.

O objetivo da convenção é cortar o nível de emissão de dióxido de carbono (CO_2) para manter o aumento da temperatura global em pelo menos 2ºC, em comparação ao período pré-industrial. Todavia, não há evidências científicas claras e/ou internacionalmente aceitas de que a emissão de CO_2 seja de fato a principal responsável pelo aquecimento global. Pelo contrário, considerando que recentemente surgiram vários argumentos que discordam de tal suposição. Até mesmo alguns dos mais proeminentes críticos do CO_2, começando por Al Gore,[2] já admitiram abertamente que talvez a situação não seja exatamente a que foi exposta. Dados publicados por vários especialistas no assunto, incluindo James Hansen, diretor do Goddard Institute for Space Studies da NASA e **"avô da teoria de aquecimento global"**, demonstram que outros gases além do CO_2 são responsáveis pela maior parte do aquecimento global – talvez até por todo ele –, e que o principal gás de efeito estufa é o **metano**. Além disso, há grande ceticismo quanto ao alarmismo criado em relação ao próprio aquecimento global.

Desse modo, essa estrutura de negociações baseada em pressuposições questionáveis torna-se duvidosa. Pelo menos seria seguro afirmar que, para se alcan-

---

2 – Vice-presidente dos EUA durante o mandato Bill Clinton e responsável pelo documentário lançado em 2006, *Uma Verdade Inconveniente*, que trata das mudanças climáticas e do aquecimento global (Oscar de melhor documentário de 2007). (N.T.)

Meio ambiente: a China seguindo seu próprio caminho 185

çar conclusões definitivas quanto à correção – ou não – do caminho escolhido, inúmeros outros estudos científicos preliminares terão de ser executados.

Porém, de modo não surpreendente, depois que as Nações Unidas começam a propalar um assunto ninguém mais consegue **interromper o processo**. As conversas são mantidas por diplomatas – negociadores profissionais acostumados a realizar barganhas diplomáticas que definirão quem terá de cortar suas emissões de CO_2, em que índices e sob quais condições. O objetivo é atingir uma redução nas emissões de 40 a 44 bilhões de toneladas até 2020, um nível considerado necessário para conter a elevação da temperatura em 2°C. Atualmente, os países envolvidos se comprometem a uma redução que representa uma lacuna de 10 a 14 bilhões de toneladas.

Em uma conferência ministerial realizada em Cancún, no México, em dezembro de 2010, os países desenvolvidos submeteram a análise suas metas de redução e 48 países em desenvolvimento apresentaram informações sobre Ações Nacionais Atenuantes Apropriadas (NAMAs[3]) que pretendem adotar em seus esforços para se desviar de condutas comerciais equivocadas no que diz respeito às emissões de carbono, até 2020. Contudo, tais ações dependem do apoio financeiro e tecnológico do Ocidente. Estabeleceu-se um acordo sobre a criação do **Fundo Verde para o Clima**, do Comitê de Adaptação, para apoiar os países na compilação de seus planos de proteção ao clima, e do **mecanismo tecnológico**.

Diálogos difíceis se estenderão ainda por muito tempo. O fato é que questões fundamentais quanto aos níveis e formatos de redução para cada país envolvido permanecerão sem solução, enquanto, de um lado, o Ocidente se negar a realizar cortes compulsórios sem que a China, a Índia e outros grandes países em desenvolvimento se comprometam a fazer o mesmo; e do outro, chineses, indianos e outras nações argumentarem que não aceitarão tais obrigações por considerarem que: 1º) têm o mesmo direito de se desenvolver que as nações ocidentais e 2º) o problema foi causado pelo próprio desenvolvimento industrial do Ocidente, portanto, cabe aos ocidentais assumir a maior responsabilidade pelos cortes.

A probabilidade de que a China se **renda** às pressões do Ocidente e aceite as metas de redução de CO_2 estabelecidas internacionalmente é

---

3 – Sigla em inglês para: *National Appropriate Mitigation Actions*. (N.T.)

zero. Pelo menos em teoria, de qualquer modo – mesmo que na China tais reduções não estivessem associadas a inaceitáveis sacrifícios em termos de crescimento e desenvolvimento (e na realidade elas estão). A China basicamente evita assumir quaisquer obrigações que coloque o país em uma situação de submissão em relação a instituições supranacionais, em especial se a pauta dessas organizações for predominantemente articulada por potências ocidentais.

Esses diálogos sobre o clima têm demonstrado dois fatos importantes: em primeiro lugar, a incapacidade do Ocidente em garantir qualquer tipo de concessão por parte de Pequim; em segundo, o grande poder de barganha da China, que lhe permite abordar problemas ao seu próprio modo e no seu próprio ritmo. Neste sentido, a situação é bastante similar à questão da valorização do *yuan*.

A conferência de Cancún tornou transparentes os contornos de um possível compromisso entre as nações – se é que algum compromisso é alcançável. Os países desenvolvidos terão de reduzir suas emissões em termos absolutos e de modo compulsório. As nações em desenvolvimento farão reduções em caráter voluntário, sendo que a maioria irá considerar os níveis de emissão por unidade do PIB. O Ocidente será obrigado a apoiar tais reduções tanto em termos financeiros quanto tecnológicos – e alocar fundos consideráveis justamente quando suas próprias finanças estão em completa desordem. Trata-se, portanto, de um acordo bastante assimétrico. Vale ressaltar que uma combinação mais favorável ao Ocidente é praticamente impossível.

Se esse tipo de esquema for realmente estabelecido, os países ocidentais terão de suportar o maior fardo ambiental, tanto no que diz respeito aos níveis de redução de CO_2 quanto ao financiamento do processo.

Preocupações relativas ao impacto sobre o crescimento

Definitivamente não parece adequado que nos apressemos em adotar tal esquema. Em conjunto com mais pesquisas sobre a contribuição do CO_2 e de outros elementos poluidores para o aquecimento global e, também a respeito dos próprios perigos desse aquecimento, é vital que observemos de maneira mais cuidadosa e prestemos maior atenção nas relações entre os cortes nas emissões, de um lado, e o crescimento econômico e a vida das pessoas, do outro.

Meio ambiente: a China seguindo seu próprio caminho 187

Alguns grupos de especialistas, em especial na Europa, publicaram estimativas bastante otimistas quanto aos efeitos que esses cortes exercerão sobre o crescimento econômico e os empregos, enfatizando o papel dos investimentos em uma gama de setores que se mostram amigáveis ao meio ambiente. Porém, a dura realidade nos mostra que a despeito da abertura de várias novas oportunidades, os cortes nas emissões também forçarão famílias e empresas a realizar sacrifícios. Parece muito estranho que os diálogos patrocinados pelas Nações Unidas se baseiem apenas nos cálculos das emissões de CO_2 necessários para manter o aumento na temperatura global em no máximo 2°C, enquanto estimativas detalhadas sobre os efeitos dessas reduções sobre o crescimento econômico, o desenvolvimento, o nível de empregos, o consumo e o padrão de vida dos países envolvidos não são levados em consideração.

No que diz respeito à China, ninguém no mundo ocidental parece realmente se preocupar em sequer considerar o fato de que cortes drásticos nas emissões poderão causar um forte desaquecimento na economia chinesa, o que, por sua vez, poderá provocar uma explosão social – uma revolta envolvendo centenas de milhões de pessoas que se verão privadas de qualquer chance real de superar a pobreza, abandonar padrões primitivos e adotar estilos de vida mais modernos.

Não devemos nos esquecer de que a maior parte das emissões chinesas vem do setor industrial (somente o setor do aço emite mais poluentes que todas as famílias chinesas juntas), enquanto, pelos padrões internacionais, as realizadas pelas famílias são muito baixas – isso somente ocorre porque a modernização dos padrões de consumo e do estilo de vida das pessoas ainda se encontra em um estágio inicial. Em contrapartida, nos EUA as indústrias são responsáveis por apenas 25% do total das emissões no país, enquanto o resto vem dos transportes, do setor comercial e das próprias residências norte-americanas. Em uma base *per capita*, a China emite 78% menos que os EUA (Asia Society's Center on U.S.-China Relations, 2009); as emissões realizadas por uma família chinesa urbana típica são estimadas em cerca de 1/3 daquelas de uma família ocidental comum (Tselichtchev & Debroux, 2009). Vale ainda lembrar que as famílias da zona rural emitem bem menos.

Também de modo surpreendente, os negociadores ocidentais parecem não se preocupar muito com o fato de que a imposição de limitações rígidas sobre as emissões de gases na China – hoje o maior motor do crescimento global – poderá provocar consequências negativas para o próprio mundo ocidental. O desaquecimento da China irá pressionar não apenas o mercado que enfrenta a mais dinâmica expansão em todo o mundo, mas também as fontes cruciais de fornecimento de muitos produtos e, acima de tudo, um dos maiores canais de financiamento dos governos e empreendimentos do Ocidente.

Um ângulo mais aberto se faz necessário

Para abordar os desafios ambientais de nossos tempos, é crucial que superemos alguns estereótipos globais e pensemos em ações alternativas.

É chegado o momento de irmos além da estrutura apresentada pela CQNUMC (o que não significa que a iniciativa deva ser descartada) e, em primeiro lugar, deixar absolutamente claro que as questões ambientais de hoje precisam ser analisadas a partir de uma perspectiva muita mais ampla que aquela adotada nos diálogos sobre mudanças climáticas. Estamos enfrentando um gravíssimo problema global que é a **deterioração do ambiente natural** da Mãe Terra, que inclui o **desflorestamento**, a **extinção de várias espécies de plantas e animais**, a **poluição**, a **contaminação das águas**, **eventos climáticos extremos** cada vez mais frequentes, **níveis de ruído** cada vez mais insuportáveis nas cidades e por aí afora. Portanto, é óbvio que as dificuldades do planeta não se resumem às emissões de CO_2 ou à elevação das temperaturas.

Cada país ou grupo de países precisa fazer o que estiver ao seu alcance para descobrir e implementar soluções que estejam de acordo com seus estágios de desenvolvimento, com sua situação econômica e social, e com sua capacidade financeira e tecnológica específica, e assim por diante. Soluções ambientais mais abrangentes precisam estar em equilíbrio com políticas e medidas que objetivem atingir outras metas sociais e econômicas. Os países deveriam trocar informações e experiências nessas áreas de maneira ativa. As nações teriam de lançar projetos conjuntos (tanto em caráter bilateral quanto multilateral) sempre que possível, estabelecendo para si mesmas as limitações obrigatórias ou não compulsórias que considerassem úteis e válidas.

As Nações Unidas não deveriam ser vistas como o único órgão coordenador de esforços internacionais – aliás, é pouco provável que essa organização seja o mais eficiente coordenador.

Definitivamente, o mundo ocidental precisaria ajudar os países em desenvolvimento empenhados em preservar e aprimorar seus ambientes naturais – financeira, tecnológica e intelectualmente. Todavia, é fundamental que fique claro que, em especial na área financeira, existem limitações neste sentido, já que a maioria das economias do Ocidente está enfrentando graves restrições fiscais. Pelo que parece, com suas gigantescas reservas cambiais, a China poderia e deveria aceitar a incumbência de funcionar como uma das principais fontes de financiamento para questões ambientais globais.

A iniciativa da China em favor do meio ambiente

Focando nos conflitos de interesse entre China e Ocidente que se evidenciaram durante os diálogos da CQNUMC, talvez deixemos de atentar para um fato simples, porém de importância crucial. A China compreende perfeitamente bem a situação crítica do ambiente natural do país nos dias de hoje, e já está adotando medidas drásticas no sentido de protegê-lo e aprimorá-lo – o que, aliás, já representa uma grande contribuição para os esforços globais de proteção ao meio ambiente.

Em primeiro lugar, a China já se comprometeu em cortar entre 40% a 45% (abaixo do nível de 2005) de suas emissões de dióxido de carbono por unidade do PIB até 2020: uma **meta bastante ambiciosa** para uma economia em rápido crescimento cuja utilização de energia é intensa.

Em junho de 2004, o governo chinês anunciou um plano de médio e longo prazos para o período de 2005 a 2020, e, com base em seu conteúdo, em novembro do mesmo ano a Comissão Nacional de Reforma e Desenvolvimento (National Development and Reform Commission) estabeleceu um plano de conservação energética que abrangeria o mesmo período.

Para o período que englobou o 11º Plano de Cinco Anos chinês (2006-2010), o alvo para a redução de consumo energético primário no setor de carvão padrão, por unidade de PIB, foi estabelecido em 20 % [na realidade, em 2009, de acordo com o governo chinês esse índice foi reduzido para 14,38%, e para pouco mais 8,2%, segundo estimativas alternativas (Howes, 2010)], e para a redução no consumo de água por unidade de valor agregado no setor em 30% (essa meta foi atingida). O total nas emissões desses dois grandes poluidores, dióxido de enxofre e **demanda química de oxigênio** (DQO),[4] teria de ser reduzido em 10%.

O governo também começou a estabelecer metas obrigatórias de conservação energética para administrações locais – alcançá-las passou a fazer parte do critério de avaliação de desempenho dos profissionais envolvidos. Para a China, onde o principal critério sempre foi a taxa alcançada de crescimento econômico, este foi um avanço substancial.

De acordo com os últimos dados disponíveis na época em que este livro era escrito, a meta de cinco anos na redução de emissões poluentes foi excedida. Além disso, de acordo como o Ministério da Proteção Ambiental, dentro desse mesmo prazo, foram obtidos 500 milhões de quilowatts com instalações de **dessulfurização**[5] em empresas que utilizam energia proveniente do carvão (o carvão é responsável por 80% da energia necessária na China) e a taxa de tratamento de esgoto urbano subiu para 75%, contra apenas 52% em 2005 (China Daily, 2011).

No 12º Plano de Cinco Anos chinês (2011-2015) dois outros grandes poluentes foram incluídos nas metas de redução da poluição – o **óxido de nitrogênio** e a **amônia**. Ao longo do prazo estabelecido, por unidade de PIB, as emissões de dióxido de carbono terão de ser reduzidas em 17% e o consumo de energia em 16% (APCO Worldwide, 2010).

Em 2009, um sistema especial de supervisão foi introduzido para fiscalizar empresas em que os consumos de energia e água excediam os limites estabelecidos pelo governo.

A Lei da Energia Renovável, retificada em 2010, estabeleceu o sistema de garantia de compra pelo Estado para os produtores de energia renovável, e abriu caminho para a criação do Fundo de Desenvolvimento de Energia Renovável, financiado pelo governo, que subsidiaria empresas energéticas que adquirissem energia sustentável, mas não conseguissem cobrir seus custos de compra com a venda da eletricidade produzida (Tsuchiya, 2010).

---

4 – Trata-se de um parâmetro indispensável nos estudos de caracterização de esgotos sanitários e de afluentes industriais, que avalia a quantidade de oxigênio dissolvido (OD) consumido em meio ácido que leva à degradação de matéria orgânica. (Fonte: http://www.mundoeducacao.com.br/quimica/demanda-quimica-oxigenio.htm) (N.T.)

5 – Também conhecido como hidrodessulfurização ou HDS, trata-se de um processo químico de remoção de enxofre para evitar a contaminação de outros ambientes. O tratamento converte o dióxido de enxofreno em ácido sulfúrico e utiliza este último em baterias de automóveis e fertilizantes. (N.T.)

No início de 2011, acadêmicos e especialistas chineses articularam um plano de metas que seria colocado em prática em três fases distintas e controlaria a poluição ao longo de um período de 40 anos. O primeiro passo terá de ser dado até 2020 – o objetivo é que até esse prazo o país tenha sob controle a emissão dos maiores poluentes e assegure a segurança do meio ambiente chinês. A segunda etapa continuará a se desenvolver até 2030, quando o volume de emissões de todos os poluentes já estará sob controle e melhorias já terão sido alcançadas sobre **"a qualidade total do meio ambiente"**. Por fim, no final de 2050, espera-se que a qualidade total do meio ambiente seja "compatível com o aumento da qualidade de vida do povo em uma potência socialista moderna" (Xinhua, 2011) – ou será que deveríamos dizer "compatível com os padrões de uma nação moderna desenvolvida"?

A cooperação entre a China e o Ocidente em prol do meio ambiente

Seguindo seus próprios caminhos, a China se embrenhou em uma grande empreitada em defesa ao meio ambiente, encorajando inúmeras indústrias verdes. Apoiar tais esforços é, basicamente, do interesse não apenas do Ocidente, mas de todo o mundo. Aliás, os países ocidentais deveriam fazer bem mais do que têm feito para acelerar o processo.

Projetos ambientais conjuntos entre a China-EUA, China-UE e China-Japão, que incluem pesquisas e desenvolvimentos articulados, podem aumentar em escala. Muito mais pode ser feito no sentido de transferir para a China tecnologias e soluções ambientais progressivas – não como um auxílio ao desenvolvimento, mas na forma de transações puramente comerciais. A China deveria cortar ou eliminar drasticamente as tarifas sobre a importação desses elementos.

Da sua parte, o Ocidente precisa esboçar de maneira clara a ideia de que políticas ambientais não deveriam impedir o crescimento – em outras palavras, os países ocidentais devem reconhecer explicitamente que a China e outros países em desenvolvimento têm o direito de crescer. Neste sentido, torna-se mais relevante para essas nações estabelecer metas de redução nas emissões de CO_2 por unidade de PIB que em tentar reduções em termos absolutos. Os passos que a China e outras grandes nações em desenvolvimento irão tomar neste sentido precisam ser fortemente apoiados, não criticados como insuficientes.

Em 2008, registrou-se um novo início no processo de cooperação ambiental entre a China e os EUA. Os dois países assinaram um pacto chamado Decade of Energy and Environmental Cooperation Framework, um acordo de cooperação de dez anos que se concentra em cinco áreas principais: **energia limpa**, **água pura**, **ar despoluído**, **transportes não poluentes** e **eficientes** e **conservação de florestas** e **pantanais**.

A colaboração entre EUA e China em uma série de questões relacionadas a energia e ao meio ambiente começou há mais ou menos 30 anos. Porém, conforme assinalado pelos autores do relatório conjunto realizado pela Asia Society's Center on U.S.-China Relations e pelo Pew Center of Global Climate Change, intitulado *A Roadmap for U.S.-China Cooperation on Energy and Climate Change* (*Um mapa da cooperação entre EUA e China em assuntos energéticos e relacionados à mudança climática*),

> "*Com frequência (...) a cooperação se revelou confusa e episódica, em vez de constante. O processo também acabou solapado por conta de fundos insuficientes, de mudanças na política de prioridades e do fracasso em ampliar de maneira significativa projetos promissores. O cancelamento e/ou a redução no tamanho de projetos-chave por parte dos EUA levaram a um compreensível ceticismo por parte da China em relação às perspectivas de cooperações mais sólidas e duradouras entre ambos os países. Exemplos recentes incluem a expiração, e eventual renovação, do U.S.-China Protocol on Energy Efficiency and Renewable Energy (Protocolo EUA-China sobre Eficiência Energética e Energia Renovável), e o adiamento, e significativa reestruturação, do projeto FutureGEN, que visava construir a primeira geradora de energia movida a carvão com captura e estocagem de carbono. (Asia Society's Center on Us-China Relations, 2009)*"

Esse mapa recomenda que Washington e Pequim comecem imediatamente a **atuar de maneira** conjunta no sentido de encontrar soluções para as emissões de gases de efeito estufa, sem esperar por novas legislações internas ou acordos multilaterais. O documento sugere ainda que, como um primeiro passo, ambos deveriam agendar um encontro especial para apresentar e lançar uma nova parceria nas áreas energética e de mudanças climáticas. Entre os principais pontos estão: tecnologias de baixo carbono, eficiência e conservação energética, sofisticadas redes de energia elétrica e energia renovável.

A China e os EUA também mantêm um acordo sobre questões energéticas e mudanças climáticas. Entre outras ideias, ambos os lados estão estudando a possibilidade de criar zonas econômicas de baixo carbono, em sincronia com a política de promoção às **Zonas Econômicas Especiais** (ZEEs) chinesas. Várias ZEEs já estão atraindo investimento no setor de baixo carbono. A região de Tianjin, por exemplo, já abriga importantes fabricantes de turbinas eólicas e **painéis solares voltaicos**.[6]

Finalmente, a cooperação nas áreas energética e de meio ambiente entre a China e o Japão é a **maior em escala** e, em vários aspectos, **única em termos de conteúdo**. No final da década de 1970, o Japão passou a oferecer à China **assistência oficial para desenvolvimento** (AOD[7]), tornando-se seu principal doador. Para Tóquio, Pequim transformou-se na maior recebedora de ajuda financeira. Até 2007, mais de 3 trilhões de ienes já haviam sido oferecidos à China na forma de empréstimos preferenciais, e 325 bilhões de ienes como doações. Com o passar do tempo, em especial a partir dos anos 1990, a ajuda do Japão concentrou-se cada vez mais nas áreas de conservação de energia e meio ambiente. De modo interessante, essa dinâmica se mantém até hoje, embora em um nível substancialmente menor. Na verdade, não há muita lógica em o Japão oferecer ajuda justamente ao país que o sobrepujou e se tornou a segunda maior economia do mundo. (No que diz respeito à lógica econômica, hoje seria mais interessante que a China oferecesse empréstimos ao Japão para ajudá-lo no processo de reconstrução após o terremoto/*tsunami* de 2011. Contudo, não há esperanças de que qualquer um dos lados, especialmente o japonês, demonstre criatividade, coragem e vontade suficientes para levantar essa questão; em vez disso, o Japão está prestes a embarcar em novos aumentos de impostos, o que certamente irá solapar seu já enfraquecido potencial de crescimento).

---

6 – Relativo aos fenômenos que envolvem eletricidade ou correntes elétricas, em especial no que se refere aos originados por reações químicas. (Fonte: *Dicionário Houaiss*) (N.T.)

7 – A sigla em inglês é ODA, ou seja, *Oficial Development Assistance*. Em 1972 a China recusou oficialmente o pagamento pelo Japão de reparações de guerra. Então, o Japão ofereceu à China esse plano de assistência ao desenvolvimento. Segundo estimativas, os japoneses foram responsáveis por mais de 25% dos fundos usados em projetos de infraestrutura (estradas, ferrovias e sistemas de telecomunicação) na China, entre 1994 e 1998. (N.T.)

Entre outros, o Japão já financiou projetos chineses como o Environment Model Cities (Cidades Modelo Ambientalmente), em Guiyang, Chongqing e Dalian; o Ningxia Afforestation and Vegetation Cover (Reflorestamento e Cobertura Vegetal em Ningxia); o Xiang River Basin Hunan Environment Improvement (Aprimoramento Ambiental da Bacia do Rio Xiang) na província de Hunan (construção de um sistema de esgoto); e a construção de instalações de tratamento de águas e esgotos em Pequim.

Em 2006, uma nova estrutura de cooperação foi estabelecida: representantes de governos, líderes empresariais, especialistas, acadêmicos, representantes de organizações sem fins lucrativos, entre outros, participaram de encontros intitulados Japan-China Energy Conservation and Environment Forums (Fóruns pela Conservação Energética e do Meio Ambiente China-Japão). Essas reuniões produziram resultados bastante tangíveis, e deram inicio a dezenas de projetos bilaterais nos setores energético e ambiental. Por exemplo, a Yazaki Corporation e a Tianjin Bihai Energy Development Co. Ltd estabeleceram uma *joint-venture* cuja função foi a de oferecer diagnósticos sobre a conservação energética e disponibilizar serviços de consultoria técnica e de gerenciamento relacionados ao tema. A Hitachi Appliances assinou um acordo com a Shenzhen Coolead Industry para a instalação de 8.400 sistemas de ar condicionado em empresas eficientes em energia (Maeda, 2007). As empresas chinesas Baosteel, Shuogang Group e Wuhan Iron and Steel introduziram tecnologias japonesas no processo de resfriamento de **coque**[8] (CDQ)[9] (Xinhua, 2007). Porém, uma das iniciativas mais bem-sucedidas foi a *joint-venture* entre a Kawasaki Heavy Industries e a Anhui Couch Venture Investment Company, cujo objetivo foi o de manufaturar caldeiras para a geração de energia por calor residual, que seria usada em fábricas de cimento.

No quinto fórum, realizado em outubro de 2010, um recorde de 44 acordos de cooperação foram assinados, incluindo projetos de tratamento de resíduos oriundos da limpeza de esgotos e também na área de produ-

---

8 – Coque é um material sólido, de origem mineral ou vegetal, que consiste principalmente em carbono com pequeno percentual de hidrogênio, compostos orgânicos e materiais inorgânicos. É usado como combustível na carboquímica e também na produção eletrotérmica etc. (Fonte: *Dicionário Houaiss*) (N.T.)

9 – Sigla em inglês para: *coke dry-quenching*. (N.T.)

ção, tratamento e reciclagem de água; também foram celebrados os primeiros acordos sobre projetos de redes elétricas e comunidades inteligentes (METI, 2010).

O fato é que um conjunto de projetos ambientais bilaterais desenvolvidos entre a China e proeminentes países industrialmente desenvolvidos poderá promover resultados bem mais tangíveis, e em períodos bem mais curtos, que complicados e altamente politizados diálogos multilaterais.

A China como nova líder mundial nos empreendimentos "verdes"?

Em contrapartida, a China tem se tornado uma forte concorrente – e até uma nação líder – em uma série de **setores "verdes"**, que abrangem desde energia limpa até veículos elétricos.

Atualmente, estes setores estão se desenvolvendo rapidamente sob a forte liderança do Estado, que tem, por sua vez, formulado estratégias e injetado enormes quantias de dinheiro público. A China facilmente descarta as preocupações ocidentais quanto ao envolvimento do governo e o oferecimento de subsídios que possam distorcer o mercado. Neste sentido, o país é direto: "Vocês querem ou não que a China reduza suas emissões de gás carbônico e proteja o meio ambiente?". Com o patrocínio do governo chinês, um grande número de indústrias e empresas "verdes" tem surgido, e em um ritmo inacreditável. Algumas delas, como mencionado na Parte Um deste livro, já estão conquistando mercados globais.

O Himin Solar Energy Group produz sistemas térmicos solares em um volume duas vezes maior que o total comercializado nos EUA, e está agora expandindo seus negócios também na área de **fotovoltaicos**[10], entre outras (Norris, 2010).

A China já possui uma cidade mantida por energia solar. Trata-se de Rizhao, na província de Shandong, cuja população é de cerca de 3 milhões de habitantes. No local, todos os sinais de trânsito (semáforos), toda a iluminação das ruas e mais de 60 mil residências "verdes" utilizam energia solar; além disso, 99% das famílias nos distritos centrais possuem aquece-

---

10 – Elemento que desenvolve força eletromotriz pela ação da luz; que produz corrente quando iluminada. (Fonte: *Dicionário Houaiss*) (N.T.)

dores solares. O local ostenta mais de 500 mil metros quadrados de painéis solares para o aquecimento de água (Levesque, 2007).

A versão chinesa do Vale do Silício: o Electricity Valley (Vale da Eletricidade), em Baoding, tornou-se uma das plataformas de produção de equipamentos de energia eólica e solar em crescimento mais acelerado, abrigando atualmente quase 200 empresas de energia renovável.

Um novo Vale Solar (Solar Valley City) acaba de ser construído em Dezhou, na província de Shandong. O objetivo é que ele se transforme em um centro nacional de manufatura, P&D, educação e turismo na área de tecnologias voltadas para a energia solar. No local existem cerca de 100 companhias do setor solar, que empregam aproximadamente 800 mil funcionários.

Dentro de 5 anos, estima-se que o investimento total da China e de outras nações asiáticas no setor de energia solar exceda em mais de 3 vezes aquele dos EUA (Norris, 2010.

Outro exemplo representativo do florescimento da China como líder no setor "verde" é a produção de **veículos elétricos** (VEs). A meta para 2015 é de 500 mil unidades. Em 2020, espera-se que o número chegue a **um milhão de automóveis**. É bem provável, portanto, que a China se torne a principal fabricante de VEs.

A produção do país é estimulada pela estratégia nacional de substituir todos os veículos de transporte público em uso por outros acionados por baterias. Em 2009, 25 cidades chinesas se uniram para lançar um programa piloto e demonstrar as vantagens na utilização de VEs como um meio de transporte público. Desde então, começando em 2010, 8,5 bilhões de *yuans* (cerca de US$ 1,28 bilhão) já foram investidos neste programa, em sua maioria por capitalistas de risco e fabricantes de automóveis. O governo oferece generosos subsídios para os compradores de VEs – algo que talvez seja inimaginável em qualquer outro país. Em alguns casos, tais subsídios chegam 60 mil *yuans*, ou US$ 9.035 (Loveday, 2010). O total que o governo chinês planeja gastar na manufatura e venda de VEs no período de 2011 a 2015 equivale a US$ 15 bilhões (Want China Times, 2011).

Dito isso, é elevada a probabilidade de que até o final da segunda década do século XXI a China **seja uma nação líder em empreendimentos verdes**.

Capítulo 17

Uma luta por recursos naturais: a China estabelece novas regras para o jogo

A China e o Ocidente têm lutado não somente pelo acesso a combustíveis e recursos minerais em todo o mundo, mas também pelo controle sobre tais elementos.

Mudanças nos mercados globais

Os mercados globais de energia e recursos minerais estão enfrentando mudanças amplas e irreversíveis. O mesmo tem ocorrido em relação às percepções humanas quanto às políticas necessárias para se garantir o fornecimento estável de tais itens. A demanda global tem se ampliado por conta do dramático aumento no consumo registrado em grandes economias emergentes que se encontram em acelerado crescimento. Entre 1980 e 2000, enquanto o consumo energético chinês dobrava, seu PIB quadruplicava. Já no período de 2002 a 2005, o consumo de energia do gigante asiático cresceu de modo ainda mais acelerado que o PIB. Na verdade, nos quatro anos que antecederam 2006, a demanda energética chinesa cresceu mais que durante todo o quarto de século anterior (Asia Society's Center on U.S. –China Relations, 2009).

Já em relação ao fornecimento, incertezas e riscos de desestabilização têm se revelado cada vez mais exacerbados. São três as razões para isso: 1º) as crescentes instabilidades políticas em países exportadores; 2º) os periódicos redirecionamentos na comercialização de produtos pelos principais fornecedores, que se voltam para o mercado interno em detrimento dos mercados externos (um bom exemplo dessa dinâmica vem da própria China, que, sendo responsável por 97% do fornecimento global de metais raros – um produto-chave para setores de alta tecnologia – reduziu suas exportações no setor; outros exemplos neste sentido incluem o petróleo e o gás natural extraídos na Indonésia, e a madeira e os produtos derivados de petróleo da Rússia, entre outros); e 3º), pelo menos até certo ponto, a depleção de reservas naturais em alguns dos principais países fornecedores, sem que novas fontes capazes de garantir a exportação fossem descobertas.

Por causa de tudo isso, o petróleo e alguns outros recursos naturais têm se tornado alvos cada vez mais atraentes para especuladores. Nessas circunstâncias, nações fortemente dependentes da importação de tais recursos, em especial aquelas que não dispõem de suas próprias multinacionais de recursos poderosos, se tornam cada vez mais preocupadas com os riscos de desestabilização no fornecimento. Previsões a respeito de uma ampla guerra por recursos ou de violentos conflitos entre interessados em adquirir quantidades limitadas de petróleo ou minerais metálicos parecem um exagero, porém, a competição dos compradores por determinados tipos de recursos em circunstâncias e períodos específicos tem se tornado um fenômeno bem mais frequente.

Por exemplo, em um acontecimento mais recente, as Filipinas e o Vietnã protestaram contra a China por causas dos barcos de patrulha do gigante asiático. Estes estavam impedindo atividades de exploração de petróleo

Uma luta por recursos naturais

de ambos os países nas proximidades das ilhas Spratly, no mar do Sul da China. Por sua vez, a China exigia que seus vizinhos interrompessem suas explorações na região. As tensões se intensificaram quando os EUA declararam que o mar do Sul da China fazia parte de sua esfera de interesses e que se posicionaria a favor das Filipinas, como seu aliado.

O modelo chinês para a busca de recursos

A China, que já é um grande importador de combustíveis e de diversos minerais, está se equipando para tal competição de maneira bastante rápida: com uma economia em acelerado crescimento que se utiliza de enormes quantidades de energia e recursos, as consequências de um fornecimento irregular poderiam se revelar fatais. Durante a guerra do Iraque, Pequim já realizou uma **"corrida ao petróleo"**, o que gerou fortes pressões nos mercados globais.

No mundo atual, visando evitar problemas de fornecimento, considera-se preferível estabelecer relações duradouras com países detentores de recursos específicos. Neste sentido, a ideia é participar de todo o processo de extração e desenvolvimento desses elementos. Talvez mais que qualquer outro país, a China tem feito enorme progresso no sentido de obter acesso direto a recursos minerais e combustíveis na África, América Latina e Ásia.

Significativas porções dos recursos naturais utilizados nos EUA e em países europeus são fornecidas por grandes empresas multinacionais como a Exxon-Mobil, a Royal-Dutch Shell, a Rio-Tinto ou a BHP Billiton. No Japão e na Coreia do Sul, esse proeminente papel é desempenhado pelos canais de abastecimento de recursos pelas grandes empresas como a Mitsubishi Corporation, a Itochu, a SK Corporation ou a Hanwha Trading, lembrando que as empresas estatais também fazem sua parte. Na maioria dos outros países, inclusive na China, os suprimentos são garantidos fundamentalmente por **companhias petrolíferas** e de **mineração do governo**.

Atualmente, contando com forte apoio do Estado, os pesos pesados da China no setor de recursos naturais – PetroChina, Sinopec, CNOOC, Chinalco, China Metallurgical Group e outras empresas afins – estão se estabelecendo entre os principais fornecedores do mundo, não deixando nada a desejar em relação aos concorrentes ocidentais, às empresas japonesas e/ou sul-coreanas.

De sua parte, o governo chinês tem se utilizado de um modelo inovador para garantir recursos naturais na África, América Latina e Ásia. De maneira geral, tal modelo tem ajudado a China a fortalecer sua presença e influência no Terceiro Mundo.

A China está quebrando as regras vigentes de três maneiras distintas:

Em **primeiro lugar**, o gigante asiático combina participação nos projetos de desenvolvimento nos países subdesenvolvidos com ampla assistência no processo de evolução focado na construção de infraestrutura nesses locais. O governo chinês atua em conjunto com empresas fornecedoras de recursos, oferecendo apoio financeiro e organizacional. Empresas ocidentais não operam em conjunto com seus governos neste tipo de empreendimento e, portanto, não conseguem oferecer pacotes similares (Para competir com a China, o Japão e a Coreia do Sul já estão começando a se mobilizar nesta mesma direção).

Em **segundo lugar**, em sua maioria, a assistência oferecida pela China não pode ser caracterizada como auxílio oficial ao desenvolvimento (sendo ela própria um país em pleno desenvolvimento, a China não deseja assumir responsabilidades como doadora), tampouco como empréstimos comerciais ou investimentos. Às vezes esse apoio se encaixaria em uma categoria intermediária: empréstimos "concessionais" (que oferecem condições melhores que os créditos comerciais) e investimentos lastreados e subsidiados pelo Estado. A China frequentemente oferece empréstimos para desenvolvimento amparados em recursos, o que significa que aquele que toma o dinheiro emprestado pagará suas dívidas não em dinheiro, mas com **petróleo**, **grãos de cacau** e **minérios metálicos**. Trata-se de um esquema que beneficia ambos os lados. Os chineses conseguem os recursos de que precisam, enquanto os recebedores dos empréstimos não têm de dispor de moeda para efetuar os pagamentos. No final da década de 1970, para construir sua própria infraestrutura, a China recebeu ajuda similar do Japão, o que potencializou seu carvão, seu petróleo e outros recursos.

Em **terceiro lugar**, diferentemente do que ocorre no Ocidente – e para grande embaraço ocidental –, a assistência da China não está condicionada ao histórico dos eventuais recebedores no que diz respeito a democratização, direitos humanos, liberalização econômica e/ou medidas anticorrupção. Para ter acesso a recursos naturais, o gigante asiático não hesita em cooperar nem mesmo com os regimes mais ditatoriais e abusivos do planeta. Nesses países, a China se torna facilmente um **monopolista**, já que empresas do Ocidente são proibidas por lei de operar nesses locais.

Comparada ao Ocidente, a China oferece assistência de maneira mais rápida e mais fácil e, com frequência, de maneira bem mais ampla, sem se utilizar de complicados procedimentos de filtragem.

A saga africana

Observemos a África como um dos principais exemplos. Nesse continente, entre os anos de 2004 e 2005, Pequim celebrou acordos de fornecimento de empréstimos amparados em recursos com pelo menos sete países, perfazendo um total de quase US$ 14 bilhões. A China ofereceu a Angola um empréstimo lastreado no fornecimento de petróleo; as empresas chinesas construíram estradas, ferrovias, hospitais, escolas e sistemas de fornecimento de água no país. A Nigéria obteve dois empréstimos para financiar projetos de utilização de gás natural na geração de eletricidade. O projeto na área de energia hidráulica no Congo foi pago em petróleo, e o de Gana, foi quitado em grãos de cacau. Esta última nação ainda recebeu um empréstimo no valor de US$ 3 bilhões, amparado em cobre. O objetivo era a construção de infraestrutura, hospitais e universidades no país.

Em 2004, o Export-Import Bank of China concedeu três empréstimos ao governo angolano com taxas de juros que variavam de LIBOR[1] + 1,25% a LIBOR + 1,75%, com generosos períodos de carência e extensos prazos de pagamento. Enquanto isso, financiadores comerciais, tais como o Standard Chartered Bank, cobravam de Angola LIBOR + 2,5% ou mais, sem oferecer qualquer carência e exigindo quitação mais rápida. A *joint-venture* (JV) de US$ 3 bilhões celebrada entre a China e o Congo no setor de mineração garantiu ao governo congolês 32% do negócio, enquanto outras JVs com empresas estrangeiras davam ao país africano uma participação de apenas 7% a 25% no negócio (Brautigam, 2010).

Além disso, a China está trabalhando de maneira ativa na criação e no gerenciamento de Zonas Especiais de Cooperação Econômica e Co-

---

1 – Sigla em inglês para London Interbank Offered Rate (Taxa interbancária de Londres). Trata-se de uma taxa de juros de referência no mercado monetário londrino, que se baseia nas taxas oferecidas entre bancos para empréstimos de fundos não colateralizados. (Fonte: http://www.thinkfn.com/wikibolsa/LIBOR) (N.T.)

mercial (ZECECs) em países como Nigéria, Egito, Etiópia, República de Maurício, Zâmbia, entre outros, e construindo infraestrutura e instalações cujo principal objetivo é estimular processos de fabricação de baixo custo e exportação. É justamente disso que os países africanos precisam para diversificar e aprimorar sua estrutura industrial e criar empregos. Na verdade, os chineses estão simplesmente replicando seus próprios padrões de desenvolvimento econômico, nos estágios mais iniciais.

Essas zonas também servem como plataformas para a entrada em solo africano de empresas chinesas em busca de novos mercados e custos mais baixos. Ao encorajar a transferência para a África da fabricação de produtos mais baratos e menos sofisticado, e/ou de itens que demandam grande uso de energia, o governo chinês subsidia parte das despesas de empresas iniciantes. O Fundo de Desenvolvimento China-África, de US$ 5 bilhões, já adquiriu ações em três das sete ZECECs (Brautigam, 2010).

Em contrapartida, o Congresso norte-americano não autorizou a Agência Internacional de Desenvolvimento dos EUA (U.S. Agency of International Development) a financiar quaisquer atividades que promovam a realocação de empregos norte-americanos fora do país.

Enquanto outros países falam, a China age.

Em novembro de 2009, justamente quando os EUA e seus aliados exigiam que o presidente do Afeganistão, Hamid Karzai, agisse de maneira mais séria no combate contra a corrupção em seu regime, a China Metallurgical Group Corp entrava no país depois de vencer uma concorrência que lhe permitiria gerenciar o desenvolvimento de uma das maiores reservas de cobre do mundo – o lance foi de US$ 800 milhões. Segundo o jornal *The Washington Post* e a Associated Press – cuja fonte estaria no exército norte-americano – para se tornar vencedora, a China teria pago ao ministro de Minas e Energia do Afeganistão, Muhammad Ibrahim Adel, um suborno no valor de US$ 30 milhões (Partlow, 2009). O ministro negou as acusações.

O total de investimentos chineses no desenvolvimento da reserva foi de quase US$ 3 bilhões, ou seja, o maior investimento internacional jamais feito no Afeganistão. Como não existe sistema ferroviário para transportar o minério nem usinas elétricas para fornecer energia, a China se comprometeu a construir ambos (Taniguchi, 2009).

A China se tornou uma importante fonte de apoio ao desenvolvimento

Se considerarmos os empréstimos concessionais e os investimentos realizados com subsídios do governo como medidas de assistência ao desenvolvimento, a China já se tornou uma das maiores fontes de apoio para a África, a América Latina e a Ásia, podendo ser comparada aos maiores **doadores** entre os países **industrialmente desenvolvidos**. Aliás, se levarmos em conta o fato de que sua ajuda se concentra fundamentalmente no desenvolvimento de recursos naturais e infraestrutura, nessas áreas específicas, para um grande número de países em desenvolvimento, em especial na África, o gigante asiático já é a **fonte número um**.

De acordo com uma avaliação feita por pesquisadores da Robert F. Wagner Graduate School of Public Service, da Universidade de Nova York, o total de recursos destinados a assistência investido pela China subiu de US$ 1 bilhão em 2002 para US$ 25 bilhões em 2007 (Lum *et al*, 2009). A partir de 2007, essa assistência foi estendida a 62 países. A África recebeu a maior fatia: US$ 17.962 milhões . A América Latina recebeu apenas US$ 401 milhões – depois dos US$ 16.425 milhões recebidos em 2006. A porção da Ásia foi de US$ 6.735 milhões. Do total, 66% foram disponibilizados na forma de empréstimos concessionais, 29% como investimentos patrocinados pelo Estado e os 5% restantes como doações, cancelamento de dívidas e ajuda em espécie.

Para efeito de comparação, em 2008, estima-se que o orçamento norte-americano para operações no exterior (o total investido em apoio bilateral ao desenvolvimento, segurança econômica e assistência militar, apoio multilateral e ajuda alimentar) tenha sido de US$ 24 bilhões.

Praticamente todos os programas assistenciais chineses estão direcionados à extração de recursos naturais e a projetos de infraestrutura/serviços públicos. No período de 2002 a 2007, os montantes alocados em projetos de extração foram de US$ 9.432 milhões na África, US$ 18.525 milhões na América Latina e US$ 4.788 milhões no sudeste da Ásia. A escala de financiamento de projetos de infraestrutura/serviços públicos alcançou US$ 17.865 milhões, US$ 7.535 milhões e US$ 6.438 milhões, respectivamente. Portanto, a ajuda aparece altamente concentrada em países ricos em recursos naturais, como: Angola, Congo, Sudão, Moçambique, Guiné

Equatorial, Nigéria, Etiópia e Gabão (Lum *et al*, 2009). Em contrapartida, em termos de ajuda humanitária e apoio militar, o **auxílio é reduzido**.

Dentro de menos de uma década, a China estabeleceu acesso direto a uma ampla gama de recursos naturais nos países em desenvolvimento. Por meio de um programa ativo de "diplomacia de recursos," o país também aumentou de modo dramático sua influência econômica e política no Terceiro Mundo. Para muitas nações em desenvolvimento de todo o globo, o gigante asiático se transformou no maior parceiro econômico – ou, pelo menos, em um dos maiores. O fato é que o Ocidente se revela cada vez mais apreensivo em relação à crescente influência de Pequim, e alerta os países em desenvolvimento para os **perigos** desse **apertado "abraço" chinês**.

Capítulo 18

Inovações locais: buscando, de todas as maneiras, o controle das tecnologias avançadas

A China tem se apressado em dominar as mais avançadas tecnologias mundiais e em se tornar um líder no setor de pesquisa e desenvolvimento (P&D). A guerra tecnológica entre a China e o Ocidente já começou.

Há mais ou menos 10 anos, em um encontro russo-japonês que reuniu especialistas em questões internacionais, durante um debate sobre a China e seu novo papel global, um proeminente acadêmico russo (ao expressar seu ponto de vista) disse de modo absolutamente direto aos colegas japoneses: "Foram vocês que criaram esse monstro econômico e político. Agora, todos nós teremos de arcar com as consequências." Ele se referia aos massivos investimentos japoneses (e ocidentais, de modo geral) na China e também ao abrangente plano oficial de apoio ao desenvolvimento que se revelaram como principais prerrequisitos para seu florescimento como **superpotência global**.

Essa fórmula está absolutamente correta se aceitarmos o modo como foi expressa. Coloquemos da seguinte maneira: os investimentos e planos de desenvolvimento ocidentais contribuíram muito para o nascimento dessa nova superpotência – cujo tamanho e natureza jamais haviam sido vistos até então –, que, atualmente, impõe ao próprio Ocidente desafios sem precedentes. No que diz respeito à dimensão econômica, até recentemente essa receita era aplicada à produção e às exportações.

O Ocidente está transformando a China em uma nova superpotência tecnológica

Mas por que o Ocidente fez isso? É óbvio que sendo dona de enormes reservas de mão de obra **barata** e **eficiente**, e do **mercado mais dinâmico do globo**, a China oferecia ao mundo oportunidades comerciais únicas. Por causa de tal unicidade, o país não teve grandes dificuldades em utilizar o capital, as tecnologias e a *expertise* ocidentais para se transformar no maior fabricante e exportador mundial de uma ampla gama de produtos *low-end* (baratos e não sofisticados).

Hoje, a China ainda se interessa por capital estrangeiro, mas por outra razão. No que diz respeito à manufatura de produtos *low-end*, o país já acumulou dinheiro, tecnologia e conhecimento mais que suficientes para atuar de modo independente. Para os empreendimentos ocidentais, talvez ainda pareça atraente se mudar para a China para produzir algo simples e barato. Todavia, não é isso o que o gigante asiático espera dessas empresas. Na verdade, com frequência a China sequer deseja que elas o façam. Vale lembrar que, de modo nada surpreendente, o governo chinês não pensou duas vezes antes de eliminar de maneira abrupta, em 2007, todos os privilégios das empresas estrangeiras. Às vezes, o país sequer hesita em proibir totalmente projetos de investimento de empresas do exterior quando percebe que elas visam a manufatura de produtos *low-end* e, em especial, que agridam o meio ambiente.

Atualmente, a China não deseja somente dinheiro. Ela precisa de **tecnologias avançadas** para aprimorar e renovar suas indústrias e quer que as empresas ocidentais as tragam consigo quando vierem. Com esse objetivo em mente, o país manipula não apenas sua mão de obra, mas também suas dinâmicas de expansão de mercado – ambos com características únicas –, do mesmo modo como fez no passado, quando tentou estimular investimentos estrangeiros na manufatura de produtos *low-end*.

E mais uma vez as empresas ocidentais estão fazendo exatamente o que a China quer que elas façam: **elas estão se tornando contribuidoras importantes de sua renovação tecnológica**. A fórmula mencionada no início desse capítulo novamente se aplica. É o Ocidente que está transformando a China em uma nova superpotência tecnológica.

Aumentam os investimentos estrangeiros em centros de P&D e no aprimoramento da produção

Desde o final de 2009, o número de centros de P&D independentes e de departamentos de P&D internos estabelecidos na China por empresas estrangeiras era de 1.200 – esse total incluía centros inaugurados por mais de 400 empresas listadas na *Fortune 500* em todo o mundo. O total de capital registrado de cerca de 460 centros de P&D, aprovado pelo Ministério do Comércio dos governos locais, foi de US$ 7,4 bilhões, e o total de saldo pendente dos investimentos nesses centros alcançou US$ 12,8 bilhões.

Em 2006, empresas estrangeiras eram responsáveis por 21% de todos os centros de P&D estabelecidos na China, no setor de manufatura de médio e grande portes, e por 19% de toda a mão de obra em P&D. Então, sua participação no total de despesas em P&D no setor de manufatura de médio e grande portes aumentou de 19,7%, em 2002, para 27,2%, em 2008. Aliás, em 2008, esse rol de empresas detinha 29% de todas as patentes de invenção no país (Jin, 2010).

Em geral, os centros de pesquisa de companhias estrangeiras se concentram nos setores de eletrônicos (incluindo *software*), telecomunicações, biotecnologia e farmacêutica, produtos químicos e automotivos. Grandes organizações globais (Microsoft, IBM, Volkswagen e Fujitsu, para citar apenas algumas) começaram a se estabelecer com mais frequência a partir do final dos anos 1990 e início da década de 2000. Conforme o tempo passa, o **ritmo está acelerando**. Nos últimos anos, a France Telecom e a Docomo já inauguraram centros de P&D na área de telefonia móvel 3G; GM, Nissan e Hyundai, no setor automotivo; Roche, Novartis, Sanofi-Aventis, AstraZeneca e Merck Serono, na área farmacêutica; Dow, Exxon Mobile e Bayer, no setor químico, e assim por diante.

Com frequência cada vez maior, os centros estabelecidos na China têm sido transformados em núcleos de escala regional e até global – ou já foram construídos com tal finalidade. Por exemplo, em 2009, a Novartis anunciou que no prazo de cinco anos a empresa expandiria as instalações de P&D em Xangai, transformando o setor em um centro global e investindo ali US$ 1 bilhão. A Microsoft inaugurou a Microsoft Research China em Pequim no ano de 1998, depois a transformou em Microsoft Research Asia, em 2001, e finalmente abriu o Science & Tecnology Park em Xangai, em 2010, para funcionar como centro de pesquisas globais fora dos EUA. A Sanofi-Aventis transformou seu centro de P&D em Xangai no Asia-Pacific Research Center, que abrange agora o Japão, a Rússia e a Índia. Depois de investir € 100 milhões, em fevereiro de 2009, a Bayer&Schering Pharma inaugurou em Pequim seu centro P&D, atribuindo a ele desde o início o *status* de centro global (Jin, 2010).

Indo além do desenvolvimento de produtos para o mercado chinês, centros de P&D de companhias estrangeiras estão cada vez mais se engajando em pesquisas básicas. Com certo atraso em comparação à produção, as atividades de P&D também estão se tornando igualmente globalizadas. Empresas globais estão realizando suas pesquisas de maneira mundial, e escolhendo locais que lhes ofereçam mão de obra altamente qualificada, atrativos em termos de custo e infraestrutura, e também ambientes legais e regulatórios apropriados. A despeito de suas regras complacentes na área de propriedade intelectual, a China conseguiu se firmar como uma das plataformas de P&D mais atraentes do mundo – principalmente em função da ampliação em sua rede de pesquisadores capacitados que ainda permanecem relativamente baratos pelos padrões internacionais. De sua parte, o governo chinês isenta os centros de P&D do pagamento de impostos pela importação de equipamentos e oferece ainda subsídios.

Os produtos manufaturados por empresas estrangeiras em suas fábricas chinesas também são significativamente atualizados e aprimorados. Cada vez mais a fabricação desses itens demanda mais que simplesmente mão de obra barata – agora, às vantagens de custos já oferecidas pela China são agregadas tecnologias avançadas. Isso se aplica tanto a produtos finais como intermediários, o que proporciona às multinacionais novos e importantes benefícios. Por exemplo, as fabricantes de automóveis ou dispositivos eletrônicos que transferem a produção de partes ou materiais para a China obtêm vantagens de custos bem maiores que aquelas que realocam apenas suas linhas de montagem.

Uma avaliação mais atenta dos novos projetos de investimento lançados por empresas estrangeiras na China claramente demonstra que muitos deles estão ligados a inovações e aprimoramentos na área de produção, à transferência de tecnologias avançadas e/ou à criação de instalações de P&D.

A Mitsubishi Chemical e a Mitsubishi Plastic Engineering celebraram uma JV com a Sinopec para desenvolver resinas de alto padrão utilizadas na fabricação de peças automotivas e eletrônicas, discos ópticos e materiais de construção. A LG Electronics já começou a produzir modelos avançados de aparelhos de TV de LCD. A Siemens construiu uma fábrica para produzir peças para geradores de energia eólica. Em uma associação com a Gree Electric Appliances, a Daikin produzirá partes essenciais de equipamentos de ar condicionado com inversor. A Honda planeja iniciar a produção de veículos elétricos na China. Em Xangai, a Fiat já construiu instalações de P&D para desenvolver tecnologias direcionadas à manufatura de motores; a britânica Astra Zeneca deseja desenvolver aparelhos domésticos votados para os consumidores chineses. A Exxon Mobile Chemical já anunciou o inicio de pesquisas aplicadas e desenvolvimento de produtos químicos. E essa lista continua.

A estratégia tecnológica da China

A China já não é só uma fábrica mundial de produtos *low-end*. Atualmente, o país já se estabeleceu não somente como um **centro global de alta tecnologia**, mas como um laboratório de pesquisas de nível mundial. Isso criou oportunidades únicas no sentido de combinar custos competitivos, tecnologias avançadas e produtos de alta qualidade.

A transferência de tecnologias estrangeiras avançadas para a China tem se intensificado por conta própria, estimulada pelo mercado global. Porém, o governo chinês deseja acelerar esse processo e, acima de tudo, aumentar a **capacidade de inovação** de empresas e instituições domésticas. Este é o principal motivo por trás da, assim denominada, política de **"inovação nativa"** lançada pelo país em 2006, que tem causado enorme controvérsia. Ela foi articulada no Plano Nacional de Médio e Longo Prazo para o Desenvolvimento da Ciência e Tecnologia no Período de 2006 a 2020. Oficialmente, tal política foi elevada ao mesmo nível estratégico do Plano de Abertura e Reforma estabelecido por Deng Xiaoping no final dos anos 1970 e início da década de 1980.

A tarefa é transformar a China em uma grande força tecnológica até 2020 e em uma líder global em tecnologias até 2050. O investimento bruto em P&D deverá se aumentado de 1,3% para 2,5% do PIB do país.

Este plano estabelece **oito áreas-chave** em que 27 tecnologias inovadoras deverão ser buscadas: biotecnologia, tecnologia de informação (TI), novos materiais, tecnologia avançada de energia, tecnologia avançada de manufatura, tecnologia marinha, tecnologia de laser e tecnologia aeroespacial e aeronáutica. Os quatro principais programas de pesquisa envolvem **ciência de proteínas**, **nanotecnologia**, **física quântica** e **ciência reprodutiva** e de **desenvolvimento**. O núcleo do plano se baseia em 16 megaprojetos apoiados por massivos financiamentos do governo, em áreas como componentes eletrônicos centrais, *chips* de alta tecnologia e *softwares* básicos; equipamentos de manufatura com circuitos integrados de larga escala; maquinário avançado de controle numérico; reatores nucleares avançados; reprodução de novas variedades de organismos geneticamente modificados; inovações e desenvolvimentos na área farmacêutica; e assim por diante. O plano estabelece como objetivo a redução da dependência chinesa em relação a tecnologias estrangeiras para 30% – em comparação ao índice estimado de 60%, registrado em 2006 (U.S. Chamber of Commerce, 2010).

A execução da transferência tecnológica

Essa política de **"inovação nativa"** é oficialmente definida como um plano que visa "aprimorar inovações originais por meio de coinovações e reinovações baseadas na assimilação de tecnologias importadas" (U.S. Chamber of Commerce, 2010).

De modo geral, a ideia propriamente dita parece bastante relevante. Se um indivíduo deseja realmente se tornar um **inovador**, e desenvolver tecnologias e produtos originais, é preciso que ele primeiramente aprenda tudo o que já foi criado por seus predecessores. Também seria bastante lógico que essa pessoa começasse realizando inovações conjuntas com profissionais experientes e, posteriormente, acrescentasse novos elementos e/ou novas características àquilo que já foi criado. Para que se possa prosseguir com as próprias pesquisas e os processos de desenvolvimento originais, é muito importante que o indivíduo acumule conhecimentos e desenvolva todas as habilidades necessárias ao processo. Foi isso o que fez o Japão, a Coreia do Sul, Taiwan e outros que decidiram seguir os passos dos EUA e da Europa no âmbito da inovação.

O problema, entretanto, é que a China está tentando atingir esse relevante objetivo utilizando-se de um coquetel de políticas chinesas que: 1ª) criam condições desiguais no que diz respeito à competição entre empresas domésticas e estrangeiras; 2ª) efetivamente ajudam as empresas chinesas a roubar tecnologias e *designs* estrangeiros; e 3ª) forçam empresas do exterior a compartilhar tecnologias contra sua própria vontade.

A **Lei de Patentes** chinesa permite que companhias locais obtenham, de maneira rápida e sem a devida avaliação criteriosa, patentes já autorizadas do tipo *junk patent* (sem a devida avaliação criteriosa). Elas servem como um instrumento de retaliação em eventuais processos de **direitos de propriedade intelectual** (DPIs) abertos por empresas estrangeiras. Os procedimentos de teste e aprovação para produtos importados foram idealizados para se mostrarem deliberadamente complicados e demorados, de modo a, de um lado, criar barreiras para sua importação, e, de outro, permitir que desenhos e processos de produção do exterior sejam devidamente aprendidos dentro do país.

Por sua vez, a **Lei Antimonopólio** pode ser usada contra empresas estrangeiras que se recusam a divulgar suas tecnologias e seus conhecimentos (*know-how*). Por exemplo, de acordo com a lei, a lista de "abusos" cometidos por empresas multinacionais inclui a recusa da Cisco em licenciar seu protocolo de Internet (IP) para companhias chinesas que desejavam se conectar com seus equipamentos em rede (U.S. Chamber of Commerce, 2010).

Todavia, o componente mais controverso da política de "inovação nativa" é o Sistema Governamental de Compras Públicas (*Procurement System*). De acordo com a Lei de Compras Públicas (*Procurement Law*), adotada em 2002, as aquisições realizadas por organizações estatais, com poucas exceções, limitavam-se a produtos fabricados domesticamente. Em maio de 2007, "a Lei de Administração de Orçamentos para Compras de Produtos de Inovação Nativa pelo Governo instruía os governos, em todas as esferas, a compilar seus planos de compras para inovações nativas. Então, em dezembro do mesmo ano, o ministro de Finanças chinês instituiu a Lei de Administração de Compras de Produtos Importados. Para adquirir produtos do exterior, as entidades governamentais eram obrigadas a obter aprovação de um comitê de especialistas. Entre os fornecedores estrangeiros, recomendava-se que fossem escolhidos aqueles que se dispusessem a transferir tecnologias e treinar profissionais chineses.

Em seguida, em novembro de 2009, uma Circular de Implementação de Credenciamento de Produtos Nacionais de Inovação Nativa anunciou a criação de um novo catálogo nacional de produtos de inovação nativa de alta tecnologia (nas áreas de computadores e comunicações, equipamentos de escritório, *softwares*, mecanismos elétricos, entre outros) que poderiam receber tratamento diferenciado nas compras realizadas pelo governo. **Produto de inovação nativa** era todo aquele cujo DPI pertencesse a empresas chinesas e cuja marca tivesse sido inicialmente registrada dentro da China.

Um mês mais tarde o governo produziria um catálogo com 240 tipos de equipamento cuja produção por empresas domésticas seria encorajada para garantir a atualização da base manufatureira do país. Juntamente com o *status* de preferência como fornecedor de produto de inovação nativa, os fabricantes também receberiam incentivos tributários e subsídios para P&D.

Porém, diante dessa medida, governos e empresas ocidentais insistiram veementemente que Pequim reajustasse seu sistema de compras, uma vez que ele impedia que companhias estrangeiras tivessem acesso a esse substancial segmento do mercado chinês.

Em abril de 2010, a Circular foi alterada. As exigências quanto a DPIs de propriedade chinesa e registro inicial de marca na China foram retiradas. Além disso, o governo chinês também declarou que o tratamento preferencial em termos de incentivos para fabricantes de produtos de inovação nativa também se aplicaria a empresas estrangeiras em operação no país. O sistema de compras do governo foi modificado para priorizar produtos projetados e manufaturados domesticamente (o que significava que o valor criado dentro do país excederia certo percentual do valor total do produto – em normalmente 50%), incluindo aqueles projetados e manufaturados por empresas com investimentos estrangeiros.

Desde o início das reformas de mercado, a mensagem chinesa para empresas estrangeiras tem sido clara: **"É melhor produzir na China que simplesmente exportar para a China."** Dessa vez, entretanto, o gigante asiático agregou um novo aviso ao seu discurso, embora de caráter similar: **"É melhor inovar na China (e compartilhar suas tecnologias) que em seu próprio país ou em qualquer outro lugar."** Isso se revelou quase um ultimato: **"A menos que sua empresa inove e produza dentro da China, não lhe será permitido vender para o governo chinês."**

O Ocidente protestou.

Em janeiro de 2011, o presidente Hu Jintao prometeu ao presidente dos EUA, Barack Obama, que cancelaria a lei que exigia que as empresas projetassem e manufaturassem dentro do país os produtos que quisessem vender às instituições governamentais chinesas. Em maio do mesmo ano, durante o Diálogo Econômico e Estratégico EUA-China (U.S.-China Strategic and Economic Dialogue) ficou confirmado que o governo chinês não daria preferência à compra de produtos de inovação nativa.

Todavia, durante o tempo em que este livro estava sendo escrito, empresas ocidentais em operação na China ainda reclamavam que as práticas nas compras de produtos não haviam sido alteradas e que as autoridades das províncias pareciam não ter qualquer informação sobre as promessas feitas pelo governo central – ou pelo menos fingiam desconhecê-las. Seria este mais um exemplo da familiar burocracia vigente no país ou apenas uma **nova maneira de praticar velhas políticas?** Parece que ainda é cedo para oferecermos uma resposta precisa.

Porém, há pouca dúvida de que a China continuará a pressionar as empresas estrangeiras para que estas não apenas tragam para o país produtos e tecnologias avançadas, mas também, e cada vez mais, os desenvolvam dentro de suas fronteiras – embora eles próprios já o estejam fazendo por iniciativa própria e em uma escala crescente.

Capítulo 19

Aquisição de empresas: os chineses se mostram mais ágeis que os ocidentais

Outra área de tensão entre a China e o Ocidente é a de aquisições de empresas. Enquanto as companhias chinesas, incluindo as estatais (SOEs), estão se mobilizando para adquirir organizações ocidentais em uma escala cada vez maior, as aquisições de firmas chinesas por empreendimentos do Ocidente se mantêm modestas, tanto no que diz respeito a números quanto a valores.

Em 2010, o valor total de **fusões** e **aquisições** (F&A) além-fronteiras (negociações anunciadas) envolvendo companhias chinesas alcançou US$ 80,7 bilhões, em oposição aos US$ 63,6 bilhões registrados em 2009. O valor total de acordos incluindo empresas europeias foi de US$ 641 bilhões, e empresas das Américas, US$ 1,13 trilhão de dólares (Simpson Thatcher & Barlett, 2011).

Assimetrias nas aquisições

Em geral, as empresas chinesas desempenham o papel de **adquiridoras**, **não de adquiridas**. Por exemplo, no ano de 2009, a China foi responsável por 22% de todas as F&As além-fronteiras do mundo no setor de mineração, o que corresponde a um total de US$ 17 bilhões. Uma avaliação da Deloitte[1] demonstra que somente no período entre o início de 2009 e meados de 2010, as empresas automotivas chinesas realizaram 11 aquisições no exterior, sendo que o valor total dessas operações foi de US$ 2,5 bilhões; entre 2005-2008, já haviam ocorrido 11 aquisições, perfazendo um total de US$ 1,3 bilhão (An, 2011).

Em contrapartida, dentro da própria China, as operações de F&A representaram somente 3% de todo o montante de Investimento Estrangeiro Direto (IED) em 2010, enquanto o total global foi de 70% (China Post, 2011). Ou seja, 3% do total significam somente pouco mais que US$ 3 bilhões.

As aquisições chinesas de grandes empresas ocidentais, ou de departamentos específicos, tornaram-se o assunto do momento, além de um tópico controverso. Talvez os exemplos mais conhecidos sejam a compra do departamento de PCs da IBM, pela Lenovo, ou da Volvo, pela Geely. Esta última, aliás, também adquiriu a australiana Drivetrain, um dos principais fornecedores mundiais de peças de transmissão automotiva. Se tentarmos nos lembrar de outros casos, é provável que as aquisições da fábrica de moldes Ogihara pela BYD (Ogihara é uma das maiores fabricantes de moldes do Japão), da Quorum Systems, um fabricante de rádios de San Diego (EUA), pelo fabricante de semicondutores Spreadtrum Communications, ou da fabricante holandesa de equipamentos de transporte especializados Burg Industries, pela China's International Marine Containers Group, logo ocupem nossas mentes.

Por outro lado, será bem mais difícil encontrar exemplos tão famosos e significativos de grandes empresas chinesas adquiridas por companhias ocidentais, embora, é claro, eles existam. Vejamos o caso da L'Oreal, que comprou a marca de cosméticos Yue-Sai, que pertencia à Coty Inc., e fez uma oferta bem-sucedida pela Raystar Cosmetics, uma das três marcas de cos-

---

1 – Trata-se de uma conceituada empresa suíça de consultoria tributária, empresarial, de gestão de riscos, finanças corporativas e capital humano, que também atua nas áreas de *outsourcing* e auditoria. (N.T.)

méticos mais famosas da China, e cuja base fica em Shenzhen. A operadora de restaurantes Yum! Brands (dona das marcas Pizza Hut, KFC e Taco Bell) está se mobilizando no sentido de adquirir a cadeia de restaurantes especializada em sopas, cozidos e ensopados, Little Sheep. A Home Depot comprou a cadeia de lojas Home Way, direcionada a produtos de reforma doméstica.

Mas de onde vem tal assimetria?

O governo chinês torna as regulamentações mais rígidas

Uma das principais razões para tal diferença é a atitude um tanto negativa por parte do governo chinês em relação a aquisições de grandes empresas domésticas.

As regulamentações existentes no país tornam o processo de aquisição de qualquer importante companhia chinesa extremamente complicado e, com frequência, efetivamente impossível (embora o governo do país esteja convocando investidores estrangeiros para participarem da reorganização de empreendimentos domésticos por meio de investimentos em ações e F&As, em especial nos setores de manufatura de produtos *high-end* e em áreas relacionadas ao meio ambiente e a energia, e aprove aquisições que estejam de acordo com suas políticas internas). A China esta canalizando as entradas de IEDs primeiramente para as JVs com companhias domésticas, depois, para novos projetos e, por último, para participações minoritárias – em especial no caso de importantes organizações estatais ou controladas pelo governo.

A regulamentação introduzida em 2006 – supostamente uma reação à proibição da compra da empresa petrolífera norte-americana Unocal pela gigante chinesa CNOOC – garante ao Ministério do Comércio chinês (MOC[2]) o direito de examinar e declarar ilegal qualquer aquisição caso, na opinião desse ministério, o processo possa afetar de maneira adversa a segurança nacional e setores cruciais do país, ou se a aquisição tiver como objetivo alguma marca nacional famosa ou histórica. Além disso, caso o comprador seja grande e já detenha mercado suficiente na China (tamanho e tipo de mercado não são especificados – bem ao estilo chinês), qualquer aquisição terá de conseguir aprovação não apenas do próprio

---

2 – Sigla em inglês para Ministry of Commerce. (N.T.)

ministério, mas também da Administração Federal da Indústria e do Comércio (SAIC[3]).

De forma memorável, no ano de 2009 o governo chinês não permitiu que a Coca-Cola comprasse o Huiyuan Juice Group, da China, o que teria representado a maior aquisição da história do país. O Carlyle Group, um fundo de investimentos privado norte-americano, também teve de abandonar seus planos originais de adquirir 85% da Xudong Construction, e aceitar apenas 45%, enquanto o controle majoritário da empresa ficava nas mãos do Xuzhou Machinery Group, pertencente ao governo da cidade de Xuzhou (Chung, 2007).

Em fevereiro de 2011, a China anunciou seus planos de estabelecer um painel ministerial para reavaliar a transferência de administração de empresas domésticas para companhias estrangeiras. O processo será conduzido pela Comissão Nacional de Desenvolvimento e Reformas (National Development and Reform Commission) e pelo MOC, e supervisionado pelo Conselho Estatal. Sua tarefa é analisar cuidadosamente aquisições que envolvam organizações de setores militares e outras companhias relacionadas à defesa do país, além de empresas agrícolas, energéticas e de recursos naturais, e alguns setores dos serviços de infraestrutura e transportes. Alega-se que tal comissão tenha sido inspirada em outra instituição similar dos EUA, e criada com o objetivo de aumentar a transparência nos procedimentos.

Os governos ocidentais bloqueiam aquisições de empresas de tecnologia e recursos naturais por parte dos chineses

De sua parte, o Ocidente também se revela cauteloso em relação a aquisições de suas empresas pela China, mas, de modo geral, as restrições impostas pelos EUA e Europa são menos rígidas que as enfrentadas por adquiridores ocidentais em solo chinês.

Se observarmos mais de perto os esforços chineses de adquirir empresas do Ocidente, perceberemos que o foco de interesse se divide em três principais grupos. Primeiramente, os chineses adquirem **companhias doentes**, porém famosas, que lutam para se manter vivas no mercado, ou

---

3 – Sigla em inglês para State Administration of Industry and Commerce. (N.T.)

buscam empresas que, como no caso da IBM, desejam liquidar sua participação em um setor tecnológico menos avançado para, assim, poderem ascender ainda mais na cadeia de valores. Neste caso, as empresas chinesas adquirem as marcas e obtêm tecnologias, *know-how*, redes de distribuição e profissionais altamente capacitados. Em segundo lugar, os chineses se interessam em comprar **dinâmicas empresas de tecnologia**, independentemente de serem de porte médio ou até pequeno. Em terceiro lugar vêm as **companhias de recursos naturais**.

Aquisições de empresas de tecnologia avançada e/ou recursos naturais enfrentam inúmeros obstáculos e, com frequência, fracassam, principalmente se o alvo ocidental for uma organização grande e importante no cenário mundial. O Ocidente age de modo recíproco, pois não permite que a China obtenha o controle sobre recursos e tecnologias fundamentais.

Em 2009, a Rio-Tinto, uma gigante anglo-australiana no setor de mineração, decidiu encerrar as negociações para a venda de uma porção substancial de suas ações para a Chinalco. Em 2008, a fabricante de equipamentos de telecomunicações Huawei foi impedida de adquirir a norte-americana 3Com. Posteriormente, a mesma companhia seria impedida de comprar a divisão de rede de telefonia celular sem fio da Motorola e também a companhia de *softwares* para Internet de banda larga 2Wire, ambas em 2010. A principal razão por trás de tais decisões foi a preocupação dos ocidentais com eventuais riscos à segurança nacional, por conta do controle chinês sobre setores e recursos naturais cruciais – em especial pelo fato de a Chinalco ser uma companhia estatal e a Huawei supostamente apresentar fortes laços tanto com o governo chinês quanto com os militares daquele país.

Todavia, as aquisições chinesas no primeiro grupo – organizações doentes com marcas famosas – prosseguem tranquilamente. No Ocidente, esses processos não enfrentam grande resistência e são até encorajados para garantir a sustentação das atividades comerciais e preservar empregos.

Isso inevitavelmente leva a uma assimetria nas aquisições, uma vez que esse fluxo de compras não se repete no sentido inverso.

Empreendedores chineses são apoiados pelo Estado

Por fim, há um último fator a ser considerado nessa assimetria. Na verdade, tratam-se de dois fatores bastante interligados, que englobam a principal razão para essa verdadeira guerra de aquisições entre a China e o Ocidente. Em primeiro lugar, diferentemente de qualquer outro país do mundo, a China coloca suas empresas estatais como maiores adquiridoras de companhias estrangeiras. Em segundo, teme-se que a maioria das principais compras chinesas (mesmo as realizadas por companhias não estatais) esteja sendo apoiada pelo governo.

No final, acaba-se concluindo que, de fato, **é o Estado chinês que está adquirindo empresas privadas ocidentais**, de maneira consecutiva, embora indireta. Em contraposição, praticamente todos os compradores do Ocidente são empresas privadas.

Em regra, os adquiridores chineses não obtêm o capital estrangeiro necessário para concluir essas transações no mercado cambial, mas junto aos bancos estatais – ou seja, diretamente com o governo –, e de **modo nada transparente**. Se o governo chinês considerar uma transação específica estrategicamente importante no sentido de: 1º) garantir à China acesso a recursos minerais, tecnologias e marcas, ou 2º) ampliar e fortalecer sua presença mundial, ele certamente alocará fundos ainda maiores que os disponíveis para empresas privadas que operam dentro da lógica do mercado.

Mais uma vez, a China altera de maneira drástica as regras do jogo na arena comercial global. Para lidar com essa assimetria estrutural, o Ocidente não tem outra escolha a não ser avaliar cuidadosamente cada aquisição chinesa.

Por outro lado, neste momento, nem o governo chinês nem os governos ocidentais articularam de maneira clara suas políticas básicas atinentes a aquisições aspiradas por empresas estatais ou ligadas a governos. Portanto, uma vez que isso ainda não está definido, as decisões continuarão sendo espontâneas.

Conclusão

O Ocidente precisa adotar em relação à China uma política coesiva que ofereça respostas não convencionais para os desafios impostos pelo gigante asiático

Neste livro, delineamos as cinco principais áreas nas quais China e Ocidente se enfrentam em uma verdadeira guerra econômica. Em praticamente todas elas, o gigante asiático encontra-se na ofensiva. Parece que com grande frequência, são os chineses que estão estabelecendo os termos do jogo, ou melhor, de cada batalha, enquanto um Ocidente frustrado expressa sua insatisfação e seu desalento, mas fracassa em impedir tal dinâmica.

A despeito de todas as objeções apresentadas por seus pares ocidentais, a China continua a valorizar o *yuan* em um ritmo absolutamente lento, como, aliás, é de sua preferência. O país está expandindo seu superávit comercial de maneira agressiva e continua a depender das exportações como principal impulsionador de crescimento. Seu mercado em rápida expansão tem sido atendido prioritariamente por empresas domésticas, e não por exportadores do Ocidente. Suas políticas **monetária, comercial** e **industrial** induzem as companhias ocidentais a produzirem localmente em vez de exportarem seus produtos para a China.

Por outro lado, Pequim recusou abertamente o sistema proposto pelo Ocidente no que diz respeito a cortes nas emissões de CO_2. Tendo se furtado a assumir compromissos de caráter irrevogável, o país pressiona as nações ocidentais a apoiarem suas ações voluntárias neste âmbito (assim como as de outros países em desenvolvimento) e também a realizarem seus próprios cortes – que, em última análise, **serão obrigatórios**.

Cada vez mais a China garante acesso direto aos recursos naturais do Terceiro Mundo, ao mesmo tempo em que amplia e fortalece sua presença na Ásia, na África e na América Latina. Suas empresas nacionais do setor petrolífero, e de outros recursos, estão rapidamente expandindo sua presença global e desafiando concorrentes ocidentais, inclusive grandes multinacionais.

A China também está emergindo como um novo centro mundial de inovações tecnológicas e ainda como uma das principais plataformas globais de P&D. Paralelamente, o país tem sido bem-sucedido em estimular a transferência de tecnologias avançadas pelo Ocidente, inclusive fazendo desse ponto uma condição *sine qua non* (sem o qual nao poderia ser) para o acesso dos países ocidentais ao seu mercado interno e até mesmo para a realização de negócios em seu território. Neste sentido, muitos dos novos projetos de investimentos direto do exterior estão relacionados ao aprimoramento da produção e aos centros de P&D.

Por fim, com o apoio do Estado, as empresas chinesas estão rapidamente adentrando o grupo dos principais adquiridores de companhias internacionais, definindo alvos e efetivamente comprando uma ampla gama de organizações ocidentais, enquanto o número de aquisições de empresas chinesas pelo Ocidente se mantém modesto.

Valendo-se do seu recém-adquirido poder econômico e financeiro, a China desenvolveu um impressionante **poder de barganha**. Em termos mais amplos, isso significa que o país ostenta hoje a capacidade de atuar na arena econômica global como bem desejar. Para o Ocidente, tem sido difícil encontrar um antídoto para tal situação. A imposição de elevadas tarifas punitivas, por exemplo, já não ajuda a proteger as indústrias domésticas e pode, inclusive, provocar efeitos contrários aos desejados – e de várias maneiras. Por outro lado, a ameaça de rotular a China como uma manipuladora do mercado cambial também não parece uma estratégia de barganha bem-fundamentada ou produtiva, e pode provocar consequências desastrosas.

Políticas que funcionaram bem contra antigos desafios ocidentais já não se aplicam. Não faria o menor sentido, por exemplo, tentar exaurir a China economicamente por meio de uma **corrida armamentista**, como aconteceu no caso da finada URSS.

Também não existem relações políticas ou no setor de defesa que sejam próximas o suficiente para garantir ao Ocidente o mesmo tipo de concessão obtida no passado com o Japão, quando este representava um grande desafio econômico, nas décadas de 1970 e 1980. Também é extremamente difícil tentar solucionar problemas entre o Ocidente e Pequim valendo-se de regras estabelecidas por instituições internacionais como a Organização Mundial do Comércio (OMC) – essas regulamentações parecem incompletas, ambíguas e até difíceis de serem implantadas.

O fato é que talvez o Ocidente ainda não tenha desenvolvidos técnicas e métodos suficientemente adequados para alavancar seus próprios pontos fortes.

A China está se tornando economicamente mais forte que o Ocidente por duas razões fundamentais. Em **primeiro lugar**, o gigante asiático ostenta um **potencial de crescimento muito maior**. Isso deriva de maiores incrementos nos recursos de capital e mão de obra, de uma elevação mais rápida na produtividade e, efetivamente, de um aumento mais acelerado de todos os componentes de demanda final. Mantendo-se altamente competitiva em termos de custos, a China se mostra célere em ascender a cadeia de valores, conquistando seguimentos *high-tech* do mercado global. Além disso, comparada à maioria das economias ocidentais, a China parece macroeconômica e estruturalmente mais forte que seus pares. Isso é real. Para não perder terreno, o Ocidente precisa tornar suas economias mais competitivas. Isso significa, em **primeiro lugar**, aprimorar rapidamente a questão de **qualidade**, e no sentido mais amplo da palavra – **produtividade**, **sofisticação tecnológica**, **excelência de produtos e serviços**, **diferenciação** e *branding*. Em **segundo lugar**, o Ocidente terá de redobrar e até triplicar seus esforços no sentido de **superar vieses estruturais** (ver Parte Dois) e colocar em ordem sua **situação fiscal**. Em uma analogia com o futebol, o time do Ocidente precisa se tornar mais forte em termos físicos, técnicos e táticos.

Já a segunda razão para essa dramática ampliação da presença econômica chinesa no mundo não é um elemento tangível. Na verdade, o que impera neste caso é a "química" chinesa. Digamos que o jogo entre o gigante asiático e o Ocidente está sendo disputado em um campo desnivelado, que se inclina em direção às traves ocidentais. Em outras palavras, há grande assimetria nas relações econômicas entre China e Ocidente. Utilizando-se de uma grande variedade de pretextos e instrumentos, os chineses são hábeis em criar condições favoráveis para si mesmos, mas, ao mesmo tempo, totalmente adversas para seus concorrentes: 1º) a moeda do país está desvalorizada; 2º) as empresas chinesas contam bastante com o apoio do Estado, o que inclui a injeção de fundos governamentais nessas companhias; 3º) a lista de aquisições da China no Ocidente se revela bastante extensa, enquanto o completo controle de importantes empresas chinesas pelos ocidentais é efetivamente impossível; 4º) o acesso de organizações ocidentais a importantes segmentos do mercado chinês e, às vezes, à oportunidade de fazer negócios no país, está associado à transferência tecnológica pelo Ocidente; e 5º) a estrutura legal e as políticas chinesas vigentes deixam enormes brechas para o roubo de tecnologias ocidentais. E essa lista ainda continua.

Nesta situação, os países ocidentais não parecem apresentar uma política coesa para enfrentar os desafios impostos pela China. E é justamente por isso que a bola do jogo tem se mantido mais próxima do gol ocidental, e por mais tempo.

É óbvio que a solução mais viável para o Ocidente seria nivelar de modo substancial o campo da disputa (lembrando que o nivelamento total seria praticamente impossível, já que a China ainda é um país em desenvolvimento), eliminando as assimetrias existentes, ou pelo menos reduzindo-as ao máximo. A palavra-chave neste momento é, portanto, **simetria** – ou igualdade de condições.

Dois fatos precisam ficar absolutamente claros neste sentido: 1º) Desafios impostos por um adversário tão inortodoxo como a China dificilmente poderão ser encarados apenas por meios convencionais; 2º) É preciso ter em mãos um conjunto de políticas e instrumentos de retaliação capazes de conter os movimentos chineses no sentido de inclinar o campo do jogo em direção ao gol ocidental.

Mas o que poderia ser feito?

Primeiramente, a política de promoção às exportações para a China tem de ser ampliada de maneira significativa. É vital que esse objetivo seja perseguido de maneira ativa e permanente, e por uma grande variedade de empresas domésticas, sejam elas de grande ou pequeno porte. Em vez de priorizar medidas que visem apenas reduzir o déficit comercial por meio da contenção nas importações de produtos feitos na China, é fundamental que todos se concentrem em aumentar dramaticamente as exportações do Ocidente para o gigante asiático. É preciso que a China tome conhecimento da urgência dessa tarefa através de uma mensagem clara do mundo ocidental.

Também é importante enfatizar ao máximo que, no atual estágio de desenvolvimento econômico da China, o aumento das exportações do Ocidente se torna indispensável para elevar os padrões de vida dos próprios cidadãos chineses. (Aliás, essa necessidade se revela de maneira cristalina para qualquer um que consiga investir algum tempo visitando lojas de varejo em território chinês). Em outras palavras, a postura do governo chinês em relação às importações pode ser apresentada como um teste de seu verdadeiro desejo de melhorar a vida dos chineses.

No início da década de 1980, o então primeiro-ministro japonês, Yasuhiro Nakasone, apareceu diante das TVs e câmeras fotográficas comprando uma camiseta importada; na época, todos os carrinhos de bagagem do aeroporto de Narita receberam uma placa que dizia: **"Importe agora."** O fato é que os EUA e o Ocidente como um todo não pouparam esforços no sentido de persuadir os japoneses sobre a necessidade de aumentar as importações, tanto pelo bem do país como dos próprios consumidores japoneses. E tal estratégia fez pleno sentido. Na verdade, essa abertura do mercado japonês e a consequente disponibilização no país de uma grande variedade de produtos estrangeiros, a preços razoáveis, são assuntos bastante discutidos até hoje. Sem sombra de dúvida, existe atualmente no Japão uma quantidade de produtos importados muito maior que nos tempos do primeiro-ministro Nakasone, e não se pode negar que isso tenha tornado a vida das famílias japonesas muito melhor. Portanto, talvez este seja o momento mais oportuno para se lançar políticas similares em relação à China, embora, obviamente, os métodos tenham de ser diferentes (afinal, seria difícil imaginar o primeiro-ministro chinês comprando uma camiseta importada diante das câmeras para encorajar a aquisição de produtos estrangeiros; também seria quase impossível flagrar carrinhos de bagagem com placas "Importe agora" nos aeroportos de Pequim ou Xangai).

Todavia, como mencionado na Parte Um, os governos ocidentais, tanto em âmbito federal quanto estadual, podem fazer bem mais para ajudar os fabricantes domésticos a atingir os consumidores chineses. Esse esforço envolve: 1º) a promoção dos produtos, 2º) o estabelecimento de canais de distribuição eficientes e 3º) a remoção de vários impedimentos de ordem sistêmica, burocrática e até mesmo relacionados à falta de informação. Nos dias de hoje, muitos fabricantes norte-americanos e europeus, potencialmente aptos a exportar para a China, sequer estão cientes das oportunidades existentes nessa área, tampouco sabem como buscar informações nesse sentido. Aliás, as pessoas em geral nem procuram esse tipo de informação, pois, além de não terem tempo para fazê-lo, não acreditam que tal estratégia possa funcionar. Cabe então aos governos apontar o melhor caminho.

Embora as ideias de rotular o governo chinês como um manipulador cambial e impor tarifas de exportação punitivas contra o país nos pareçam sem sentido, é óbvio que as empresas ocidentais que exportam para a China deveriam ter o direito de exigir subsídios na exportação que compensassem perdas causadas pela baixa valorização do *yuan*.

Ao exportar para a China, companhias ocidentais competem diretamente com outros fabricantes locais do seguimento de produtos diferenciados – ou seja, no segmento **delas**, onde elas realmente possuem uma justificativa para a produção e precisam que a competição seja justa em termos de preço para conseguirem se posicionar no mercado chinês. Na China, a venda da boneca *Barbie*, por exemplo, é atualmente superada pela da concorrente local, a *Kurhn*, principalmente por conta de esta última ser mais barata. Se o valor do *yuan* fosse mais elevado, o preço base da boneca *Barbie* no país cairia e o brinquedo seria mais comercializado. Por exemplo, se o *yuan* está desvalorizado em 40%, justifica-se subsidiar (ou, na verdade, contrasubsidiar) os exportadores ocidentais com o valor equivalente a esses 40 *yuans*, seja em dólares, euros ou qualquer outra moeda, para cada produto que tiver de ser vendido a 100 *yuans* pela taxa corrente – de modo que os fabricantes pudessem vendê-los a 60 *yuan* e, assim, expandir sua base de clientes. Isso seria absolutamente justo.

Porém, na realidade, isso seria bastante difícil em uma escala tão grande – tanto por conta das limitações financeiras do Ocidente (mais uma vez, devemos nos lembrar de que a China é sua principal credora), quanto pelo fato de isso poder significar o início de uma verdadeira guerra comercial.

Ainda assim, dentro de limites exequíveis, seria mais que relevante considerar variadas opções de apoio financeiro aos **heroicos empreendedores** que, a despeito das disparidades cambiais vigentes, enfrentam o grande desafio de exportar para a China. Por exemplo, talvez os governos centrais e/ou locais tivessem de assumir os custos de pesquisas de mercado e promoções de venda. Quem sabe os fabricantes que exportassem para a China pudessem receber algum tipo de restituição dos impostos pagos – como acontece com os exportadores chineses – ou ter acesso a empréstimos preferenciais em instituições financeiras públicas. Tais medidas também poderiam ser aplicadas a exportações para outros países cujas moedas também sejam controladas pelo governo e se mantenham desvalorizadas.

Em segundo lugar, questões de cunho ambiental precisam ocupar uma posição mais central nas relações econômicas entre China e Ocidente. Os países ocidentais não têm outra escolha a não ser aceitar o fato de que a China (assim como outros grandes países em desenvolvimento) irá de fato realizar cortes de CO_2 por unidade do PIB, não em termos absolutos. Todavia, nesse ínterim, os EUA e Europa deveriam priorizar bem mais a realização de projetos ambientais bilaterais, certificando-se de que a China pagasse integralmente pelas tecnologias, pelas soluções e pelos equipamentos que fossem gerados nesse processo e adquiridos pelo gigante asiático. A Europa e os EUA também deveriam continuar pressionando a China para que esta oferecesse tratamento preferencial a produtos e serviços que respeitassem o meio ambiente e tivessem sido importados por ela. Isso se chama **jogo limpo**.

Em terceiro lugar, no mundo de hoje, em que imperam as regras de concorrência duras e não convencionais impostas pela

China, o Ocidente não deveria se sentir intimidado em demonstrar uma forte liderança governamental no sentido de promover aprimoramentos econômicos que aumentem a competitividade global.** Entre outras coisas, isso diz respeito à criação e expansão de novas indústrias-chave – como de energia renovável e/ou produção de automóveis elétricos – e à disputa pela fatia do mercado global de infraestrutura. Os países do Ocidente precisam aprender a competir com a China não somente no **nível empresa-empresa**, mas também **governo-governo**. Se as empresas ocidentais (inclusive as grandes multinacionais) forem "**deixadas sozinhas**" para competir com os chineses – que estão totalmente acostumados a operar em conjunto com o Estado –, elas estarão perdidas.

Isso não significa que os governos ocidentais tenham de investir direta e pesadamente em novos setores, como faz o governo chinês, tampouco que o papel principal do setor privado deva ser reconsiderado.

Porém, uma ampliação do apoio governamental a áreas cruciais se faz urgente. Entre as maiores prioridades deveriam estar a assistência na criação de mercados para fabricantes domésticos e fortes incentivos financeiros para compradores de produtos inovadores. Os governos ocidentais precisam, portanto, duplicar ou até triplicar seus esforços no sentido de: 1º) formar fortes aglomerados industriais, 2º) promover ligações mais próximas entre as empresa e instituições de pesquisa, 3º) aprimorar drasticamente os sistemas educacionais e de treinamento e 4º) atualizar infraestruturas.

Em quarto lugar, o Ocidente deveria se mostrar mais ativo em contrabalançar não apenas a crescente influência da China no Terceiro Mundo, mas sua corrida global por recursos naturais. Não há nada de errado em países ocidentais assinarem pacotes de acordos com países em desenvolvimento ricos em recursos, atrelando sua assistência no desenvolvimento de infraestrutura e na criação de capacitação em outras áreas à permissão de extrair recursos e ao fechamento de acordos de fornecimento. Para celebrar projetos dessa natureza, os governos ocidentais poderiam trabalhar de modo conjunto com as próprias empresas do país, bem ao estilo chinês, mesmo que essas companhias sejam grandes multinacionais. Também seria interessante pensar em algum tipo de recompensa adicional para países em desenvolvimento que apresentassem um histórico mais positivo em termos de nível de democratização, direitos humanos, políticas anticorrupção e reformas econômicas.

Em quinto lugar, o Ocidente precisa estar preparado para retaliar a política de inovação nativa empregada pela China, que estabelece condições desiguais de competição, viola direitos de propriedade intelectual (DPIs) e, acima de tudo, restringe o acesso ao mercado.

Por exemplo, o Ocidente teria todo o direito de articular políticas que proibissem o acesso de empresas chinesas aos mercados ocidentais, caso elas fossem consideradas responsáveis por abusos contra DPIs – com base, é claro, em evidências obtidas por meio de investigações completas e cuidadosas. Os resultados de tais averiguações deveriam ser detalhadamente explicados ao lado chinês, e, é claro, se tornariam públicos.

Por outro lado, uma vez que a questão de "tratamento preferencial a produtos de inovação nativa" ainda não foi resolvida pelo governo chinês, faria pleno sentido atrelar condições similares a empresas chinesas que tentassem vender para agências governamentais do Ocidente, empresas estatais e entidades públicas. Uma opção mais radical seria impedir o acesso de empresas estatais chinesas (SOEs) ao sistema governamental de compras públicas do Ocidente.

Em sexto lugar, é fundamental que se estabeleça completa simetria no que diz respeito a aquisições. Enquanto importantes companhias chinesas, em especial as estatais, não puderem ser efetivamente adquiridas por empresas ocidentais, a compra ou o controle de grandes firmas do Ocidente por empresas estatais chinesas também **deveria ser proibida**, e as aquisições por empresas não estatais restringidas de maneira severa. Exceções deveriam ser feitas somente quando uma eventual aquisição chinesa fosse considerada benéfica para o país recipiente, por conta de sua contribuição para a revitalização de uma região ou setor doméstico específico e/ou da criação de empregos no local. Processos de compra de importantes empresas ocidentais por firmas chinesas deveriam exigir procedimentos de aprovação similares àqueles que as companhias do Ocidente têm de enfrentar ao tentar adquirir uma organização chinesa, pelo menos em termos de complexidade e minúcia. Isso se faz necessário para encorajar as autoridades chinesas a serem mais eficientes e construtivas. Condições simétricas podem ser estabelecidas de acordo com a fatia de capital doméstico em setores específicos. Estimular os compradores chineses a optarem por *joint-ventures* (JVs) ou aquisições menores talvez seja também uma boa ideia.

A China de hoje é uma **superpotência única**, que impõe desafios singulares. Para encará-los, o Ocidente precisa estabelecer uma política abrangente, bem-fundamentada e específica para a China, que vá além dos instrumentos e conceitos convencionais. Tal política precisará ser **criativa** e **flexível**, mas firme. Ela deverá combinar estratégias que promovam parcerias e interações produtivas a um esforço persistente no sentido de produzir um campo de jogo absolutamente nivelado.

Se isso não for feito, a guerra econômica com a China estará perdida – e os riscos de isso acontecer são bastante elevados.

Epílogo

A China, o Ocidente e o mundo

Examinamos as três principais dimensões do deslocamento de poder econômico do Ocidente para a China.
 Primeiramente vimos que a China está ampliando de maneira rápida seu papel como **líder mundial na fabricação e exportação de produtos**. No que diz respeito ao poderio econômico do Estado chinês, este também emergiu como uma **potência financeira**. O gigante asiático também está se transformando em um concorrente cada vez mais importante nos setores de alta tecnologia e P&D. O setor de serviços é outro que se desenvolve rapidamente, embora, nesta área, o Ocidente ainda mantenha uma clara liderança.
 Em **segundo lugar**, no rastro da crise global – ou, melhor dizendo, ocidental – de 2008-2009, e ao longo dos acontecimentos subsequentes, a economia chinesa se mostrou estruturalmente mais forte que a maioria das economias do Ocidente. Aliás, ela provou ser resistente às doenças estruturais que o mundo ocidental se viu incapaz de evitar há muitos anos. A

situação macroeconômica do gigante asiático também se revela bem mais tranquila. O modelo chinês de **capitalismo estatal-privado** já manifestou seus pontos fortes.

Em **terceiro lugar**, em praticamente todas as principais áreas em que ocorrem conflitos de interesses econômicos entre a China e o Ocidente, os chineses demonstram uma **habilidade extraordinária** em fazer com que as coisas caminhem na direção por eles desejada. Geralmente, isso ocorre pela imposição de condições desiguais em termos de competição. O campo de jogo em que se enfrentam China e Ocidente com frequência pende para o gol ocidental.

A China está **mudando a história mundial** – inclusive a **econômica**. A maior nação do planeta – cuja economia cresce de maneira mais acelerada e cuja influência se amplia de modo dramático – já estabeleceu uma posição única no globo.

Mas de onde vem tamanha unicidade ou singularidade? Definimos a seguir cinco importantes características do país:

1ª) A combinação entre uma economia de mercado e a total não ocidentalização

Hoje a China é a primeira grande potência da história moderna que, embora possua uma economia de mercado, ou seja, **capitalista**, não pertence ao mundo ocidental, não está engajada com o Ocidente por meio de qualquer aliança econômica, política ou militar nem se sente fortemente influenciada pelas instituições, pela cultura ou pelos valores ocidentais. Veja que a antiga URSS não possuía uma economia de mercado nem competia nos mercados globais no que se refere à absoluta maioria de produtos e serviços. Por sua vez, o Japão pós-guerra desenvolveu uma relação muito próxima com o Ocidente – primeiramente com os EUA –, tanto em termos políticos quanto de defesa, e logo estabeleceu um sistema político similar. Com o passar do tempo, o país absorveu cada vez mais os conceitos da economia de mercado ocidental, indo além dos aspectos culturais e dos próprios valores do Ocidente. Já em relação à Índia, vale ressaltar que, historicamente, o país mantém laços com o Ocidente em inúmeras áreas, e cultua o estilo democrático ocidental.

A China, por sua vez, é **pragmática** e **absolutamente não ocidentalizada**. Sendo assim, embora ao longo do processo de transformação estrutural de sua economia o país possa ter acomodado, de maneira ativa,

A China, o Ocidente e o mundo

vários elementos do sistema capitalista ocidental, ele não se sente minimamente inclinado a compartilhar conceitos ocidentais básicos no que se refere às regras e aos princípios aos quais uma economia de mercado deveria aderir.

2ª) A não ocidentalização do sistema econômico é provocada, acima de tudo, pelo papel do Estado no país – algo maior e mais forte que em qualquer nação ocidental.

O Estado chinês não se sente tolhido por limitações conceituais impostas pelas ideologias ocidentais pró-mercado, tampouco hesita em se utilizar de toda a sua influência para ajudar empresas domésticas a fortalecerem sua posição global. Ao mesmo tempo, o governo não apenas apoia os setores industriais e os empreendimentos do país, mas desempenha seu papel como dono exigente e efetivamente capitalista, mantendo seus administradores alerta e em busca constante pela eficiência em suas companhias – e, por que não dizer, pelos **lucros** de seus investidores. Com frequência, o Estado voluntariamente convida o setor privado a coinvestir.

3ª) Unicidade do país, não apenas no que se refere às taxas de crescimento econômico da nação, mas à prolongada duração desse processo de amplo crescimento.

Ao longo das décadas em que promoveu as reformas de mercado iniciadas no final da década de 1970, a China jamais enfrentou uma **recessão** nem qualquer desaceleração significativa. Em economia, o pensamento convencional nos diz: **"Nunca assuma que o crescimento continuará para sempre."** A economia de mercado é inimaginável sem eventuais tropeços. Chegará o dia, ou talvez o ano, em que a taxa de crescimento da China irá cair a um nível bem baixo ou até se revelará negativa. Porém, isso somente ocorrerá em um futuro distante.

O crescimento nunca é eterno. Todavia, é preciso reconhecer que a China descobriu um "algoritmo" que tem permitido ao país manter seu rápido crescimento por um período excepcionalmente longo, superando todas as pressões oriundas de flutuações cíclicas, choques externos ou quaisquer outras intempéries. Esse conjunto de regras é uma combinação de vários componentes importantes. A lista se inicia pela capacidade extraordinária da economia chinesa de preservar, ao longo de muito tempo, uma **rápida expansão nos investimentos**. O segundo componente é a elevação contínua de mão de obra nos setores industrial e de serviços, em especial devido à **migração** em grande escala de **zonas rurais**. O terceiro é uma grande onda de crescimento na demanda doméstica, à medida que centenas de milhões de chineses deixam a categoria dos que **nada têm** e adentram as fileiras dos que **têm** algo. O fenômeno doméstico dos "gansos voadores" também é muito importante: as províncias mais avançadas da região costeira do leste estão passando o bastão para vastas regiões no centro, no oeste e no nordeste do país. Por fim, o Estado protege de maneira contínua e persistente a crescente economia nacional de uma grande variedade de riscos financeiros (aqueles que o Ocidente falhou em identificar e conter há vários anos), combatendo de maneira vigorosa o oferecimento indiscriminado de crédito e a contração exagerada de empréstimos, lutando contra bolhas especulativas, regulamentando firmemente as transações com instrumentos financeiros de alto risco, supervisionando os bancos de maneira atenta, e assim por diante.

4ª) Estabelecimento de uma posição monopolista como maior plataforma global de manufatura de baixo custo.

Na economia globalizada dos dias de hoje, no que se refere a custos, a China não pode ser superada por nenhum outro país na fabricação de produtos de baixa e/ou alta tecnologias.

O país também está emergindo como plataforma líder na área de P&D de baixo custo. Sendo assim, para uma ampla gama de empresas ocidentais, a China se tornou insubstituível (o que não significa que não haja empresas do Ocidente sendo fechadas no país, se mudando para outras nações, ou até mesmo escolhendo outros destinos desde o início). Em contrapartida, a própria China consegue substituir qualquer parceiro ocidental, até mesmo os EUA, por outro, seja como fonte de investimentos ou como alvo para investimentos externos por empresas domésticas.

5º) O capital chinês.

Deixemos que o presidente do BC da China reclame do fato de que US$ 3 trilhões (ou mais) em reservas é um **montante exagerado** e **difícil de administrar**. Para os tecnocratas, este é um fato. Porém, para o Estado chinês, ou seja, para a elite governante da China, esse amplo patrimônio proporciona, ao mesmo tempo, riqueza, influência e capacidade de manobra sem precedentes sobre aqueles que devem algo ao país. É muito simples: não se deve elevar o tom de voz com o banqueiro que o financia. O acúmulo de reservas estrangeiras transformou Pequim no maior credor do Ocidente. Isso lhe garante enorme poder para impor seus interesses sobre qualquer um.

A própria história da relação econômica entre China e Ocidente é única.

Na economia capitalista global, a China emergiu como o único centro de poder não ocidental (como mencionado no início, neste livro, consideramos o Japão como parte do Ocidente). Seu tamanho e poderio econômico somente se comparam àqueles dos EUA e, de modo efetivo, excedem os de qualquer outra nação desenvolvida.

O **deslocamento de poder econômico** entre Ocidente e China marcou o fim de uma era – um período caracterizado por uma economia capitalista global unipolar que trazia em seu âmago um Ocidente desenvolvido liderado pelos EUA. A economia mundial de hoje adota uma **configuração bipolar**, em que a China, em uma das extremidades, apresenta um ritmo de crescimento muito mais rápido que o ocidental. Todavia, essa configuração tende a se tornar cada vez mais **multipolar**, à medida que outras grandes nações emergentes, uma por uma, se destacam como céleres concorrentes. Neste ponto, porém, entre as economias de mercado emergentes, somente a China alcançou a escala e o poder suficientes para tornar o país um competidor completo para o desenvolvido Ocidente. As economias da Índia, do Brasil e da Rússia, entre outras de países emergentes, são **menores em tamanho** e conseguiram estabelecer presença global notável somente em alguns setores específicos.

Nossa análise demonstra que o escopo de produtos manufaturados que trazem a China como fabricante **número um** tem se ampliado drasticamente. De fato, a liderança chinesa em termos de volumes de produção já se tornou a regra, e os setores nos quais o gigante asiático não lidera são cada vez mais a exceção.

A renovação do setor industrial chinês também tem ganhado força. O país está se tornando um fabricante cada vez mais importante de produtos intermediários e de vários tipos de equipamentos. As empresas chinesas se sentem mais e mais confiantes no segmento de produtos *high-tech* e, no mercado interno, também no nicho de marcas de produtos *high-end*.

O alcance da liderança chinesa nas exportações de mercadorias também está se ampliando, mas ainda não se compara à abrangência de seu controle na produção: alguns dos principais produtos chineses são absorvidos em sua maioria pelo mercado interno. Ademais, o crescimento do setor manufatureiro chinês cria um enorme mercado para a importação de itens usados na produção: peças, materiais e equipamentos. Todavia, a Ásia tem se mostrado mais bem-sucedida em atender a essas necessidades que os EUA e a Europa.

Para os fabricantes ocidentais, o surgimento da China como líder global na fabricação e exportação de produtos não deixa outra opção, exceto buscar outros nichos e descobrir seu lugar na nova divisão global de trabalho. Em nossa opinião, as fábricas que operam nos EUA, na Europa ocidental e no Japão já não têm mais oportunidades reais no segmento de produtos *low-end* – mesmo que se utilizem de alta tecnologia em sua fabricação. Sua única chance reside na profunda diferenciação de seus produtos, principalmente no segmento *high-end*. Preferivelmente tal medida deveria estar associada ao desenvolvimento de mercados de exportação, em especial os mais dinâmicos, como os da própria China e de outros países emergentes. O fato é que os governos precisam ajudar.

As atividades de manufatura no Ocidente se concentrarão a um número reduzido de fabricantes que se destacarão pelo **nível de excelência** apresentado. Os demais, infelizmente, terão de fechar suas portas ou, como náufragos, tentar se manter na superfície agarrados a uma boia.

Em contrapartida, nossa avaliação também prevê que o Ocidente tem ótimas oportunidades para se distanciar ainda mais no setor de serviços, em especial aqueles que demandam qualificações e conhecimentos especiais. Também é plenamente possível para o Ocidente aumentar de maneira drástica as exportações de serviços para a China e para outros países emergentes, onde o mercado de serviços ainda é subdesenvolvido e a competitividade entre os provedores locais permanece relativamente baixa.

Na esteira da globalização e do surgimento da China como um novo peso pesado mundial, o Ocidente (como um todo) e os empreendimentos ocidentais (de maneira particular) precisam observar a economia global por outro ângulo – ela deve ser avaliada como um único espaço econômico, no qual cada empresa, de qualquer país do Ocidente, terá de buscar sua própria posição. Se um indivíduo optar por operar em seu próprio país, ele deverá listar os itens (produtos ou serviços) competitivos (e, na maioria dos casos, competitivo em termos **globais**) que poderão ser produzidos localmente, deixando de lado qualquer outra coisa. Se um empresário escolher produzir um tipo de produto específico, ele precisará encontrar o lugar adequado (no mundo) no qual conseguirá alcançar máxima eficiência. Todo aquele que se mostrar inflexível quanto ao produto que irá fabricar ou o local em que irá operar – em outras palavras, que não estiver **pronto** para a **globalização** – provavelmente **fracassará**.

A globalização de modo geral e, mais especificamente, a concorrência da China, têm provocado uma nova diferenciação de classes nas sociedades ocidentais, o que ameaça uma erosão da classe média no Ocidente.

Como já ressaltado, ao enfrentar a forte competição da China, o Ocidente só tem uma opção realmente viável: **diferenciar seus produtos de maneira agressiva**, por meio da elevação de sua qualidade, do aprimoramento do seu nível de sofisticação tecnológica, do embelezamento de seu *design*, do investimento em *branding*, ou de qualquer outra medida dessa natureza. Porém, um grande número de pessoas (e, consequentemente, de empresas) no Ocidente não dispõe da capacidade e/ou habilidades necessárias para alcançar sucesso no segmento de produtos diferenciados *high-end*, do mesmo modo como a grande maioria das pessoas não passa no vestibular quando tenta ingressar em uma faculdade de primeira linha. As dificuldades para a capacitação de indivíduos no Ocidente parecem tão complicadas quanto nos países em desenvolvimento – a única diferença é que no mundo ocidental desenvolvido o problema se concentra no desenvolvimento de níveis mais elevados de competências, não na aquisição de conhecimentos básicos.

Para os profissionais do Ocidente que não estão preparados para fabricar produtos que exijam alta capacitação, o veredicto da economia globalizada é inexorável: **"Seus preços são altos demais e/ou outras pessoas realizam o mesmo serviço a um custo bem mais baixo. Não superestime seu valor!"**

As pessoas que possuem **habilidades especiais** e que, acima de tudo, conseguem "vendê-las" – cada vez mais isso significa conseguir um emprego em uma empresa de **primeira classe** voltada para o **mercado global**, e preferivelmente engajado em algum negócio com a China ou outra economia emergente –, se sentem confortáveis e recebem remunerações cada vez mais elevadas. Em contraposição, milhões de outros profissionais, mesmo aqueles que receberam treinamento especial, ganham remunerações mais baixas que no passado, em geral precisam trabalhar mais horas e somente conseguem trabalhos temporários para realizar tarefas que anteriormente pertenciam a funcionários regulares. Um exemplo real: em Paris, um *trainee* no setor de moda precisa trabalhar 6 dias por semana das 9h da manhã até as 9h da noite para ganhar € 400 por mês. E mesmo que um jovem profissional consiga um emprego regular neste setor, ele não receberá mais que € 1.200 por mês (mas será que é possível viver com € 1.200 em Paris?). Tudo isso lembra muito mais a própria realidade chinesa que os padrões europeus anteriormente estabelecidos no âmbito de empregos. Talvez os padrões chineses estejam começando a penetrar no mundo ocidental.

Enquanto a China está rapidamente ampliando seu poderio econômico, a maioria das principais economias ocidentais ainda luta contra os choques provocados pela crise de 2008-2009. O que está destinado a esses países é um doloroso ajuste estrutural. De modo geral, com o fim do *boom* econômico global de meados da década de 2000, os três principais e mais antigos centros da economia capitalista mundial – os EUA, vários países da Europa e o Japão – adentraram um estágio bastante complicado de sua história econômica.

Para o Japão, a despeito de um conjunto de companhias de primeira linha voltadas para o mercado global (pelo menos em sua maioria), o **sol já está se pondo**. Embora não tenha sido afetado tão diretamente pela crise financeira de 2008-2009 quanto os EUA e a Europa, a "terra do sol nascente" está perdendo rapidamente seu dinamismo econômico, sua vitalidade e até mesmo sua importância internacional. A propensão a um ineficiente "grupismo" no gerenciamento de companhias e outras organizações; o culto à mediocridade associada à inabilidade ou à falta de vontade de promover lideranças e talentos; a péssima governança corporativa; os governos fracos e suas políticas econômicas confusas; a crônica falta de capacidade para interagir com o mundo exterior; a queda nos padrões educacionais – estes são apenas alguns dos principais fatores que têm contribuído para a deteriorante situação do país.

Já em relação às principais economias europeias, parece que seu tempo também já passou. Elas exageraram ao oferecer redes de proteção social demasiadamente caras, pouca motivação ao trabalho e insustentáveis Estados previdenciários – responsáveis, aliás, pelos perturbadores conflitos sociais causados justamente pelas tentativas de modificá-los e/ou reduzi-los. A todas essas dificuldades ainda é precisa agregar os graves problemas estruturais com os quais o continente precisa lidar todos os dias para manter suas economias em funcionamento. A Alemanha parece uma das poucas exceções, juntamente com pequenos países como a Suíça, Luxemburgo e as nações escandinavas. Por outro lado, o cinturão de economias vulneráveis no sul e no leste do continente impõe riscos econômicos, sociais e políticos cada vez maiores à Europa como um todo.

Os EUA, por sua vez, já perderam muito do dinamismo da década de 1990, promovido pela revolução na área de tecnologia de informação (TI) e pelo *boom* nos empreendimentos de alta tecnologia. Na década de 2000, a economia norte-americana se tornou uma grande entusiasta dos impetuosos e arriscados jogos financeiros – aliás, na época, o setor financeiro absorveu uma porção considerável dos melhores cérebros do país. Esse impulso acabaria sendo compartilhado com várias economias europeias e culminando com um desastre econômico. Atualmente, ainda não está claro que setores e indústrias serão capazes de gerar dinâmicas de crescimento comparáveis àquelas promovidas pela TI nos anos 1990. Sendo assim, o país encontra-se hoje em um vácuo de crescimento.

Todavia, é alta a probabilidade de que o novo conglomerado de setores-chave para o crescimento global seja o responsável pela **revolução verde** (energia renovável, redes inteligentes, produção de veículos elétricos e afins). Já demonstramos que, nessas áreas, a China já deu passos impressionantes. A revolução de TI foi definitivamente liderada pelos EUA e teve como base a força de suas venturosas iniciativas empreendedoras. Porém, a revolução verde será bem diferente. Há fortes evidências de que dessa vez a chave para o sucesso estará na interação íntima, ampla e produtiva entre os setores privado e público. O resultado dependerá enormemente da habilidade do governo de exercitar liderança e oferecer incentivos tanto para fabricantes quanto para consumidores. Neste sentido, é possível que seja a vez da China estar na vanguarda.

Para compreendermos a essência do deslocamento do poder econômico entre o Ocidente e a China, é importante inserirmos tal discussão no contexto global.

O florescimento da China como primeiro **centro de poder não ocidental** da economia capitalista global reflete uma mudança na dinâmica de crescimento mundial que abrange desde o Ocidente até os países do mundo em desenvolvimento, em especial, nos últimos anos, as grandes economias emergentes. A China é apenas uma delas, embora exceda de maneira significativa todas as demais em termos de tamanho e taxas de crescimento.

Todavia, o gigante asiático não surgirá como um novo líder mundial nas próximas décadas, tampouco em um futuro distante. Como já mencionado anteriormente, não haverá uma nova *Pax Sinica*.

A China também não estabelecerá uma posição global similar àquela da Grã-Bretanha no século XIX ou dos EUA – no mundo capitalista – nas décadas pós-Segunda Guerra Mundial até os anos 1970 (quando sua liderança econômica começou a ser ameaçada pelo Japão) e então novamente – dessa vez no mundo como um todo – nos anos 1990, depois do desmembramento da URSS e do início do declínio do Japão como grande potência econômica. Na verdade, nenhum país jamais alcançará tal posição. A época em que uma única nação conseguiria despontar como líder global já passou.

Em seu auge, o domínio norte-americano se espalhou em todas as regiões, e deu forma ao equilíbrio do poder mundial. Os EUA se firmaram como a maior força produtiva, comercial, tecnológica, financeira e militar do planeta, e, também como o maior influenciador das políticas globais.

Entretanto, no admirável mundo novo do início do século XXI, uma única nação – seja ela os EUA, a China ou qualquer outra – jamais será capaz de **liderar em todas essas áreas**. O mundo está se tornando cada vez mais **multipolar** e, consequentemente, **mais difícil de comandar**.

A multipolarização também ostenta origens econômicas. Entre os anos 1960 e 1980, juntamente com o Japão, o crescimento global era liderado por países e territórios pequenos e médios do leste da Ásia. Em contrapartida, uma característica bastante importante do crescimento global do início do século XXI é o fato de grandes economias emergentes em todo o mundo estarem se unindo às fileiras dos mais rápidos competidores. Embora nenhuma outra grande economia emergente possa se comparar à China no que diz respeito a taxas de crescimento, muito menos em tamanho, a posição desses países na economia global também está se fortalecendo, o que lhes permite opinar em relação à políticas internacionais. Especialmente importante é a influência crescente dos países ricos em recursos naturais.

Na verdade, a diplomacia do ex-presidente norte-americano George W. Bush se revelou o **"canto do cisne"**[1] em termos de **unilateralismo**. Suas raízes econômicas estão no irrompimento da TI nos anos 1990, que

---

1 – Expressão que indica a última e a mais impressionante obra de um artista. (N.T.)

transformou os EUA em um líder isolado e incontestado na economia mundial. Porém, nos anos 2000, o unilateralismo de Bush provocou protestos em todo o globo. O mundo já estava mais do que pronto para o **multilateralismo**.

O estilo diplomático completamente distinto adotado pela administração Obama manifestou e confirmou essa mudança global. Futuras administrações republicanas também não poderão exercer o velho estilo unilateralista de Bush – simplesmente não há como voltar para trás.

Voltemos à China. Juntamente com a multipolarização mundial, há vários outros fatores importantes que tornam sua emergência **como único líder global efetivamente impossível**.

Os EUA foram e continuam sendo o líder mundial nas alianças políticas e de defesa. A China, o maior país do mundo, não possui qualquer aliança significativa. Aliás, o país não conta com qualquer aliado político forte ou importante (regimes ditatoriais, e até criminosos, com os quais a China se associa não contam muito). Portanto, os passos de Pequim no sentido de ampliar sua influência global, em especial quando o país tenta demonstrar toda a sua força, são contrabalançados pelo trabalho em equipe de outras nações que compartilham entre si os mesmos interesses. Instituições regionais como o ASEAN Forum,[2] ASEAN Plus Three[3] e East Asian Summits[4] nos oferecem uma visão institucional de tal equilíbrio. A criação da East Asian Community,[5] ou uma expansão radical da Trans-Pacific Partership,[6] poderão fortalecer tal estabilidade.

Além disso, com seus problemas internos de desenvolvimento e as ten-

---

2 – Associação das Nações do Sudeste da Ásia (ANSA), organização cujo objetivo é incentivar a colaboração econômica e cultural entre seus membros. (N.T.)

3 – Referência à associação entre a ANSA, a China, o Japão e a Coreia do Sul. O objetivo é reforçar a cooperação econômica entre tais países. (N.T.)

4 – A Cúpula do Leste Asiático é um fórum realizado anualmente pelos líderes dos países do leste da Ásia. Os encontros ocorrem posteriormente às reuniões realizadas pela ASEAN. (N.T.)

5 – Comunidade do Leste da Ásia, formada por sugestão de Malásia. Trata-se de um foro mais amplo de cooperação política e econômica que reúne os membros da ASEAS, a China, o Japão e a Coreia do Sul. (N.T.)

6 – Parceria Trans-Pacífica (PTP). Trata-se de uma iniciativa para a criação de uma zona de livre comércio no círculo do Pacífico. Os atuais participantes são o Chile, Brunei, Nova Zelândia e Cingapura. Ainda negociam a entrada os EUA, a Austrália, o Peru, a Malásia e o Vietnã. (N.T.)

sões sociais potencialmente explosivas, em especial aquelas oriundas de seu grande tamanho, a China está destinada a se voltar para uma realidade de caráter bem mais interno que a Grã-Bretanha do século XIX ou os EUA da segunda metade do século XX. Entre outras coisas, é difícil imaginar a China como maior provedor internacional de bens públicos, e, em especial, assumindo o papel vital, embora frequentemente ingrato, de **xerife global**.

Ademais, para a China será bem mais difícil, talvez até impossível, desenvolver um **poder suave**[7] – prerrequisito crucial para a liderança global – comparável àquele dos EUA. Os modelos econômico, social e político, a cultura de massa, a mentalidade, os valores e o estilo de vida norte-americanos amealharam um grande número de apoiadores e admiradores em todo o planeta. Isso não acontecerá no caso da China – tanto pelo fato de os próprios caracteres chineses serem mais difíceis de lembrar que as letras do alfabeto usado no Ocidente, quanto pelo modelo chinês não parecer muito atraente aos cérebros de muitas pessoas do globo. Na verdade, a China nem parece estar pensando em exercer esse tipo de influência, sendo que a única coisa que o país exige é a **não interferência de outras nações em suas questões internas**.

Não, a China não será a governante global, tampouco a única líder mundial. No entanto, o país está assumindo o comando em várias áreas fundamentais. O Ocidente ainda retém e pode ampliar sua vantagem em alguns setores. Também é possível que outras grande economias emergentes encontrem nichos nos quais poderão assumir a dianteira. A Índia, por exemplo, já está à frente nas exportações de *softwares* e outros serviços relacionados. Mesmo em longo prazo, a China dificilmente superará o Ocidente em tecnologias, em *branding* e na habilidade de oferecer produtos e serviços de alta qualidade. O máximo que o gigante asiático conseguirá nessas áreas será se tornar um competidor equivalente.

Indo além da economia, os EUA e o Ocidente como um todo detêm, e provavelmente continuarão detendo no futuro próximo, um poderio militar bem maior e também voz ativa em questões de segurança internacional. Diferentemente do que ocorre no campo econômico, o papel da

---

7 – Do inglês *soft power*. Termo usado na teoria de relações internacionais para descrever a habilidade de um corpo político, um Estado, por exemplo, de influenciar indiretamente o comportamento ou os interesses de outros corpos políticos por meios culturais ou ideológicos. A expressão foi usada pela primeira vez pelo professor de Harvard, Joseph Nye. (N.T.)

China na abordagem dessas questões permanece limitado e até simbólico.

Para resumir, o descolamento do poder econômico entre Ocidente e China não significa que o Ocidente esteja concedendo à China o papel de líder global, nem que pretenda fazê-lo no futuro. De modo algum. Tal mudança está no cerne do processo de multipolarização mundial.

Terminemos, portanto, com uma previsão otimista – em especial para o lado ocidental. Os contornos do novo mundo estão se definindo: trata-se de um cenário que não está centrado no Ocidente e cujas principais dinâmicas econômicas em termos de aumento de produção, consumo, comércio, investimento, entre outras, estão ocorrendo fora dele. Porém, esse dinamismo das nações não ocidentais, em especial da China, também oferece um lado positivo para o próprio Ocidente.

Para os ocidentais, uma China em rápido crescimento abre uma série de novas oportunidades. Para aproveitá-las, e também para conhecer melhor a desafiante, os ocidentais precisam aprender bem mais a seu respeito. As faculdades e universidades norte-americanas, europeias e japonesas precisam oferecer cursos não apenas da língua chinesa, mas sobre sua história, cultura, economia e política. Faculdades de administração (*business schools*) precisam ensinar sobre empreendimentos/negócios chineses. Deveria ainda haver um número bem maior de traduções de livros chineses: literatura contemporânea e clássica, negócios, economia, política, história, entre outros assuntos. Tudo isso poderá oferecer o ímpeto necessário para que muitas pessoas descubram as oportunidades oferecidas pela China.

Essas oportunidades estão lá – **mova-se e tente agarrá-las**. Isso pode representar um negócio, um emprego ou, no mínimo, uma experiência muito valiosa.

Tente descobrir sua própria China. Estude o idioma se tiver tempo disponível. Leia. Assista vídeos sobre o país. Faça uma viagem para lá. Caminhe lentamente pela Cidade Proibida e sinta a impressionante grandeza da Grande Muralha. Mas não limite sua estada a Pequim e a Xangai, vá para o interior. Tente se lembrar dos nomes e das localidades de todas as províncias. Converse com as pessoas. Procure compreender a **mentalidade**, a **cultura** e o **caráter nacional da nação**.

Se for um homem ou uma mulher de negócios, tente estabelecer canais comerciais para descobrir seu nicho de mercado e talvez até uma oportunidade de produzir ou investir. Se for um especialista em algum campo específico, talvez você encontre um bom emprego na China. O número de ocidentais trabalhando em empresas chinesas e em outras organizações ainda não é tão elevado, mas tem aumentado de modo contínuo – e esse **ritmo está acelerando**. Se for um funcionário público trabalhando para o governo central ou local em seu país, explore a China e obtenha sugestões importantes sobre as maneiras de dar mais energia à economia de sua própria nação ou da sua localidade.

Torne a China parte do seu mundo. Mesmo que isso não leve a uma boa oportunidade de negócios, você ganhará conhecimento e experiência que certamente o ajudarão a viver e trabalhar no mundo de hoje. Em contrapartida, se a oportunidade obtida der frutos, você se unirá às fileiras dos grandes beneficiários do crescimento chinês.

Contudo, para os empreendedores ocidentais há outra maneira de se beneficiar com o desafio chinês. Com o intuito de prosperar em uma economia global em que a China é uma líder de peso, você talvez possa tentar alavancar sua identidade e sua tradição nacionais simplesmente enfatizando seu completo **"não chinesismo"**. Tente salientar o fato de que você nada tem a ver com a China: você não tem fábricas no país; não terceiriza ali; ou sua empresa oferece algo completamente diferente que está bem além do alcance dos chineses. Opte pela técnica adotada por uma loja de alimentos sofisticados de Tóquio, a Nisshin, onde uma placa informa aos clientes que ali não se vende **absolutamente nada oriundo da China**. Faça como os fabricantes de relógios suíços, as de cerâmica italiana, aqueles de copos boêmios, ou ainda os de instrumentos de precisão alemães e por aí afora.

Afinal, enquanto na China se fabrica uma grande variedade de produtos em massa, tudo o que é produzido em outros países são peças únicas e avançadas; são símbolos de qualidade e bom gosto; produtos de sua corrida incessante pela perfeição. **Não é mesmo?**

Referências Bibliográficas

ADB (2011) *Key Indicators for Asia and the Pacific 2010 (Principais indicadores para a Ásia e o Pacífico 2010)* Manila: Asian Development Bank. www.adb.org/Documents/Books/Key_Indicators/2010/pdf/PRC.pdf/.

AFP (2010) *French Budget Makes 'Historic' Spending Cuts (O Orçamento Francês Faz Cortes de Gastos 'Históricos')* www.breitbart.com/article.php?id=CNG.5fd9d9aca2e24cbdb73350eb1197d306.7b1&show_article=1/.

Alexander, P. (2011) *Europe Lags US Securitization Revival (A Europa Atrasa a Revitalização do Processo de Securitização dos EUA)* The Banker, 18 de fevereiro. www.thebanker.com/Markets/Capital-Mkts/Europelags-US-securitization-revival?utm-campaign=March%20e-newsletter%202&utm-source=emailCampaign&utm-medium=email/.

Amronin, G. e Paulson A. (2009) *Comparing Patterns of Default Among Prime and Subprime Mortgages (Comparando Padrões de Falha entre Financiamentos Hipotecários* Prime *e* Subprime*)* Economic Perspectives 33 (2), pp. 18–37.

An, E. (2011) *Overseas Acquisitions by Chinese Companies Offer Rewards and Risks (Aquisições no Exterior por Companhias Chinesas Oferecem Recompensas e Riscos)* China Daily (HK Edition), 14 de janeiro. www.chinadaily.com.cn/hkedition/2011-01/14/content_11850205.htm/.

Anderson, C. (2010) *Wachovia to Settle Drug-Money Laundering Case (Whachovia Deverá Esclarecer Lavagem de Dinheiro Oriundo de Drogas)* AP, 17 de março. www.msnbc.msn.com/id/35914759/ns/business-world_business/.

AP (2010) *UK Plans Toughest Austerity Program Since WWII (O RU Planeja o Mais Duro Programa de Austeridade desde a Segunda Guerra Mundial)* www.telegram.com/article/20101020/NEWS/101029993/1052/rss01&source=rss/.

APCO Worldwide (2010) *China's 12th Five-Year Plan (O 12º Plano de Cinco Anos da China)* http://apcoworldwide.net/content/PDFs/Chinas_12th_Five_Year_Plan.pdf/.bref.indd

Asia Society's Center on U.S.-China Relations, Pew Center on Global Climate Change (2009) *A Roadmap for U.S.-China Cooperation on Energy and Climate Change (Um mapa da cooperação entre EUA e China em assuntos energéticos e relacionados à mudança climática).* http://www.pewclimate.org./docUploads/US-China-Roadmap-Feb2009.pdf

Atkinson, J. (2011) *Huawei Launches Android-Powered IDEOS X5Smartphone (Huawei Lança Smartphone Android-Powered IDEO X5) Mobile Magazine,* 6 de janeiro. www.mobiletoday.co.uk/News/10849/huawei_launches_Android_powered_ideos_x5_smartphone.aspx/.

Beijing Review (2009) *Powering the Future (Fornecendo Energia para o Futuro),* 29 de outubro. www.bjreview.com.cn/quotes/xt/2009-10/26/content_225645.htm/.

Biggs, S. (2010) *Rutgers' Chinese Solar Panels Show Clean-Energy Shift (Os Painéis Solares Chineses da Rutgers Mostram Mudança Rumo à Energia Limpa) Bloomberg,* 23 de julho. www.bloomberg.com/news/2010-07-22/rutgerschinese-connection-signals-solar-panels-coming-to-roof-near-you.html/.

Brautigam, D. (2010) *Africa's Eastern Promise (A Promessa do Leste da África) Foreign Affairs,* 5 de janeiro. www.foreignaffairs.com/articles/65916/deborah-rautigam/africa%E2%80%99s-eastern-promise/.

Bundesbank (2010) *German Balance of Payments in 2009 (Balanço Alemão de Pagamentos em 2009)* www.bundesbank.de/download/volkswirtschaft/mba/2010/201033mba-en-german.pdf/.

Bundesbank (2011) *Germany's International Investment Position (Posição de Investimentos Internacionais da Alemanha)* www.bundesbank.de/download/statistik/sdds/stat-auslandsvermoegen/sdds_auslandsvermoegen_quartal.en.pdf /.

Bureau of Economic Analysis (2011a) *National Economic Accounts (Contas da Economia Nacional)* www.bea.gov/national/.

Bureau of Economic Analysis (2011b) *International Economic Accounts (Contas da Economia Internacional)* www.bea.gov/international/.

Cheng Hui-yuan (2011) *New 5-Year Plan for China's Auto Industry May Be Scrapped (Novo Plano de 5 Anos para a Indústria Automobilística Pode Estar Prejudicado) Want China Times,* 12 de maio. www.wantchinatimes.com/newssubclass-cnt.aspx?&cid=1102&MainCatID=20110512000014.

Chiiki Kasseika Jyanaru (2011) *Chiiki Kigyo-o Kasseika saseru Niigata-ken to Kita-Kanto-*

Referências Bibliográficas

to-no Sangyo Renkei-o Kangaeru. Kanagata Sangyo-o Jirei-to Shite. Março. Kamo City, Niigata.

China Daily (2006) *Huawei Wins First Major German Deal (Huawei Fecha Primeiro Acordo Importante com a Alemanha),* 16 de novembro. http://english.people.com.cn/200611/16/eng20061116_322001.html/.

China Daily (2011) *China Beats Emission Reduction Target (A China Atinge Meta de Redução de Emissões),* 14 de janeiro, www.chinadaily.com.cn/photo/2011-01/14/content_11856791.htm/.

China Post (2011) *Foreign Direct Investment Growth to Remain Robust: Commerce Ministry (Crescimento dos Investimentos Diretos no Exterior Permanecerá Robusto: Ministério do Comércio),* 21 de fevereiro. www.chinapost.com.tw/business/asiachina/2011/02/21/291803/Foreign-direct.htm.

Chung, O. (2007) *Carlyle Saga Puts Spotlight on China Takeovers (A Saga da Carlyle Coloca a Tomada do Controle Acionário pela China sob holofotes) Asia Times Online.* www.atimes.com/atimes/China_Business/IC24Cb02.html/.bref.indd

Copeland, M. (2006) *The Mighty Micro-Multinational (A Poderosa Micromultinacional) Business 2.0,* 1º de julho. money.cnn.com/magazines/business2/business2-archive/2006/07/01/8380230/index.htm/.

DHMQ (2010) *Furniture Industry in China: Invest in China (Indústria de Móveis Chinesa: Invista na China)* DHMQ Business&Investment Service, 14 de abril. www.Chinesebusinessservice.com/dailyfresh/221.html/.

DIR (2010) Chugoku-ni Okeru Kojin Kinyu Shisan 5 Cho Doru-o Koeteiru. *Asian Insight.* www.dir.co.jp/souken/asian/asian-insight/101215.html/.

Dyer, G., Anderlin J. e Sender, H. (2011) *China Lending Hits New Heights (Os Empréstimos da China atingem Novos Patamares) FT.com,* 17 de janeiro. www.ft.com/cms/5/0/488c60f4-2281-11eO-b6a2-00144feab49a.html/.

EC Commission (2011) *Trade: China (Comércio: China)* http://ec.europa.eu.en/trade/creatingopportunities/bilateral-relations/countries/china/.

Farrell D., Gersch, U. e Stephenson, E. (2006) *The Value of China's Emerging Middle Class (O Valor da Classe Média Emergente Chinesa) McKinsey Quarterly,* Junho. https://www.mckinseyquaterly.com/Marketing/Sectors_Regions?The_value_of_Chinas_emerging_middle_class_1798/.

Feldstein, M. (2009) *America's Saving Rate and the Dollar Future (A Taxa de Valores Poupados na América e o Futuro do Dólar) Project Syndicate,* Julho. https//www.uber.org/Feldstein/projectsyndicate072009.pdf.

Fernandez, J., Jenster, P. e Loane R. (2011) *2nd Annual CEIBS Foreign Executives in China Survey (Segundo CEIBS Anual para Executivos do Exterior na Pesquisa de Dados chinesa),* 6 de janeiro. www.ceibs.edu/knowledge/papers/58192.shtml/.

Gandel, S. (2011) *After Three Years and Trillions of Dollars, Our Banks Still Don't Work*

(Depois de Três Anos e Trilhões de Dólares, Nossos Bancos Ainda não Funcionam) Daily Yomiuri, 24 de setembro (Reimpresso da revista *Time*).

Glick, R. e Lansing K. (2010) *Global Household Leverage, House Prices and Consumption (Alavancamento Global Doméstico, Preços dos Imóveis e Consumo)* Federal Reserve Bank of San Francisco, 11 de janeiro. www.frbsf.org/publications/economics/letter/2010/el2010-01.html/.

Global Finance (2011) *Household Saving Rates (Taxas de Valores Poupados por Família)* www.gfmag.com/tools/globaldatabase-economic-data/10396-household-saving-rates.html#axzz1IwQEiLzc/.

Gogoi, P. (2011) *Government Will Begin Selling AIG Stock (O Governo Começará a Vender Ações da AIG)* www.dispatch.com/live/content/national-world/stories/2011/01/15/government-willbegin-selling-its-aig-stock.html/.

GovtVacancies (Disponibilidades no Governo) (2010) *Life Insurance Corporation of India,* LIC. www.govtvacancies.com/life-insurance-corporation-of-india-lic.html/.

Griffin, P. (2007) *China's Technological Challenger (O Desafio Tecnólogico da China)* NZ Herald, 15 de março. www.nzherald.co.nz/telecomminications/news/article.cfm?&id=93&object=10428813/.

Harris, D. (2010) *Which Comes First: The Wealth or the Low End? (O que Vem Primeiro: a Riqueza ou os Produtos Baratos e de Pouca Sofisticação)* China Law Blog, www.chinalawblog.com/2009/04/foreign_companies_going_china.html/.

Higgins, A. (2011) *From China, an End Run Around U.S. Tariffs (Da China, um Drible nas Tarifas Norte-Americanas) Washington Post: A Special Report for Yomiuri Shimbun (Washington Post: Uma Reportagem Especial para Yomiuri Shimbun) Daily Yomiuri,* 28 de maio.

Howes, S. (2010) *China's Energy Intensity Target: On-Track or Off (A Meta de Intensidade Energética da China: Nos Trilhos ou Fora de Controle)* East Asia Forum. www.eastasiaforum.org/2010/03/31/chinas-energy-intensitytarget-on-track-or-off/.

IMF (2009a) *Global Financial Stability Report (Relatório de Estabilidade Financeira Global),* abril. www.imf.org/external/pubs/ft/gfsr/2009/01/pdf/chap.1.pdf/.

IMF (2009b) *Global Financial Stability Report (Relatório de Estabilidade Financeira Global),* outubro. www.imf.org/external/pubs/ft/gfsr/2009/02/pdf/chap.1.pdf/.

IMF(2011) *World Economic Outlook Database (Base de Dados do Panorama Econômico Mundial),* setembro. www.imf.org/external/pubs/ft/weo/2011/02/weodata/index.aspx/.

Institute of Chinese Affairs (2006) *Chugoku Nenkan,* 2006. Tokyo: Soshisha.

Institute of Chinese Affairs (2011) *Chugoku Nenkan,* 2011. Tokyo: Mainichi Shimbunsha.

Insurance Regulatory and Development Authority (2011) *Report of the Committee on Bank Assurance (Relatório do Comitê Sobre Segurança Bancária)* www.bimabazaar.com/contents/BANKASSURANCE%20REPORT.pdf/.

Referências Bibliográficas 249

Insurancereview (2009) *General Cover Premium to Top Rs 1 Lakh Cr by 2015*. www.insurancereview.in/posts/list/articles-general-cover-premiumto-top-rs-1-lakh-cr-by-2015-910096.htm/.

International Steel Statistics Bureau (2011) *Global Overview (Panorama Global)*. www.issb.co.uk/global.html/.

Jin, J. (2010) *Foreign Companies Accelerating R&D Activity in China (Empresas Estrangeiras Acelerando Atividades de P&D na China)* Fujitsu Research Institute, 13 de maio. http://jp.fujitsu.com/group/fri/en/column/message/2010/2010-05-13.html/.

Jones, M. (2010) Haier Tops Global Appliances Rankings Again (A Haier Aparece Mais uma Vez no Topo do Ranking de Equipamentos Domésticos) *Channelnews*, 13 de dezembro. www.channelnews.com.au/Appliances?KitchenW7A8M4N9/.

Knowledge & Wharton (2006) *The Long and Winding Road to Privatization in*

China (A Longa e Tortuosa Estrada para a Privatização na China), 10 de maio. http://knowledge.wharton.upenn.edu/article.cfm?articleid=1472/.

Koopman R., Wang Z. e Wei S.J. (2009) *How Much of Chinese*

Exports Is Really Made in China? (Quanto dos Produtos Exportados pela China são Realmente Feitos na China?) Banco Mundial. http://siteresources.worldbank.org/INTRANETTRADE/Resources/Internal-Training/287823-1256848879189/6526508-1283456658475/7370147-1308070299728/7997263-1308070314933/PAPER_10_Koopman_Wang.pdf/.

KPMG (2010) *Mainland China Banking Survey 2010 (Pesquisa Bancária sobre o Continente Chinês 2010)*. www.kpmg.de/docs/China-banking-survey-2010-_2010008.pdf/.

Kujis L. e Gao X. (2008) *China's Fiscal Policy—Moving to Center Stage (A Política Fiscal Chinesa – Movendo-se para o Palco Principal)* Stanford Center for International Development conference, outubro. http://scid.stanford.edu/group/siepr/cgi-bin/scid/?q=system/fi les/shared/kuijs_10-16-08.pdf/.

Levesque, T. (2007) *Rizhao: China's Solar-Powered Sunshine City (Rizhao: A Cidade Chinesa da Luz do Sol que Utiliza Energia Solar) Inhabitat*. http://inhabitat.com/rizhao-the sunshine-city/.

Loveday, E. (2010) *China's Electric Vehicle Production Could Reach One*

Million by 2020 (A Produção de Veículos Elétricos na China pode Alcançar Um Milhão de Unidades em 2020) Autobloggreen. http://green.autoblog.com//201o/10/19/chinas-electric-vehicle-production-could-reach-one-million-by-2/.

Lum T., Fischer, H., Gomes-Granger J. e Leland A. (2009) *China's Foreign Aid Activities in Africa, Latin America and Southeast Asia (As Atividades de Apoio à África, América Latina e ao Sudeste da Ásia pela China)* Congressional Research Service, fevereiro. www.fas.org/sgp/crs/row/R40361.pdf/.

Maeda, S. (2007) *China's Environmental and Energy Problems and the Possibility of Japan-*

China Technical Cooperation (Os Problemas da China nos Setores Energético e Ambiental e a Possibilidade de Cooperação Técnica do Japão) www.nistep.go.jp/achiev/ftxeng/stfc/stt022e/qr22pdf/STTqr2205.pdf/.

Market Research (2011) *China Insurance Sector Analysis (Análise do Setor de Seguros na China)* http://businesreserc.worldpress.com/2011/03/25/china-insurance-sector-analysis/.

Maruyama, J. (2010) *Clutching at Straws Not Always Doom and Gloom (Tentar Sobreviver Nem Sempre o Pior Cenário) Daily Yomiuri*, 19 de maio.

McKinsey (2006) *China's High-Tech Market: A Race to the Middle (Mercado Chinês de Alta Tecnologia: Corrida por uma Posição Mediana) McKinsey Quarterly.* https://www.mckinseyquaterly.com/High_Tech/Hardware?China's_high_tech_market_a_race_to_the_middle_1854/.

McKinsey (2007) *Governing China's Boards: An Interview with John*

Thornton (Governando as Lideranças Chinesas: Entrevista com John Thornton) McKinsey Quaterly, fevereiro. www.mkkinseyquaterly.com/strategy/Globalization/Governing-Chinas-boards-An-interview-with-John-Thornton-1920/.

McKinsey (2009a) *The Coming of Age. China's New Class of Wealthy Consumers (A Chegada à Maturidade. A Nova Classe de Consumidores Chineses Ricos) Insights China.* www.mckinsey.com/locations/greaterchina/mckonchina/reports/mckinsey_wealthy_consumer_report.pdf /.

McKinsey (2009b) *McKinsey: China Needs to Promote Long-Term Savings and Production Functions of Life Insurance Industry (McKinsey: A China Precisa Promover Medidas de Longo Prazo para a Poupança e as Funções Produtivas no Setor de Seguro de Vida).* www.mckinsey.com/locations/greaterchina/mckonchina/reports/china_life_insurance_industry.aspx/.

Menoir Casa (2011) *About Brand (Sobre Marcas)* http://menoir.ciffol/menoir/brand_en.shtml/.

METI (2010) *Results of the Fifth Japan-China Energy Conservation Forum (Resultados do Quinto Forum Japão-China sobre Conservação Energética)* www.meti.go.jp/english/press/data/20101025_01.html/.

Ministry of Finance Japan (2011) *International Investment Position of Japan (Posição de Investimentos Internacionais do Japão)* www.mof.go.jp/english/international_policy/reference/iip/e2010.htm/.

Ministry of Internal Affairs and Communications (2011*) Japan Statistical*

*Yearbook 2011 (Ano Fiscal Estatístico do Japão)*www.stat.go.jp/english/data/nenkan/index.htm/.

Nações Unidas (2010) *National Account Main Aggregates Data Base (Base de Dados com os Principais Agregados nas Contas Nacionais).* http://unstats.un.org/unsd/snaama/dnllist.asp/.

Referências Bibliográficas 251

National Bureau of Statistics (2010) *China Statistical Yearbook 2009 (Ano Fiscal Estatístico da China 2009)*, Pequim.

Nikkei (2011a) *Chugoku, Baibai 27-bai-ni Kyudzo, Nikkei Shimbun*, 3 de março.

Nikkei (2011b) *Oshugin, Hongyo Shudo de Kaifuku, Nikkei Shimbun*, 3 de março.

Nikkei (2011c) *Bei Kinyu, Shueki Kaizen, Nikkei Shimbun*, 22 de janeiro.

Nikkei (2011d) *Chugoku, Furyo Saiken 5500 Oku Yen, Nikkei Shimbun*, 30 de março.

Norris, T. (2010) *Watch: China Building Ambitious 'Solar Valley City' to Advance Solar Industry (Atenção: A China Constrói a Ambicioso Projeto 'Vale Solar' para Aprimorar o Setor de Energia Solar no País)*. http://itsgettinghothere.org/2010/04/18/watch-china-building-ambitious-solar-valley-city-to-advance-solar-industry/.

OECD (2010) *OECD Factbook 2010*. www.oecd-ilibrary.org/economics/oecd-factbook-2010_factbook-2010-en/.

OECD (2011) *Economic Outlook Nº 89 (Panorama Econômico Nº 89)*, junho. http://stats.oecd.org/Index.aspx?QueryId=29790/.

Oerlikon (2010) *The Fiber Year 2009/10. A World Survey on Textiles and Nonwovens Industry (O Setor de Fibras e Filamentos 2009/2010. Pesquisa Mundial do Setor de Produtos Têxteis e Não Têxteis)*. www.oerlikon.com/ecomaXL/get_blob.php?name=The_Fiber_Year_2010_en_0607_[1].pdf/.

OMC (2010) *International Trade Statistics 2002, 2008–2010 (Estatísticas de Comércio Internacional 2002, 2008-2010)*. www.wto.org/english/res_e/statis_e/its09-world_trade_dev_e.htm/.

OMC (2011) *International Trade and Tariff Data (Dados sobre Comércio e Tarifas Internacionais)*. www.wto.org. /english/res_e/statis_e?statis_e.htm.

Partlow, J. (2009) *Afghan Minister Accused of Taking Bribe (Ministro Afegão Acusado de Aceitar Suborno) The Washington Post*, 17 de novembro. www.washingtonpost.com/wp-dyn/content/article/2009111704198.html/.

Peel, Q. (2010) *Merkel Spells Out 80 bn Euro Spending Cuts (Merkel Esclarece Corte de 80 Bilhões de Euros em Gastos) FT.com*, 7 de junho. www.ft.com/intl/cms/s/0/0f9548c8-7256-11df-9f82-00144feabdc0.html#axzzIOYrj4cnw/.

Powell, B. (2011) *The End of Cheap Labor in China (O Fim da Mão de Obra Barata na China) Time*, 27 de junho; *Daily Yomiuri*, 28 de junho.

Redding, G. e Witt, M. (2009) *The Future of Chinese Capitalism: Choices and Chances (O Futuro do Capitalismo Chinês: Escolhas e Oportunidades)* Oxford University Press.

Red-Luxury.com (2010) *High-End Furniture Makers Target China (Fabricantes de Móveis de Alta Qualidade Tem a China como Alvo)*. http://red-luxury.com/2010/08/04/high-end-furniture-makers-target-china/.

Rein, S. (2010) *Chinese Companies Can't Build Brands? (Empresas Chinesas não Conseguem Construir Marcas) Bloomberg BusinessWeek*, 26 de janeiro. www.businessweek.com/globally/content/jan2010/gb20100126_512186htm/.

ResearchInChina (2010) *China Textile and Apparel Production and Sales Statistics 2009 (Estatísticas sobre Produção e Venda de Artigos Têxteis e de Vestuário na China)* www.researchinchina.com/Htmls/Report/2010/5843.html/.

Reuter (2011) *China Says Has Helped Europe by Buying Debt (A China Alega que Ajudou a Europa Comprando suas Dívidas)*, http://finance.yahoo.com/news/China-says-has-helped-Europe-rb-550120513.html?x=0/.

RIETI (2010) RIETI-TID 2010, Tokyo: Research Institute of Economy, Trade & Industry. www.rieti-tid.com/.

Roth, Z. (2011) *Key from the Speech: What's in Obama's Deficit Reduction Plan? (O Tom do Discurso: o que está no Plano de Redução de Déficit de Obama?)* Yahoo! News, 13 de abril. http://news.yahoo.com/s/yblog-thelookout/20110413/ts_yblog_thelookout/key-from-the-speechwhats-in-obamas-defi cit-reduction-plan/.

Schneider, H. (2011) *Beijing Blues: How to Handle All Those Trillion of Dollars (As Dificuldades de Pequim: Como Lidar com Três Trilhões de Dólares)* Yomiuri Daily, 22 de abril. Washington Post Special Report.

Searchina (2011) *2010 Nen Jiten-de Chugoku-no Taigai Kinyu Shisangaku ga 4 Cho 1260 Oku Doru*. http://headlines.yahoo.co.jp/he?a=20110530-00000064-scn-cn/.

Shintaku, S. (2010) *Sangyozai-no Kyosoryoku-ga Kagi*. Nikkei (1 de outubro): 33.

Simpson Thatcher & Barlett (2011) *Private Equity 2011 (Participações Privadas 2011)*. www.stblaw.com/content/publications/pub1221.pdf/.

Taniguchi, M. (2009) *Afugan-de Beikoku wa Senso, Chugoku wa Do:Ko:zan-no Shutoku*. http://business.nikkeibp.co.jp/article/manage/20091214/211568/.

Trading Economics (2010) *Euro Area GDP Rises by 0.3% in Q4 (O PIB na Zona do Euro sobre em 0,3% no 4º Trimestre)*. www.tradingeconomics.com/Economics/GDP-Growth:aspx?Symbol=EURO/.

Treanor, G. (2008) *Toxic Shock: How the Banking Industry Created a Global Crisis (Choque Tóxico: Como o Setor Bancário Criou uma Crise Global)*, Guardian, 8 de abril. www.guardian.co.uk/business/2008/apr/08/creditcrunch.banking/.

Truman, E. (2010) *The Management of China's International Reserves and Its Sovereign Wealth Funds (O Gerenciamento das Reservas Internacionais da China e Seus Fundos Soberanos do País)* Peterson Institute for International Economics. www.iie.com/publications/papers/paper/cfm?ResearchID=1074/.

Tselichtchev, I. (2010) *Chinese Takeaway*. Business Outlook, 12 de junho. www.business.outlookindia.com/article.aspx?265707/.

Tselichtchev, I. e Debroux, P. (2009). *Asia's Turning Point (O Momento de Virada da Ásia)* Cingapura: John Wiley & Sons.

Tsuchiya, T. (2010) *Chugoku-no Enerugi Shigen Seisaku*. www.ndl.go.jp/data/publication/document/2011/201002_09.pdf/.

Referências Bibliográficas 253

Vinte e Um Seiki Chugoku Soken (2006) *Chugoku Joho Handobukku 2006 Nenban.* Tóquio: Sososha.

Vinte e Um Seiki Chugoku Soken (2010) *Chugoku Joho Handobukku 2010 Nenban.* Tóquio: Sososha.

Vinte e Um Seiki Chugoku Soken (2011) *Chugoku Joho Handobukku 2011 Nenban.* Tóquio: Sososha.

UNIDO (2011) *International Yearbook of Industrial Statistics (Ano Fiscal Internacional das Estatísticas Industriais)* Northampton, MA: Edward Elgar Publishing.

U.S. Census Bureau (2011a) *Statistical Abstract of the United States 2011 (Resumo Estatístico dos EUA 2011).* www.census.gov/compendia/statab/.

U.S. Census Bureau (2011b) *Trade in Goods with China (O Comércio de Produtos com a China).* www.census.gov/foreign-trade/balance/c5700.html#2010.

U.S. Chamber of Commerce (2010) *China's Drive for Indigenous Innovation (A Iniciativa Chinesa por Inovações Nativas).* www.uschamber.com/sites/default/files/reports/100728chinareport_0.pdf/.

Wang, X. e Wen Y. (2011) *Can Rising Housing Prices Explain China's High Household Saving Rate? (Poderia o Aumento nos Preços Imobiliários Explicar as Altas Taxas de Valores Poupados pelas Famílias Chinesas?) Federal Reserve Bank of St. Louis Review,* março de 2011. http://research.stlouisfed.org/publications/review/11/03/67-88Wang.pdf/.

Wang, X. (2008) *Huawei, Global Marine Systems in Telecom JV* (Huawei, Sistemas Marítimos Globais em Telecomunicações), *China Daily,* 18 de dezembro. www.chinadaily.com.cn/bizchina/2008-12/18/content-7319164.htm/.

Want China Times (2011) *Electric Vehicles Are Key to China's Future: Study (Os Automóveis Elétricos São Fundamentais para o Futuro da China: Estudo),* 21 de abril. http://www.wantchinatimes.com/news-subclass-cnt.aspx?cid=1205&MainCatID=12&id=20110421000091/.

Weagley, R. (2010) *One Big Difference Between Chinese and American Households: Debt (Uma Grande Diferença entre as Famílias Chinesas e Norte-americanas: As Dívidas).* http://blogs.forbes.com/moneybuilder/2010/06/24/one-big-difference-between-chinese-and-american-househplds-debt/.

Westaway, L. (2011) *Huawei Ideos X5 and Ideos X6 Review: Hands-on with Two New Android Smartphones (Análise do Huawei Ideos X5 e o Ideos X6: Lidando com Dois Novos Smartphones Android)* Cnet.uk. http://crave.cnet.co.uk/mobiles/huawei-ideos-x5-and-ideos-x6-review-hands-on-with-two-newandroid-smartphones-500021535/.

Williamson, P. (2004) *'Buying the Brand': China's Shortcut to World Markets ('Compra de Marcas': O Atalho Chinês para os Mercados Mundiais)* Asia Today Online, 16 de fevereiro. www.asiatoday.comau/feature_reports.php?id=158/.

Willis, B. (2011) *U.S. Economy: Growth Accelerates on Consumer Spending (Economia dos EUA: o Crescimento dos Gastos dos Consumidores se Acelera)* Bloomberg, 29 de janeiro. www.bloomberg.com/news/2011-01-28/u-s-economy-expands-amid-biggest-gain-in-consumer-spending-infour-years.html.

Winter, M. (2010) *Wachovia Helped Launder Mexican Drug Money (Wachovia Ajudou a Lavar Dinheiro de Drogas da Máfia Mexicana)* USA Today, 29 de junho. http://content.usatoday.com/communities/ondeadline/post/2010/06/reyiport-wachovia-bank-helped-laundermexican-drug-money/1/.

World Steel Association (2010) *Steel Statistical Yearbook 2010 (Ano Estatístico do Setor de Aço, 2010).* www.worldsteel.org/picture/publicationfi les/SSY%202010.pdf/.

Xia, O. (2011) *China Insurance Sector (O Setor de Seguros na China)* Core Pacific—Yamaichi. www.cpy.com/hk/CPY/research/pdf/2011Q1_en/2011_insurance.pdf/.

Xinhua (2007) *China, Japan Enhance Ties in Energy, Environment (China, o Japão Amplia Laços na Área de Energia e Meio Ambiente).* www.chinadaily.com.cn/china/2007-09/27/content_6140161.htm/.

Xinhua (2011) *China Sets Long-Term Timetable to Guide Pollution Fight (A China Estabelece Cronograma de Longo Prazo para Nortear o Combate à Poluição).* http://news.xinhuanet.com/english2010/china/2011-04/21/c_13840/46.htm/.

Yano Tsuneta Kinenkai (2011) *Sekai Kokusei Dzue 2010/2011,* Tokyo. bref.

Sobre o autor

Ivan Tselichtchev, que trabalha atualmente como professor na Niigata University of Management, no Japão, é especialista internacional nas áreas de economia e negócios asiáticos, além de escritor – atuando ativamente nas línguas inglesa, japonesa e russa. Ele é autor de quatro livros e coautor da popular obra *Asia's Turning Point (O Momento de Virada da Ásia)* (John Wiley & Sons, 2009), além de ter contribuído para inúmeros artigos acadêmicos e publicado cerca de 200 artigos próprios.

Ivan Tselichtchev nasceu em 1956 em Moscou, na antiga URSS; se formou pela Universidade de Moscou em 1979 e, no mesmo ano, se uniu aos grandes pensadores do Institute of Word Economy and International Relations (Instituto de Economia Mundial e Relações Internacionais). Tselichtchev obteve seu Ph.D. em Economia no ano de 1983 e se tornou membro sênior da universidade em 1984. Em 1989, ele viajou para o Japão como representante do instituto e pesquisador convidado do Japan Center for Economic Research, de Tóquio. Além da Niigata University, Ivan Tselichtchev também já trabalhou em várias importantes universidades japonesas, em tempo não integral, e ainda ministrando palestras em vários países em todo o mundo. Ele é também comentarista para a rede de TV internacional CNBC. Durante os anos da *perestroika (reestruturação)* de Mikhail Gorbachev, ele foi agraciado com o prêmio Labor Valor Medal. Em 2004, o governo japonês concedeu a Ivan Tselichtchev o título de **Seikatsu Tatsujin** (*Mestre da Vida*), outorgado a pessoas cujos feitos e estilo de vida são considerados extraordinários.

SUGESTÕES DE LEITURA

Mais que uma editora, uma fonte de inspiração!

**O PRÊMIO DE
10 TRILHÕES DE DÓLARES -
Cativando a classe emergente
da China e da Índia**
Autores: Michael J. Silverstein,
Abheek Singhi, Carol Liao e
David Michael
Páginas: 384

**A CHINA EM
RÁPIDA ACELERAÇÃO -
As tecnologias, os setores
verdes e as inovações que
impulsionam o futuro do
continente**
Autor: Bill Dodson
Páginas: 296

dvseditora.com.br

GRÁFICA PAYM
Tel. [11] 4392-3344
paym@graficapaym.com.br